みんなが欲しかった！

簿記の教科書

2 資産会計・負債会計・純資産会計 編

滝澤ななみ［監修］
TAC出版開発グループ

日商 1 級

商業簿記
会計学

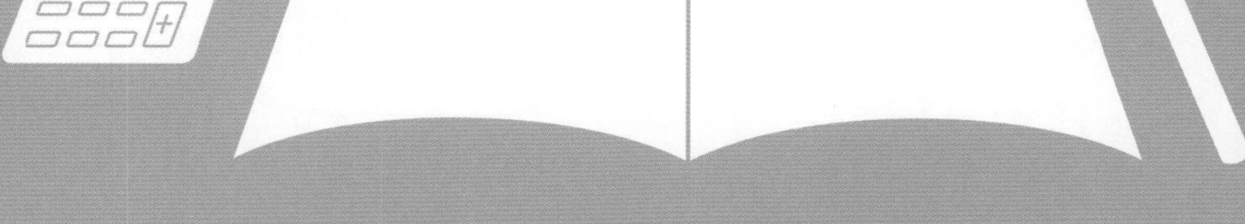

はしがき

「教室講座と書籍の両方の強みを取り入れた本を作ろう」という企画のもとスタートした「独学で日商簿記検定に合格するためのテキスト」である『簿記の教科書・簿記の問題集２級・３級』は刊行直後から、「わかりやすい」「仕方なく丸覚えしていたところが理解できた！」と非常に好評をいただきました。はやくも本シリーズで合格しましたというお声や、１級シリーズ刊行へのご希望もいただくようになり、１級を刊行する運びとなりました。

本書は２級・３級と同様、**「これならわかる」「ひとこと」**というコーナーを設け、一読しただけではわかりづらい項目について詳細に解説したり、補足的な説明により知識を補完するなど、スムーズに理解が進むような工夫をしています。また、講師が授業で使用する板書のイメージをそのまま**「図解」**として掲載しています。これはテキストの内容を視覚的にまとめたもので、復習にも役立つことと思います。

簿記検定は教科書を読むだけでは、得点を取れるまでには至りません。問題を解いて、解法手順を身につけてこそ、安心して試験にのぞむことができるのです。本書では、インプットした知識がきちんと使えるまでになっているかがすぐに確認できる**「基本問題」**を各CHAPTERの終わりに掲載しておりますので、本文を読んだら基本問題を解いて、知識の確認をしてみてください。なお、答案用紙は巻末の別冊に入っていますが、ダウンロードサービスもありますので、ご利用ください。

学習内容が非常に広く、複雑になり、挫折率がもっとも高いといわれる１級において、いちばんわかりやすく挫折しない**『簿記の教科書』**ができたと自負しております。

本書を利用して、一日もはやく合格し、試験勉強で得た知識をもって社会にはばたいてください。皆様の合格を心よりお祈り申し上げます。

● 第９版刊行にあたって

本書は、『簿記の教科書　日商１級　商業簿記・会計学２　第８版』につき、収益認識に関する会計基準および最近の出題傾向に基づき、改訂を行っています。

2021年10月
TAC出版 開発グループ

「簿記の教科書・問題集」で合格するためには？

ここでは、日商簿記の効果的な勉強方法を紹介します。

Step1 『簿記の教科書』をしっかりと読み込む！

最低**２回**は読みましょう。実際に勘定科目を書きながら読み進めると効果的です。

Step2 『簿記の教科書』の章末にある基本問題を繰り返し解く！

こちらも最低**２回**は解きましょう。１回目は教科書を見ながらでも構いません。２回目以降は何も見ずにスラスラ解けるようになるまで繰り返しましょう。

Step3 『簿記の問題集』（別売り）の個別問題を解く！

教科書の基本問題がすべて解けるようになったら、問題集にとりかかります。教科書で身につけた知識を、本試験で活用できるレベルまで上げていきます。わからないところは、教科書の関連CHAPTERに戻り、しっかりと復習しましょう。

Step4 『簿記の問題集』（別売り）の模擬試験問題を２回分解く！

本試験形式の問題を解くことで、**Step1～3**の知識がしっかり定着しているかを確認することができます。

また、過去問題集を解くこともオススメいたします。

※　模擬試験は「簿記の教科書・問題集１級商会１～３」の内容にもとづき、横断的に出題されています。

※TAC出版刊行の過去問題集…「合格するための過去問題集」

『簿記の教科書』の効果的な使いかた

❶ まずは日商１級で学習する範囲を確認しましょう。

日商簿記１級商業簿記・会計学で学習する内容がひと目でわかります。学習するうえで非常に重要なので、しっかりと頭に入れておきましょう。

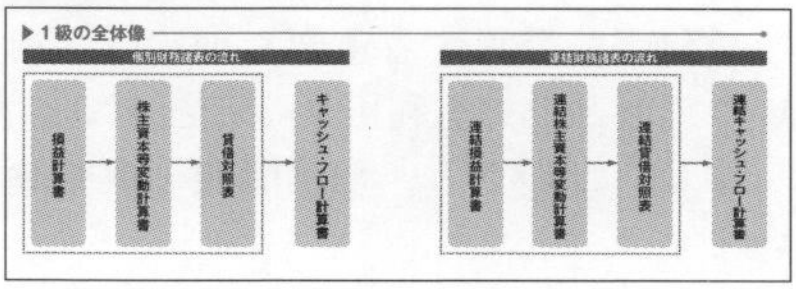

❷ 本文を読み込みましょう。

❸ 図解をみて、重要事項を記憶に刷りこみましょう。

本文の内容を視覚的にまとめた最重要ポイントです。最重要ポイントがまとめられているので、試験直前に図解部分だけを流し読みすることも効果的です。

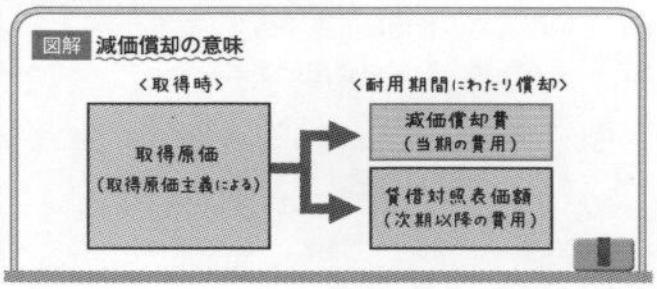

❹ これならわかる!!で「なぜ、どうして」のモヤモヤを解消！

受験生がつまずきそうなモヤモヤポイントについては、身近な例を使いながら、解説しています。

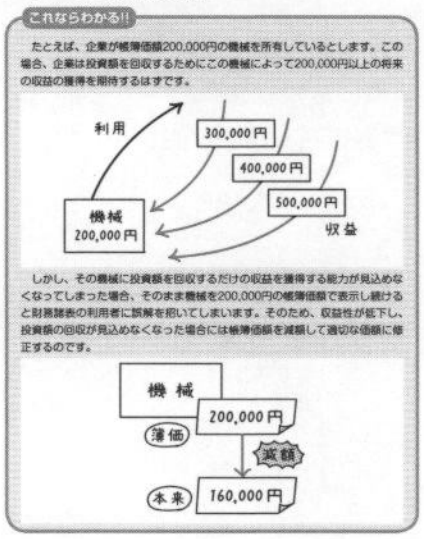

❺ ひとことを確認して、さらに納得！

補助的な知識を説明した箇所です。さらに理解が深まります。

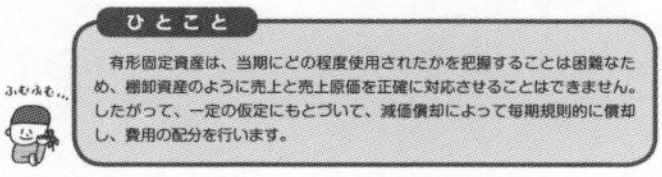

❻ 基本問題で知識を万全に！

簿記検定試験合格のために必要なこと、それは問題を繰り返し解いて、解法手順を身につけることです。インプットした知識がきちんと使える知識になっているか「基本問題」で確認しましょう。

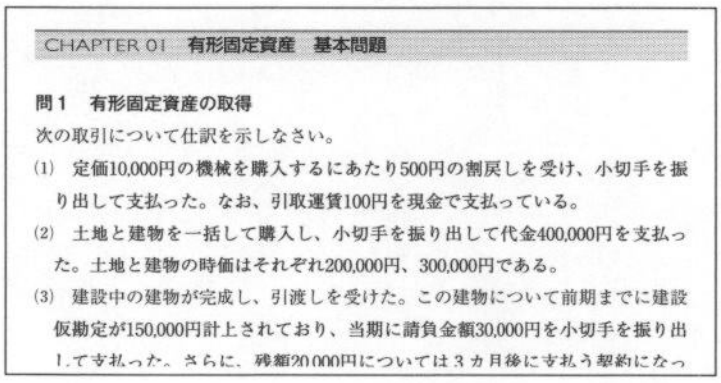
CHAPTER 01　有形固定資産　基本問題

問１　有形固定資産の取得

次の取引について仕訳を示しなさい。

(1)　定価10,000円の機械を購入するにあたり500円の割戻しを受け、小切手を振り出して支払った。なお、引取運賃100円を現金で支払っている。

(2)　土地と建物を一括して購入し、小切手を振り出して代金400,000円を支払った。土地と建物の時価はそれぞれ200,000円、300,000円である。

(3)　建設中の建物が完成し、引渡しを受けた。この建物について前期までに建設仮勘定が150,000円計上されており、当期に請負金額30,000円を小切手を振り出して支払った。さらに、残額20,000円については３カ月後に支払う契約になっ

さらに…こだわりポイント

●RIRON ～理論～（本書別冊部分）

教科書で登場する重要な理論は、別冊のRIRONでまとめました。取り外していつでもどこでも利用することができます。

なお、このうち、理論問題「重要論点○×カード」はスマホ学習に対応しています。

スマホ学習用PDFをTAC出版書籍販売サイト「サイバーブックストア」からダウンロードして、理論学習にお役立てください。

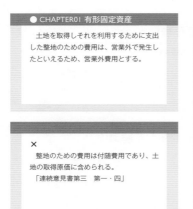

● CHAPTER01 有形固定資産

土地を取得しそれを利用するために支出した整地のための費用は、営業外で発生したといえるため、営業外費用とする。

×

整地のための費用は付随費用であり、土地の取得原価に含められる。

「連続意見書第三　第一・四」

重要論点○×カード

■ダウンロードページへのアクセス方法

TAC出版　検索

↓

トップページの
書籍連動ダウンロードサービス
をクリック

↓

パスワード
21119910
を入力

※ダウンロードページのアクセスには上記のパスワードが必要です。

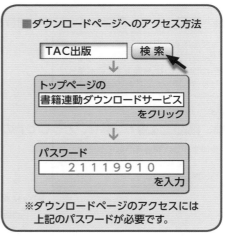

日商簿記検定試験について

受験資格	なし
試験日	年３回（１級は年２回） ６月（第２日曜日）／11月（第３日曜日）／２月（第４日曜日） ※２月は１級試験の実施はありません。
申込方法	試験の約２か月前から開始。申込期間は、各商工会議所によって異なります。
受験料 （税込）	１級 8,800円 ／ ２級 5,500円 ／ ３級 3,300円 ※一部の商工会議所およびネット試験では事務手数料がかかります。
試験科目	１級　商業簿記・会計学・工業簿記・原価計算 ２級　商業簿記・工業簿記 ３級　商業簿記
試験時間	１級 ３時間 ／ ２級 90分 ／ ３級 60分
合格基準	１級　70点以上　ただし、１科目ごとの得点は10点以上 ２級　70点以上 ３級　70点以上

刊行時のデータです。最新の情報は、商工会議所の検定試験ホームページ（https://www.kentei.ne.jp/）をご確認ください。

なお、2020年12月より、２級・３級に関して、従来の試験方式（ペーパーで行う統一試験方式）に加え、ネット試験が実施されています（２級90分、３級60分）。また、簿記入門者向けに簿記初級が、原価計算入門者向けに原価計算初級がネット試験（40分）にて実施されています。

本試験の出題傾向（１級商業簿記・会計学）

１級の本試験問題は、商業簿記・会計学、工業簿記・原価計算からなり、それぞれ１時間30分ずつで試験が行われます。商業簿記・会計学の出題内容は下記のとおりです。

商業簿記	損益計算書の作成、貸借対照表の作成、本支店合併財務諸表の作成、連結財務諸表の作成など、通常、総合問題の形式（１問形式）で出題されます。配点は25点です。
会計学	会計学は２問から４問の小問形式で出題され、通常、このうち１問が理論問題（正誤問題や穴埋め問題）、残りが計算問題です。配点は25点です。

簿記の教科書　日商1級　商業簿記・会計学2

目次

日商簿記の最高峰、1級へのチャレンジ方法をみていきましょう
●日商簿記1級に合格するには
●商業簿記・会計学2で学習する内容

特別企画 1

日商簿記1級（商業簿記・会計学）スタートアップ講義

日商簿記1級に合格するには

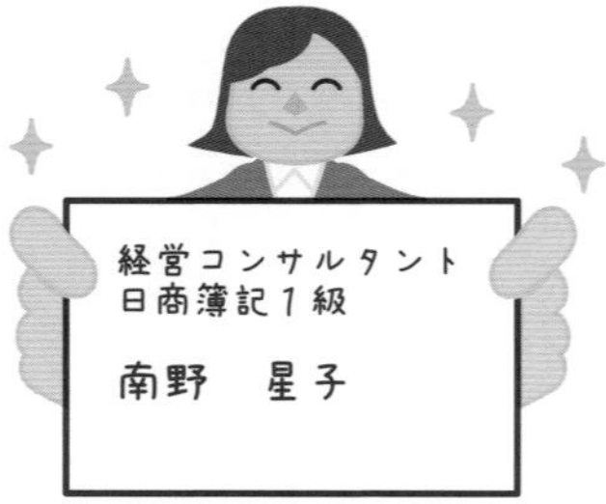

日商簿記１級は、日商簿記検定の中でも最高峰の資格です。
合格者はさまざまな企業で経理のプロとして活躍するほか、その知識を活かしてコンサルタント業務に携わるなど、昇進・就転職に大いに役に立つ資格です。

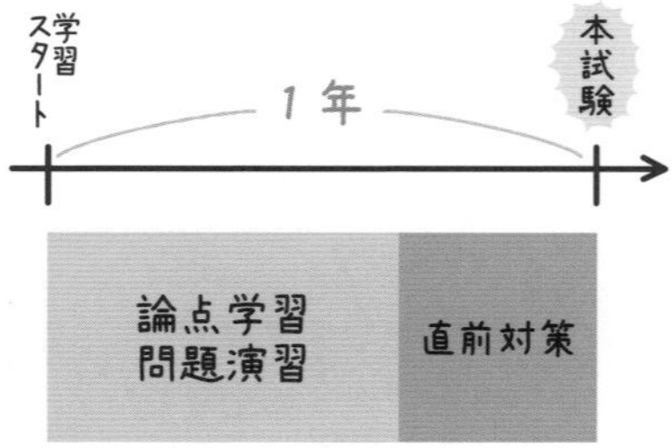

学習期間は平均約１年。この期間で、商業簿記･会計学、工業簿記･原価計算の４科目の学習をします。
全体の流れとしてはまず、論点学習と問題演習を進め、直前対策へと進むことになります。

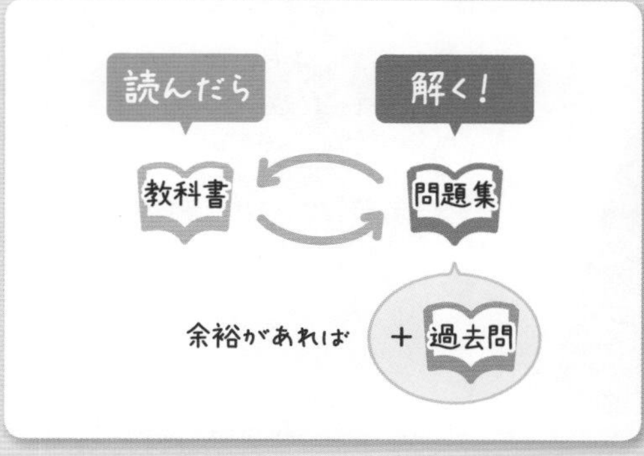

論点学習では、インプットしたらすぐに基本問題を解いておくようにしましょう。このとき、過去問題までみておくと、その後の学習が楽になります。余裕があればがんばってみましょう。

① 時間を計って解くこと！
90分
時間内に解けないと
意味ないからね
② 復習すること！
とにかく
やるべし！

直前対策では、本試験と同じ、1回分の問題を解いていくことになります。この時のポイントは①時間を計ること②復習をすることです。本試験までには、時間内に解き終われるように練習を重ねましょう。

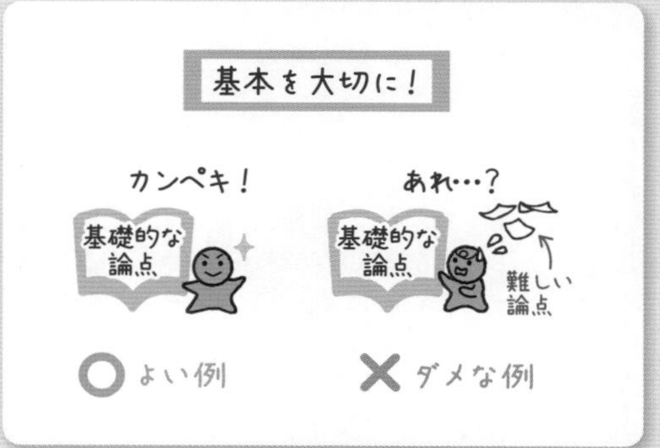

また、日商簿記１級の合格率は平均10%。
なかなかの難関試験に思えますが、合格のポイントは、「みんなができている基礎的な論点は落とさないこと！」です。
直前期になればなるほど難しい論点が気になると思いますが、基礎的な論点があやふやなままでは元も子もありません。
がんばりましょう！

商業簿記・会計学2で学習する内容

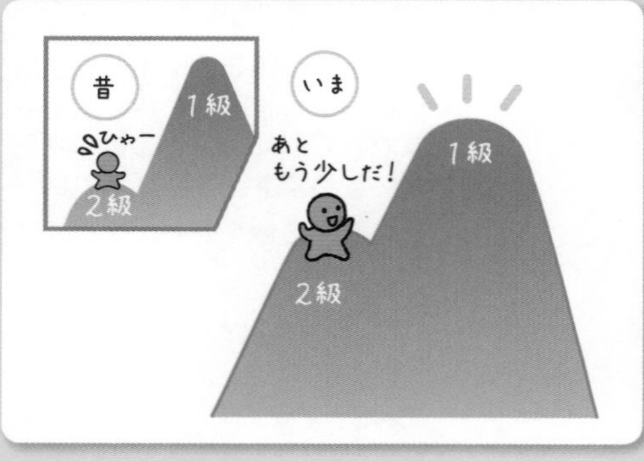

かつて2級の合格者にとって、1級は非常に高い山でしたが、最近の試験制度改定で1級と2級の差は狭まってきています。

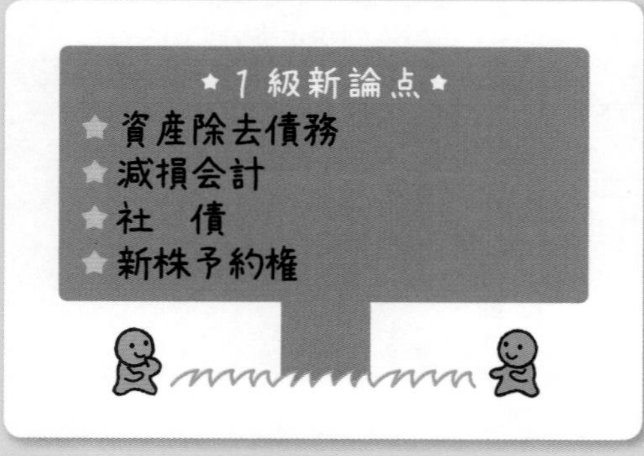

★1級新論点★
資産除去債務
減損会計
社　債
新株予約権

とはいえ、1級で新たに加わる論点はあります。
2冊目では、「資産除去債務」や「減損会計」、「社債」、「新株予約権」などですが、これらを、ザックリとみていきましょう。

将来このビル
撤去しなきゃ！
撤去費用を
計上しておかないと。
現在価値にして…と。

まず、固定資産がらみで「資産除去債務」と「減損会計」があります。

資産除去債務とは、将来的に建物を除去しなければならないようなとき、その費用を現時点で負債として計上しておくというものです。

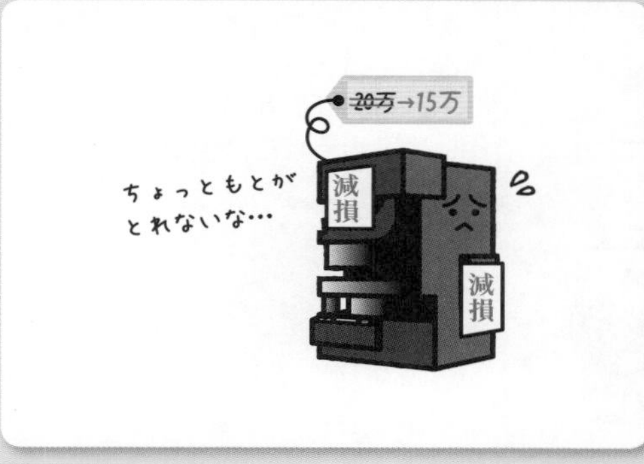

そして、減損会計とは、例えば、ある製品に強力なライバルが出現し、想定していたほどの収益があげられなくなったとき、その製品をつくる機械の帳簿価額を適正な価額に減額することです。

機械や工場などの有形固定資産だけでなく、のれんなどの無形固定資産なども減損の対象となります。

社債	株式
返済要	返済不要
もうけが出なくても 利息	もうけが出れば 配当金

続いて社債とは、株式と同様、一般の人から資金を調達する際に発行するものですが、株式と違い、返済しなければなりませんし、儲けに関係なくあらかじめ決められた利息を支払う必要があります。

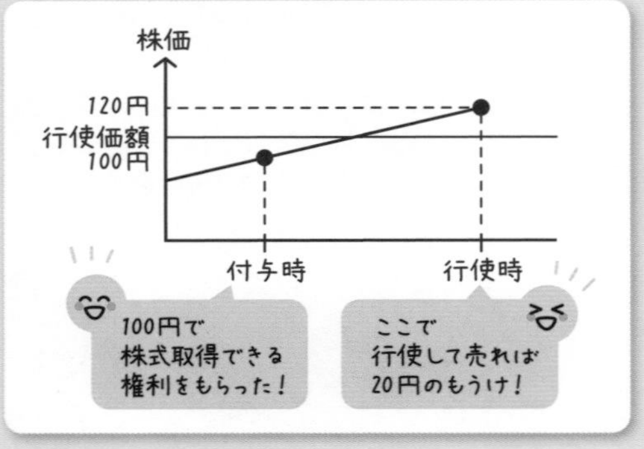

最後に新株予約権です。新株予約権をもらった人は、権利行使日における時価にかかわらず、あらかじめ定められた価額で株式を購入できます。

この新株予約権は、ストックオプションとして、従業員の労働の対価として使われたり、敵対的買収の防衛策として使われたりします。

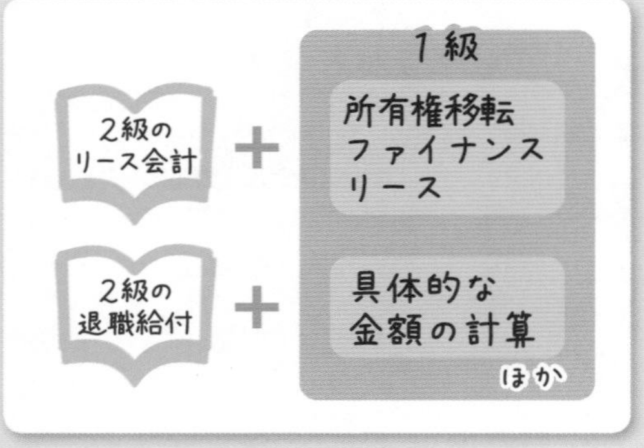

また、２級ですでにおなじみの、リース会計や、退職給付会計、純資産会計などでも、これまでに学習しなかった新たな処理が加わりますが、詳しくは本編でお会いしましょう！

特別企画 2

日商簿記検定では、数字を扱いますが、その計算式はどれも基本的なもの。とはいえ、最後に学んでからだいぶ時間が経ってしまった…なんて人は「分数の掛け算って、何をどうするんだっけ?」なんてこともあるやもしれません。ここでは、日商簿記で必要となる数式の解き方をまとめました。もちろん、覚えていらっしゃる方は読み飛ばしていただいて構いません。

いまさら聞けない 算数の基本をおさらい!

1　分数

I　分数の足し算と引き算

① 分母が同じ分数同士のときは、分子同士をそのまま加算・減算します。

例1

$\frac{3}{7}+\frac{2}{7}$ ← 分母が同じなので

$=\frac{3+2}{7}$ ← 分子をそのまま足す

$=\frac{5}{7}$

例2

$\frac{3}{7}-\frac{2}{7}$ ← 分母が同じなので

$=\frac{3-2}{7}$ ← 分子の引き算をする

$=\frac{1}{7}$

② 分母が違う分数同士のときは、分母の数を揃えてから（通分）、分子同士を加算・減算します。

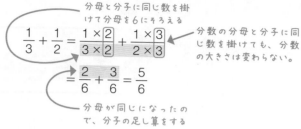

$$\frac{1}{3}+\frac{1}{2}=\frac{1\times\boxed{2}}{3\times\boxed{2}}+\frac{1\times\boxed{3}}{2\times\boxed{3}}$$

$$=\frac{2}{6}+\frac{3}{6}=\frac{5}{6}$$

分母と分子に同じ数を掛けて分母を6にそろえる

分数の分母と分子に同じ数を掛けても、分数の大きさは変わらない。

分母が同じになったので、分子の足し算をする

Ⅱ 分数の掛け算

分数同士の掛け算は、分母同士、分子同士を掛ける。

$$\frac{1}{3}\times\frac{2}{5}=\frac{1\times 2}{3\times 5}=\frac{2}{15}$$

分母は分母と、分子は分子と掛け算をする

Ⅲ 分数の割り算

割り算は、割る数の逆数（分子と分母を入れ替えた分数）を掛ける。

$$\frac{1}{3}\div\frac{2}{5}=\frac{1}{3}\times\frac{5}{2}=\frac{1\times 5}{3\times 2}=\frac{5}{6}$$

後ろの分数の分子と分母を入れ替える（逆数にする）

分母は分母と、分子は分子と掛け算をする

2　歩合と百分率

割合を表す単位として、歩合(ぶあい)や百分率(ひゃくぶんりつ)などがあります。

Ⅰ 歩合

通常、試合の勝率などを「○割(わり)○分(ぶ)○厘(りん)」のように表しますが、これを歩合といいます。

「割」は分数で10分の１（小数で0.1)、「分」は100分の１（0.01)、「厘」は1,000分の１（0.001）を表します。

具体的には、試合の勝率で「５割４分１厘」を小数で表すと0.541となります。

Ⅱ 百分率

百分率とは、％（パーセント）のことをいい、もとになるものを100等分した場合の割合を表したものをいいます。

たとえば、空気中に含まれる窒素の割合はおよそ78%ですが、これは、もとになる空気を100等分したうちのおよそ78の割合が窒素であることを表します。空気を１としたとき、窒素の割合を小数で表すと、およそ0.78となります。

Ⅲ 小数、分数、歩合、百分率の関係

小数、分数、歩合、百分率を表にすると以下のようになります。

小数	0.1	0.25	0.5
分数	$\frac{1}{10}=\frac{10}{100}$	$\frac{1}{4}=\frac{25}{100}$	$\frac{1}{2}=\frac{5}{10}=\frac{50}{100}$
歩合	１割	２割５分	５割
百分率	10%	25%	50%

3　一次方程式

一次方程式とは、わからない数（x）を含む等式*で、xの次数が1のものです。最終的に左辺をxだけにすることで、xの数を求めることができます。

＊　等式とは、イコール(＝)で結ばれた式のことです。

例1　$25x-50=75$

左辺をxだけにするには、この2つが邪魔

Step 1　左辺の「−50」を右辺に移項する。このとき、符号の「−」は「＋」に変わる。

$25x-50=75$

$25x=75+50$

$25x=125$

これは両辺に50を加算することと同じ。
$25x-50+50=75+50$

Step 2　両辺を25で割って、xを求める。

$25x \div 25=125 \div 25$

$x=5$

例2　$4-x=3(2-x)$

左辺をxだけにするには、これが邪魔

あと、右辺にあるxを左辺に持ってこないといけない

Step 1　右辺のカッコ（　）をはずす。

$4-x=3(2-x)$　（かける／かける）

$4-x=3\times 2-3\times x$

$4-x=6-3x$

Step 2　右辺の$-3x$を左辺に移項する。

$$4-x+3x=6$$
$$4+2x=6$$

Step 3　左辺の4を右辺に移項する。

$$2x=6-4$$
$$2x=2$$

Step 4　両辺を2で割って、xを求める。

$$2x\div 2=2\div 2$$
$$x=1$$

日商 1 級 商業簿記・会計学 2

簿記の教科書

▶ 1級の全体像

個別財務諸表の流れ

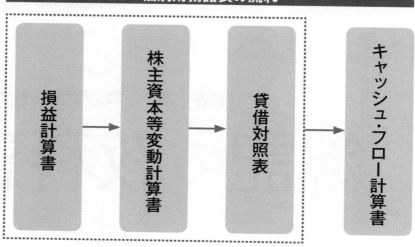

損益計算書 → 株主資本等変動計算書 → 貸借対照表 → キャッシュ・フロー計算書

▶ 1級で学習する内容

教科書2

固定資産

有形固定資産………… CHAPTER 01
資産除去債務………… CHAPTER 02
リース会計…………… CHAPTER 03
固定資産の減損会計… CHAPTER 04
無形固定資産と繰延資産… CHAPTER 05
研究開発費とソフトウェア… CHAPTER 06

負債

引当金………………… CHAPTER 07
退職給付会計………… CHAPTER 08
社債…………………… CHAPTER 09

純資産

株主資本……………… CHAPTER 10
新株予約権ほか……… CHAPTER 11

税効果会計

税効果会計…………… CHAPTER 12

連結財務諸表の流れ

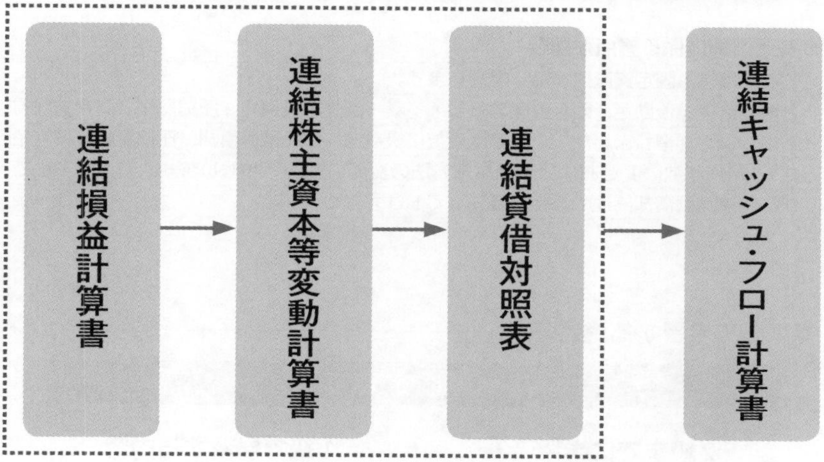

教科書１・３

教科書１

CH 01　会計学の基礎知識
CH 02　損益計算書の基礎
CH 03　収益の認識基準
CH 04　工事契約（建設業会計）
CH 05　一般商品売買
CH 06　特殊商品売買Ⅰ（割賦販売）
CH 07　特殊商品売買Ⅱ（委託販売）
CH 08　特殊商品売買Ⅲ（試用販売）
CH 09　会計上の変更・誤謬の訂正
CH 10　貸借対照表の基礎
CH 11　現金預金
CH 12　金銭債権・貸倒引当金
CH 13　有価証券
CH 14　デリバティブ取引

教科書３

CH 01　本支店会計
CH 02　企業結合・事業分離
CH 03　連結会計Ⅰ
CH 04　連結会計Ⅱ
CH 05　連結会計Ⅲ
CH 06　持分法
CH 07　外貨換算会計
CH 08　キャッシュ・フロー計算書
CH 09　連結キャッシュ・フロー計算書
CH 10　包括利益

CHAPTER 01

有形固定資産

◆減価償却に係る論点が重要

ここでは有形固定資産について学習します。

2級では建設仮勘定、固定資産の除却・廃棄・滅失・買換え・圧縮記帳（直接控除方式）について学習しました。1級では新たに級数法による減価償却、圧縮記帳（積立金方式）、耐用年数の変更および減価償却方法の変更について学習します。論点が多いですが、まず減価償却関連の論点を優先しておさえましょう。

▶ 1級で学習する内容

有形固定資産

2級までに学習済み	→ 1級で学習する内容
取得・売却、除却・廃棄、買換え、滅失、改良・修繕	
圧縮記帳（直接控除方式）	
	圧縮記帳（積立金方式）

減価償却方法

定額法・定率法・生産高比例法	
	級数法

会計上の変更

	耐用年数の変更
	減価償却方法の変更

1 有形固定資産の取得

Ⅰ 有形固定資産とは

有形固定資産とは、土地・建物・備品など、加工や売却を予定せず、企業が長期にわたって利用するために保有する資産で、形のあるものをいいます。

なお、建設仮勘定（建設中の建物等に対する支払額）やリース資産なども有形固定資産に含まれます。

1 償却性資産と非償却性資産

減価償却を行うものを**償却性資産**、行わないものを**非償却性資産**といいます。したがって、土地や建設仮勘定は減価償却を行わないので非償却性資産に分類されます。

2 取得原価の決定

有形固定資産を取得したときは、購入代価に付随費用を加算した金額をもって取得原価とします。

なお、取得のときに割戻しを受けたときは、これらの金額を購入代価から控除します。

取得原価＝（購入代価－割戻額）＋付随費用＊

＊　付随費用：固定資産を使用できるようにするためのいっさいの費用
（例：引取運賃・購入手数料・設置費用・試運転費・仲介手数料・登記費用など）

Ⅱ 特殊な方法による取得

有形固定資産を通常の購入方法ではなく、特殊な方法によって取得することもありますが、その場合は次の方法によって処理します。

1 一括購入

たとえば土地付建物の一括購入をする場合、土地と建物の内訳の金額を計算します。具体的には、取得原価を各固定資産の時価の比で按分します。

$$土地の取得原価＝土地付建物の取得原価\times\frac{土地の時価}{土地の時価＋建物の時価}$$

2 自家建設

自社で使う機械などを自ら製造した場合です。この場合は、適正な原価計算基準にしたがって製造原価を計算し、この製造原価を取得原価とします。

ひとこと

「自家建設のための借入金に係る利息」で、「固定資産の稼働前の期間に属するもの」は取得原価に算入することができます（容認処理）。

3 現物出資

会社が株式を発行すると、通常株主は現金などで払込みをしますが、土地・建物などの現物によって払い込むこともできます。これを現物出資といい、この方法で取得した固定資産は時価等を基準とした公正な評価額を取得原価とします。

4 交換

当社が保有していた固定資産と交換で別の固定資産を受け入れた場合には、譲渡した資産の適正な帳簿価額を取得原価とします。

一方、保有していた有価証券と交換で固定資産を取得した場合には、交換時の有価証券の時価、または適正な帳簿価額を取得原価とします。

5 贈与

固定資産を贈与により取得した場合、贈与時の時価等を取得原価とします。

2 有形固定資産の割賦購入

Ⅰ 有形固定資産の割賦購入

有形固定資産を割賦購入した場合、割賦期間分の利息が発生します。この利息相当分については、購入代価とは区別して**支払利息**として処理します。

Ⅱ 有形固定資産を割賦で購入したとき

有形固定資産を割賦で購入したときは、一括で購入した場合の価格（現金正価）を取得原価として処理し、利息分は**前払利息**で処理します。

図解 有形固定資産の割賦購入

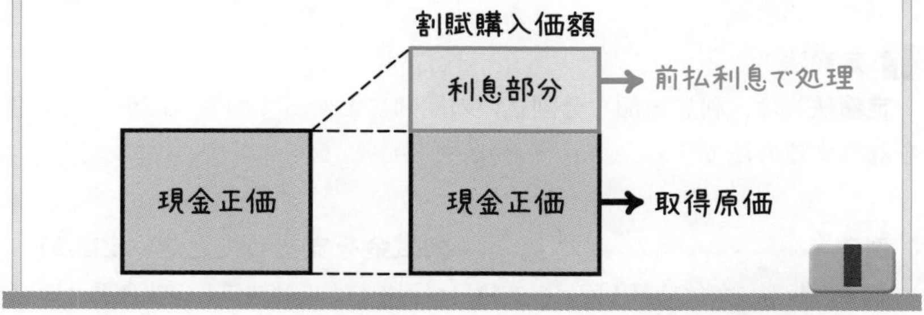

ひとこと

利息分が明らかでない場合には、利息分も含んだ金額を固定資産の取得原価として処理します。

例1 ―― **固定資産を割賦で購入したとき**

当期首において、備品12,000円を割賦契約（3回払い）により購入した。代金は毎月末に期限の到来する額面4,000円の約束手形3枚を振り出した。現金正価は10,800円である。

例1の仕訳	（備　　品）	10,800	（営業外支払手形）	12,000*1
	（前払利息）	1,200*2		

＊1　4,000円×3枚＝12,000円
＊2　12,000円－10,800円＝1,200円

Ⅲ 割賦金を支払ったとき

月々の返済時には、営業外支払手形を減少させます。また、購入時に計上した前払利息を支払利息に振り替えます。

ここで、利息の計算方法には定額法と利息法があります。

1 定額法

定額法とは、利息総額を分割払いの期間にわたって均等に配分して利息を計算する方法です。

例2 ―― **割賦金を支払ったとき（定額法）**

例1の手形について第1回目の支払日が到来したため決済し、当座預金口座から支払った。なお、利息は定額法により計算すること。

例2の仕訳	（営業外支払手形）	4,000	（当座預金）	4,000
	（支払利息）	400*	（前払利息）	400

＊　1,200円÷3か月＝400円

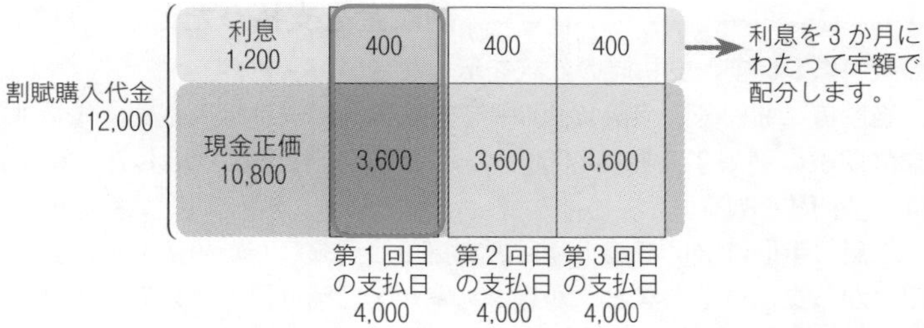

2 利息法

利息法とは、割賦購入代金の元本未返済額に利子率を掛けた金額を代金支払時の利息として計算する方法です。

図解 利息法

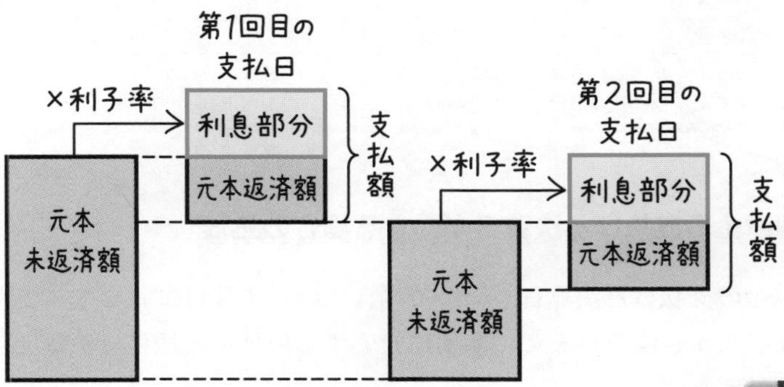

ひとこと

元本未返済額は利息を除いた購入代価（現金正価）部分のことです。

例3 割賦金を支払ったとき（利息法）

次の取引について、支払時の仕訳を示しなさい。

(1) 当期首において、備品12,000円を割賦契約により購入した。代金は毎月末に期限の到来する額面4,000円の約束手形３枚を振り出した。現金正価は11,764円である。

(2) 上記の手形について第１回目の支払日が到来したため決済し、当座預金口座から支払った。なお、利息は利率が年12％（月１％）の利息法により計算すること（円未満はそのつど、四捨五入すること）。

例３の仕訳				
	（営業外支払手形）	4,000	（当　座　預　金）	4,000
	（支　払　利　息）	118*	（前　払　利　息）	118

＊　11,764円×１％≒118円

支払日	(1)期首元本未返済額	(2)支払額	(3)利息分 (1)×１％	(4)元本返済分 (2)−(3)	(5)期末元本未返済額 (1)−(4)
１回目	11,764円	4,000円	118円	3,882円	7,882円
２回目	7,882円	4,000円	79円	3,921円	3,961円
３回目	3,961円	4,000円	39円*	3,961円	0円

＊　最終支払日は差額で計算します。
4,000円−3,961円＝39円

Ⅳ 割賦金の支払日と決算日が異なる場合の処理

割賦金の支払日と決算日が異なる場合には、決算日において、当期の最終の支払日から決算日までの期間に対応する利息を前払利息から支払利息に振り替えます。

例4 決算時

次の取引について、決算時の仕訳を示しなさい。

２月１日に、備品12,000円を割賦契約（４回払い）により購入した。代金は毎年１月31日に期限の到来する額面3,000円の約束手形４枚を振り出して支払った。現金正価は10,800円である。当社の会計期間は１年、決算日は３月31日とする。なお、利息は定額法により計算すること。

例4の仕訳	（支 払 利 息）	50*	（前 払 利 息）	50

＊ $(12{,}000円-10{,}800円) \div 4年 \times \frac{2か月（購入日から決算日）}{12か月} = 50円$

3 有形固定資産の減価償却①

Ⅰ 減価償却とは

減価償却とは、適正な期間損益計算のため、有形固定資産の取得原価を耐用期間における各事業年度に費用として配分する手続きのことです。

1 減価償却の意味

企業は、建物、備品、車両などの固定資産を利用し、収益を上げています。したがって、収益を獲得するのに貢献した金額を計算し、その金額を費用として計上することにより、**適正な期間損益計算**を行うことが可能となります。

したがって、貸借対照表に計上される有形固定資産の価額は、これまでに費用計上された部分を除いた残額となります。

図解 減価償却の意味

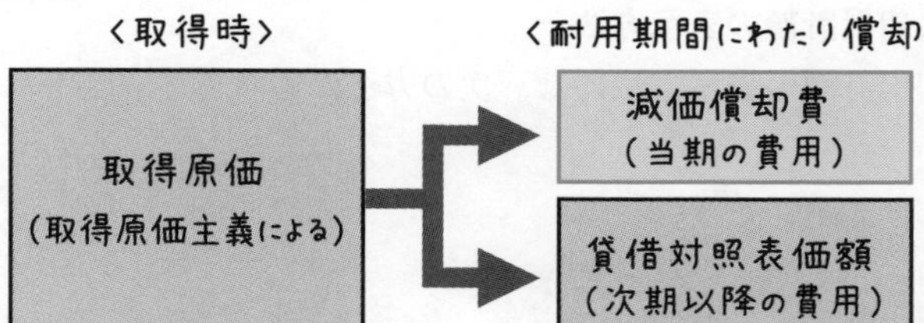

2 正規の減価償却

減価償却を実施する目的は適正な期間損益計算を行うためなので、減価償却は、一定の方法によって規則的に行われなければなりません。つまり、各期の状況によって、恣意的に減価償却の方法を変更することはできません。このような減価償却を**正規の減価償却**といいます。

ひとこと

有形固定資産は、当期にどの程度使用されたかを把握することは困難なため、棚卸資産のように売上と売上原価を正確に対応させることはできません。したがって、一定の仮定にもとづいて、減価償却によって毎期規則的に償却し、費用の配分を行います。

3 減価償却の記帳方法

減価償却の記帳方法には、**直接法**と**間接法**があります。

●減価償却の記帳方法

◆直接法（固定資産の取得原価から直接減額します）

（減価償却費）	××	（建　　物）	××

◆間接法（評価勘定を用いて、間接的に減額します）

（減価償却費）	××	（減価償却累計額）	××

4 減価償却累計額の表示方法

減価償却累計額の表示方法には、次の方法があります。

●減価償却累計額の表示方法

◆科目別間接控除方式（原則）　◆一括間接控除方式
◆直接控除科目別注記方式　◆直接控除一括注記方式

科目別間接控除方式（原則）

建　物	2,000	
減価償却累計額	1,500	500
機　械	800	
減価償却累計額	600	200

一括間接控除方式

建　物	2,000	
機　械	800	
減価償却累計額	2,100	700

直接控除科目別注記方式

建　物	500
機　械	200

(注)　減価償却累計額がそれぞれ控除されている。
建物　1,500円
機械　600円

直接控除一括注記方式

建　物	500
機　械	200

(注)　減価償却累計額が2,100円控除されている。

Ⅱ 減価償却方法

正規の減価償却を行う方法として、**定額法**、**定率法**、**生産高比例法**、**級数法**があります。

1 定額法

有形固定資産の耐用期間中、毎期均等額の減価償却費を計上する方法です。

減価償却費＝(取得原価－残存価額)÷耐用年数
または
減価償却費＝(取得原価－残存価額)×定額法償却率

2 定率法

有形固定資産の耐用期間中、毎期期首未償却残高に一定の償却率を乗じて減価償却費を計上する方法です。

$$\text{減価償却費}=(\text{取得原価}-\text{期首減価償却累計額})\times\text{定率法償却率}$$

3 生産高比例法

毎期その資産による生産または用役の提供度合い（利用量）に比例した減価償却費を計上する方法です。

$$\text{減価償却費}=(\text{取得原価}-\text{残存価額})\times\frac{\text{当期利用量}}{\text{総利用可能量}}$$

ひとこと

生産高比例法を適用できるのは、有形固定資産の総利用可能量を物理的に確定できる資産に限られます。

4 級数法

有形固定資産の耐用期間中、毎期一定の額を算術級数的に逓減（次第に減ること）した減価償却費を計上する方法です。

$$\text{減価償却費}=(\text{取得原価}-\text{残存価額})\times\frac{\text{当期項数(期首残存耐用年数)}}{\text{総項数}}$$

ひとこと

総項数とは、各期首における残存耐用年数を合計した数のことです。級数法は定率法と似たような償却パターンとなりますが、定率法よりも逓減の度合いが緩やかです。

例5 級数法

決算において、級数法により機械の減価償却を行う。取得原価は3,000円（前期首に取得）、残存価額は取得原価の10%、耐用年数は５年、記帳方法は間接法である。

例５の仕訳	（減 価 償 却 費）	720*1	（機械減価償却累計額）	720

＊1　3,000円×0.9×$\frac{4\text{項}^{*3}}{15\text{項}^{*2}}$＝720円

＊2　耐用年数は５年なので、１年目の期首における残存耐用年数は５年（５項）、同様に２年目の期首は４年（４項）…と計算すると、総項数は15となります。

＊3　当期の項数は４（当期首の残存耐用年数）なので、当期の減価償却費は全体の$\frac{4}{15}$となります。

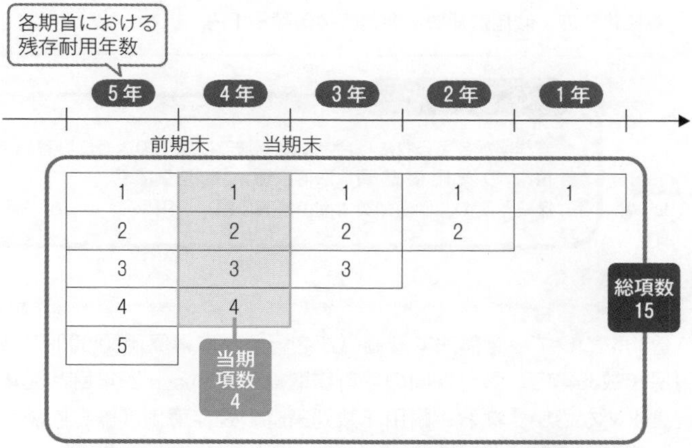

4　有形固定資産の減価償却②

Ⅰ　減価償却制度の改正

平成19年４月１日以後に取得した固定資産については、法人税法上、**残存価額を０円**として減価償却することができるようになりました。

ただし、耐用年数到来時には１円だけ残しておく処理を行います。これは、償却済みの固定資産があることを帳簿に記録しておくためです。これを**備忘価額**といいます。

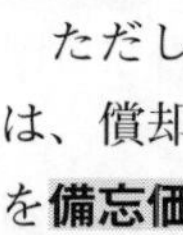

ひとこと

便宜上、本書ではこの改正にかかわる定額法を「新定額法」とよびます。

1 新定額法

新定額法は、次のように計算します。

●新定額法の減価償却費

◆耐用年数が到来するまで…残存価額０円として計算
減価償却費＝取得原価÷耐用年数

◆最終年度…減価償却費＝期首帳簿価額－１円

ひとこと

償却率が与えられた場合、新定額法では以下のように計算します。
毎年の減価償却費：取得原価×定額法償却率
最終年度の減価償却費：期首帳簿価額－１円

例６　新定額法

建物について、定額法で減価償却を行う。取得原価90,000円、残存価額０円、耐用年数30年で、会計期間の期首に取得している。29年目と30年目の減価償却費を求めなさい。なお、耐用年数到来時の残存簿価（備忘価額）が１円になるまで償却するものとする。

例６の解答　29年目の減価償却費：3,000円＊1

30年目の減価償却費：2,999円＊2

＊１　90,000円÷30年＝3,000円（１～29年目の減価償却費）
＊２　(90,000円－3,000円×29年)－１円＝2,999円（30年目の減価償却費）

2 200％定率法（新定率法）

200％定率法とは、**定額法**の償却率（**１÷耐用年数**）を２倍（200％）した率を償却率として計算する方法をいい、平成24年４月１日以後に取得する固定資産について適用されます（新定率法）。

この方法では、期首帳簿価額に償却率を掛けて計算するため、帳簿価額は毎年小さくなるものの、０円にはなりません。そこで、一定の時期に期首帳簿価額を残存耐用年数で割る均等償却を行います。

ひとこと

均等償却を行う時期は、償却率で計算した減価償却費が、償却保証額（期首帳簿価額÷残存耐用年数）より小さくなった時です。また、新定率法においても、耐用年数到達時には備忘価額として１円だけ残しておく処理をします。

●200%定率法（新定率法）

新定率法の償却率：１÷耐用年数×２
当初の減価償却費：期首帳簿価額×償却率 …❶

〈均等償却への切替え〉
❶の減価償却費
❷償却保証額（期首帳簿価額÷残存耐用年数）
→ 当初は❶が大きいですが、❷の方が大きくなった時点で❷を償却額とします。

ひとこと

法人税法上、平成19年４月１日から平成24年３月31日までに取得した固定資産については、250%定率法が適用されます。この場合には、定額法償却率の2.5倍（250%）の率を償却率として計算します。それ以外の処理方法は200%定率法と同じですので問題文の指示にしたがってください。

例７　新定率法①

機械について、200%定率法で減価償却を行う。取得原価10,000円、残存価額０円、耐用年数10年で、期首に取得している。２年目、７年目、９年目の減価償却費を求めなさい（円未満四捨五入）。

例７の解答　２年目の減価償却費：1,600円*1
７年目の減価償却費：　656円*2
９年目の減価償却費：　656円*3

〈解説〉

(1)　200%定率法の償却率：１÷10年×２＝0.2

(2)　各期の減価償却費

年度	①期首簿価	②定率償却＊4	③償却保証額＊5	④判定＊6	⑤減価償却費	⑥期末簿価
1	10,000	2,000	1,000	②	2,000	8,000
2	8,000	1,600	889	②	1,600＊1	6,400
3	6,400	1,280	800	②	1,280	5,120
4	5,120	1,024	731	②	1,024	4,096
5	4,096	819	683	②	819	3,277
6	3,277	655	655	②＝③ ＊7	655	2,622
7	2,622		656	＊8 ③	656＊2	1,966
8	1,966		655		655	1,311
9	1,311		656		656＊3	655
10	655		654		654	1

＊1　(10,000円－2,000円)×0.2＝1,600円

＊2　2,622円(①期首簿価)÷４年≒656円

＊3　1,311円(①期首簿価)÷２年≒656円

＊4　①期首簿価×0.2（円未満四捨五入）

＊5　①期首簿価÷残存耐用年数（円未満四捨五入）

＊6　②定率償却と③償却保証額（残存耐用年数による均等償却額）のどちらが大きいか判定します。

＊7　６年目は②＝③なので、次期からは償却率による計算額が償却保証額を下回ります。したがって、７年目から均等償却を行います。

＊8　７年目から均等償却を行うため、８年目以降の償却額は７年目と同じになるはずですが、端数が生じるため１円ずれています。なお、最終年度は備忘価額１円とし、残りを償却額とします。

3 200%定率法(新定率法)で償却率、保証率、改定償却率が与えられる場合

実質的な計算内容は2とほぼ同じですが、問題文で保証率等が与えられている場合は次のように計算します。

●200%定率法（新定率法）で償却率、保証率、改定償却率が与えられる場合

❶　定率償却額：期首帳簿価額×償却率
❷　償却保証額：取得原価×保証率
❸　判定　　　：❶≧❷の場合 → 減価償却費＝❶の額
　　　　　　　　❶＜❷の場合 → 減価償却費＝改定取得価額×改定償却率

（改定取得価額）最初に❶＜❷となった会計期間の期首帳簿価額

例8　新定率法②

期首に取得した機械（取得原価10,000円）について200%定率法で減価償却を行う（耐用年数10年、償却率0.2、改定償却率0.25、保証率0.0655）。２年目、７年目、９年目の減価償却費を求めなさい。なお、７年目期首の帳簿価額は2,622円である（円未満四捨五入）。

例８の解答　２年目の減価償却費：**1,600円**＊1
７年目の減価償却費：　**656円**＊2
９年目の減価償却費：　**656円**＊3

〈解説〉
(1)　200%定率法の償却率：0.2
(2)　各期の減価償却費

年度	①期首簿価	②定率償却	③償却保証額	④判定	⑤減価償却費	⑥期末簿価
1	10,000	2,000		②	2,000	8,000
2	8,000	1,600		②	1,600＊1	6,400
3	6,400	1,280		②	1,280	5,120
4	5,120	1,024		②	1,024	4,096
5	4,096	819	655＊4	②	819	3,277
6	3,277	655		②＝③ ＊5	655	2,622
7	2,622			③	656＊2	1,966
8	1,966				656	1,310
9	1,310				656＊3	654
10	654				653	1

＊1　(10,000円－2,000円)×0.2＝1,600円
＊2＊3　2,622円(7年目期首簿価)×0.25(改定償却率)≒656円
＊4　10,000円×0.0655(保証率)＝655円
＊5　**例7**と同様、7年目から②＜③となり、均等償却を行います。8年目、9年目の計算でも、7年目の期首簿価（改定取得価額）2,622円に改定償却率を掛けることに注意しましょう。

5 期中売却、除却・廃棄、買換え、滅失

Ⅰ 期中売却

固定資産を期中に売却したときは、売却時までの減価償却費を計上し、その貸借差額は特別損益の区分に表示します。

(備品減価償却累計額)	××	(備　　　品)	××
(減　価　償　却　費)	××	(固定資産売却益)	××
(当　座　預　金)	××		

Ⅱ 除却・廃棄

除却とは固定資産を業務の用から外すことです。除却したときは、スクラップとしての価値（処分価値）を見積り、売却されるまで**貯蔵品**として計上します。

廃棄とは業務の用から外し、捨てることです。この場合には処分価値はなく、廃棄時の費用は**固定資産廃棄損**に含めて処理します。

ひとこと

除却のイメージとしては、実際に処分するまで倉庫に保管することです。
なお、資産除去債務については、CHAPTER 02で説明しています。

例９ 除却・廃棄

期中において備品を除却した（取得原価10,000円、期首までの減価償却累計額8,000円、期首から除却時・廃棄時までの減価償却費1,000円）。

なお、この備品の処分価値は200円と見積られた。以下の仕訳を示しなさい。

(1) 除却時

(2) 除却後の売却時（現金150円で売却）

(3) 除却せずそのまま廃棄した場合（廃棄費用50円が発生し現金で支払った）

例９の仕訳 (1) 除却時

（備品減価償却累計額）	8,000	（備　　　品）	10,000
（減 価 償 却 費）	1,000		
（貯　蔵　品）	200		
（固定資産除却損）	800		

(2) 除却後の売却時

（現　　　金）	150	（貯　蔵　品）	200
（貯蔵品売却損）	50		

(3) 廃棄した場合

（備品減価償却累計額）	8,000	（備　　　品）	10,000
（減 価 償 却 費）	1,000	（現　　　金）	50
（固定資産廃棄損）	1,050*		

＊ 廃棄した時は、単に捨てただけなので処分価値はありません。廃棄費用は固定資産廃棄損に含めて処理します。

Ⅲ 買換え

1 買換え①

固定資産の買換えとは、いままで使用していた固定資産を下取りに出し、新たに固定資産を購入することです。

固定資産の買換えの会計処理は、旧資産の売却と、新資産の購入の処理を分けて考えます。

例10 **買換え①**

期中に車両（取得原価300,000円、期首減価償却累計額250,000円、期首から売却時までの減価償却費20,000円）を50,000円で下取りに出し、新車両400,000円を購入した。

なお、下取価格と新車両の購入代金の差額350,000円は現金で支払った。買換時の仕訳を示しなさい。

例10の仕訳

（車両減価償却累計額）	250,000	（車　　　両）	300,000
（減 価 償 却 費）	20,000	（固定資産売却益）	20,000
（車　　　両）	400,000	（現　　　金）	350,000

〈解説〉

(1)　旧資産の売却

（車両減価償却累計額）	250,000	（車　　　両）	300,000
（減 価 償 却 費）	20,000	（固定資産売却益）	20,000
（現　　　金）	50,000		

(2)　新資産の購入

（車　　　両）	400,000	（現　　　金）	400,000

(3)　(1)+(2) → 解答

2 買換え②（下取価格が時価より高い場合）

下取価格が時価より高い場合、その差額を新資産の値引と考え、新資産の取得原価から控除します。

また、時価と下取りに出した資産の帳簿価額との差額は固定資産売却益（売却損）として処理します。

図解 下取価格が時価より高い場合

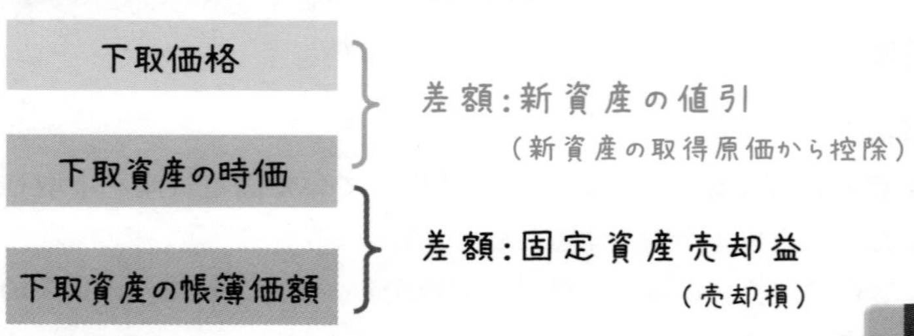

例11 　**買換え②**

期中に車両（取得原価300,000円、期首減価償却累計額250,000円、下取車両の時価40,000円、期首から売却時までの減価償却費20,000円）を50,000円で下取りに出し、新車両400,000円を購入した。

なお、下取価格と新車両の購入代金の差額350,000円は現金で支払った。買換時の仕訳を示しなさい。

例11の仕訳	（車両減価償却累計額）	250,000	（車　　　　両）	300,000
	（減 価 償 却 費）	20,000	（固定資産売却益）	10,000
	（車　　　　両）	390,000	（現　　　　金）	350,000

〈解説〉

(1)　旧資産の売却 → 時価と帳簿価額の差額を売却損益として計上

（車両減価償却累計額）	250,000	（車　　　　両）	300,000 *1
（減 価 償 却 費）	20,000	（固定資産売却益）	10,000
（現　　　　金）	40,000 *2		

＊1　簿価30,000円の旧資産を手放したことを示しています。

＊2　時価40,000円の支払いを受けたとみなします。

(2)　新資産の購入（旧資産の時価と下取価格の差額を新資産の値引とみなします）

（車　　　　両）	390,000 *3	（現　　　　金）	390,000

＊3　400,000円－(50,000円－40,000円)＝390,000円

(3)　(1)＋(2) → 解答

Ⅳ 滅　失

滅失とは、火災や地震などの災害で固定資産が失われることをいいます。この災害・事故などの偶発的事情により、有形固定資産の実体が滅失した場合、臨時的に簿価を切り下げる会計処理を**臨時損失**といいます。

●火災による固定資産の滅失

◆滅失資産に保険契約を付していた場合

滅　失　時 → 損失金額はまだ確定できません。固定資産の帳簿価額を火災未決算勘定で処理します。

保険金確定時 → 確定金額を未収入金で処理するとともに、火災未決算勘定を取り消し、滅失による損益を火災損失または保険差益で処理します。

保険金受取時 → 未収入金を取り消し、現金などを計上します。

◆保険契約を付していなかった場合

滅失と同時に損失金額が確定しますので、固定資産の帳簿価額をそのまま火災損失として処理します。

例12　　滅　失

期中に建物が火災により焼失した（取得原価500,000円、期首減価償却累計額300,000円、期首から焼失時までの減価償却費50,000円）。次の(1)～(4)の仕訳を示しなさい。

(1)　保険契約が付されていた固定資産が滅失したとき

(2)　保険契約が付されており、

①保険金が200,000円に確定したとの通知を受けたとき

②保険金が120,000円に確定したとの通知を受けたとき

(3)　(2)①で確定した保険金200,000円を現金で受け取ったとき

(4)　保険契約が付されていなかったとき

例12の仕訳　(1)　保険契約が付されていた固定資産が滅失したとき

(建物減価償却累計額)	300,000	(建　　　物)	500,000
(減 価 償 却 費)	50,000		
(火 災 未 決 算)	150,000		

(2)①保険金が200,000円に確定したとの通知を受けたとき

(未　収　入　金)	200,000	(火 災 未 決 算)	150,000
		(保　険　差　益)	50,000

②保険金が120,000円に確定したとの通知を受けたとき

(未　収　入　金)	120,000	(火 災 未 決 算)	150,000
(火　災　損　失)	30,000		

(3)　(2)①で確定した保険金200,000円を現金で受け取ったとき

（現　　　　金）	200,000	（未　収　入　金）	200,000

(4)　保険契約が付されていなかったとき

（建物減価償却累計額）	300,000	（建　　　　物）	500,000
（減　価　償　却　費）	50,000		
（火　災　損　失）	150,000		

6　圧縮記帳

I　圧縮記帳とは

圧縮記帳とは、国からの補助金などにより取得した有形固定資産について、取得原価を減額（圧縮）する会計処理のことです。

この圧縮記帳の会計処理には、**直接減額方式**と**積立金方式**があります。

ひとこと

仮に、国からの補助金をそのまま受け入れた場合、その金額だけ収益が計上され利益が増加します。

しかし、その金額分だけ法人税も増えるため、国から受け入れた補助金が税金としてまた国へ戻る結果になってしまい、補助金の意味がなくなります。そこで、圧縮記帳を行って当期の利益を減額することが認められています。

図解 圧縮記帳の対象

圧縮記帳の対象は、以下の資金で取得した有形固定資産です。

資　金　源	圧縮できる限度額
国庫補助金＊1	補助金相当額
工事負担金＊2	工事負担金相当額
保険金	保険差益相当額

＊1　ある政策にもとづき、資産を取得する際に国や地方公共団体から企業に交付される補助金

＊2　電気・ガス・通信などの公共事業を営む企業が、利用者から受け取る設備の建設資金

Ⅱ 直接減額方式

直接減額方式では、国庫補助金などを受け取ったとき、固定資産を取得したとき、および決算時に会計処理を行います。

1 国庫補助金などを受け取ったとき

国庫補助金などを受け取ったときは、現金などを計上するとともに、相手科目は**国庫補助金収入**、**工事負担金収入**として処理します。

2 固定資産を取得したとき

税金が増えるのを一時的に回避するため、国庫補助金などの金額分だけ**固定資産圧縮損**として処理するとともに、相手科目として建物などの**固定資産勘定**を減少させます（直接減額法の場合）。

ひとこと

固定資産の取得原価を直接控除せず、貸方を**建物圧縮額勘定**などの資産の評価勘定で処理する会計処理もあります（間接減額法）。

3 決算時の処理

圧縮記帳を行った固定資産の減価償却は、圧縮後の帳簿価額を取得原価とみなして計算します。

例13 **直接減額方式**

×2年10月1日、国庫補助金60,000円を現金で受け入れ、自己資金40,000円と合わせて機械100,000円を購入し、現金で支払った。

(1)国庫補助金受入時、(2)機械の購入時、(3)減価償却（定額法、耐用年数5年、残存価額は取得原価の10%）の仕訳を示しなさい。決算日は3月末日、圧縮記帳は直接減額法によること。

例13の仕訳 (1) 国庫補助金の受入時

（現　　　金）	60,000	（国庫補助金収入）	60,000

(2) 機械の購入時

（機　　　械）	100,000	（現　　　金）	100,000
（固定資産圧縮損）	60,000	（機　　　械）	60,000

(3) 決算時

（減 価 償 却 費）	3,600*	（機械減価償却累計額）	3,600

* 圧縮記帳後の取得原価：100,000円－60,000円＝40,000円

$40,000円 \times 0.9 \div 5年 \times \frac{6か月}{12か月} = 3,600円$

4 貸借対照表の表示

貸借対照表の表示は、次のいずれかの形式で記載します。

●貸借対照表の表示

◆取得原価から国庫補助金に相当する金額を控除する方法（間接控除方式）

◆取得原価から国庫補助金に相当する金額を控除した残額のみを記載し、国庫補助金等の金額を注記する方法（直接控除注記方式）

間接控除方式

機　　械	100,000	
機械圧縮額	△60,000	
減価償却累計額	△ 3,600	36,400

直接控除注記方式

機　　械	40,000	
減価償却累計額	△ 3,600	36,400

(注)　機械圧縮額が60,000円控除されている。

Ⅲ 積立金方式

積立金方式の場合、固定資産の取得原価を減額せず、決算時に国庫補助金の額を**圧縮積立金**として積み立てます。

そして、その後は減価償却のつど、圧縮積立金のうち減価償却費に対応する金額を取り崩します。

ひとこと

積立金方式の圧縮記帳は、税効果会計の適用を受けます。詳しくは、CHAPTER 12で説明します。

例14　　積立金方式

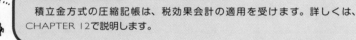

(1)　×1年4月1日、国から国庫補助金60,000円を現金で受け入れた。

(2)　同年10月1日、国庫補助金と自己資金40,000円を合わせて機械100,000円を現金で購入した。圧縮記帳は積立金方式により処理すること。

(3)　×2年3月31日、決算を迎えた。機械については定額法（耐用年数5年、残存価額は取得原価の10%）により減価償却を行う。

(4)　×3年3月31日、決算日につき、減価償却を行う。

例14の仕訳　(1)　国庫補助金の受入時

(現　　　金)	60,000	(国庫補助金収入)	60,000

(2)　機械の購入時

(機　　　械)	100,000*1	(現　　　金)	100,000

(3)　決算時

①　減価償却費の計上

(減 価 償 却 費)	9,000*2	(機械減価償却累計額)	9,000

②　圧縮積立金の積立て

(繰越利益剰余金)	60,000*3	(圧 縮 積 立 金)	60,000

③　圧縮積立金の取崩し

(圧 縮 積 立 金)	5,400*4	(繰越利益剰余金)	5,400

(4)　２年目の決算時

①　減価償却費の計上

(減 価 償 却 費)	18,000*5	(機械減価償却累計額)	18,000

②　圧縮積立金の取崩し

(圧 縮 積 立 金)	10,800*6	(繰越利益剰余金)	10,800

＊1　積立金方式では、取得原価を減額しません。

＊2　$100{,}000\text{円} \times 0.9 \div 5\text{年} \times \frac{6\text{か月}}{12\text{か月}} = 9{,}000\text{円}$

＊3　国庫補助金の額60,000円

＊4　残存価額が設定されている場合、積立金の取崩しでも考慮します（本問では10%）。

$60{,}000\text{円} \times 0.9 \div 5\text{年} \times \frac{6\text{か月}}{12\text{か月}} = 5{,}400\text{円}$

＊5　100,000円×0.9÷５年＝18,000円

＊6　60,000円×0.9÷５年＝10,800円

7　有形固定資産の改良・修繕

Ⅰ　改良・修繕とは

改良とは、固定資産自体の価値を高めたり、耐用年数を延長させることをいいます。この支出を**資本的支出**といい、資本的支出は取得原価に算入

し、減価償却によって以後の期間に配分します。

一方、**修繕**とは、固定資産を元の状態にすることです。この支出を**収益的支出**といい、支出した期の費用として処理します。

Ⅱ 資本的支出と収益的支出

1 資本的支出と収益的支出の按分

固定資産の改良と修繕を同時に行うことにより耐用年数が延長した場合、支出額のうち、延長後の残存耐用年数に占める延長耐用年数分を資本的支出とし、それ以外を収益的支出とします。

$$資本的支出=支出した額\times\frac{延長耐用年数}{延長後の残存耐用年数}$$

2 決算時の処理

資本的支出部分の減価償却は、既存部分と合わせて行います。つまり、既存部分と資本的支出部分の未償却残高を合計し、延長後の残存耐用年数にもとづいて減価償却費を計算します。

$$減価償却費=\frac{既存部分の未償却残高+資本的支出分の未償却残高}{延長後の残存耐用年数}$$

例15 ―――― 資本的支出と収益的支出

期首に機械（取得原価10,000円、耐用年数10年、前期末までの経過年数６年、減価償却累計額5,400円）について大規模な改修を行い、7,200円を現金で支払った。この結果、耐用年数が５年延長し、当期首から９年使用できるようになった。なお、残存価額は取得原価の10%、定額法で減価償却を行っている。①資本的支出の額、収益的支出の額を求めて改修の仕訳を示し、②当期の減価償却費を求めなさい。

例15の解答　①　資本的支出と収益的支出の仕訳

（機　　　械）	4,000*1	（現　　　金）	7,200
（修　繕　費）	3,200*2		

②　当期の減価償却費：**800円***3

〈解説〉

①　資本的支出と収益的支出の按分

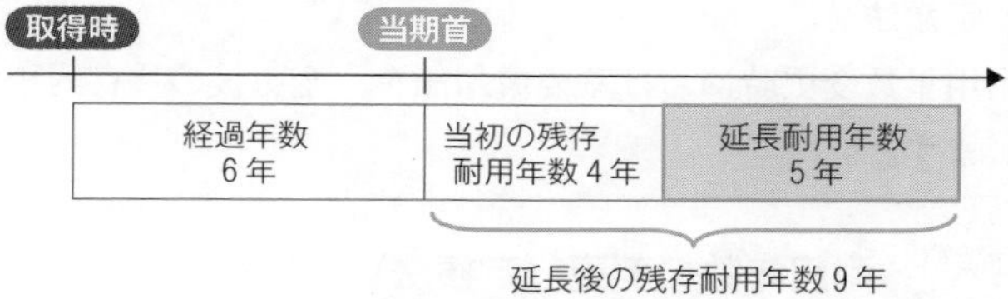

* 1　資本的支出：7,200円×$\frac{5年（延長耐用年数）}{9年（延長後の残存耐用年数）}$＝4,000円

* 2　収益的支出：7,200円－4,000円（資本的支出）＝3,200円

②　決算時（減価償却）→ 既存部分と資本的支出分をまとめて行う。

* 3　7,200円（未償却残高合計）÷ 9年（残存耐用年数）＝800円（当期の減価償却費）

8　耐用年数の変更

技術発展などの要因により、所有している固定資産が旧式化し、機能的に著しく減価が進んでしまうことがあります。このように、当初（耐用年数設定時）予測できなかった事情により**機能的に著しく減価**した場合は、耐用年数を短縮して減価償却を行います。

ひとこと

耐用年数など、減価償却計算の基礎となる見積りを変更することを会計上の見積りの変更といいます。

Ⅰ 会計上の見積りの変更

会計上の見積りの変更が行われたときは、定額法・定率法いずれの場合でも、要償却額について、変更後の残存耐用年数にもとづいて償却を行います。

1 定額法

耐用年数変更時における要償却額を、変更後の残存耐用年数で割って計算します。

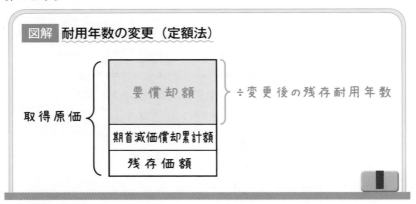

図解 耐用年数の変更（定額法）

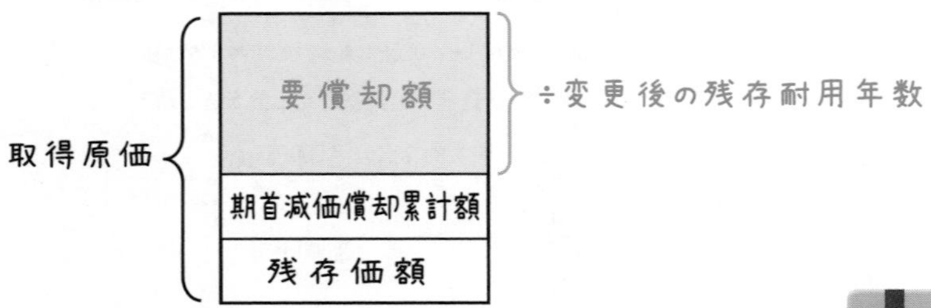

2 定率法

耐用年数変更時における要償却額（期首帳簿価額）に、変更後の残存耐用年数にもとづく償却率を掛けて計算します。

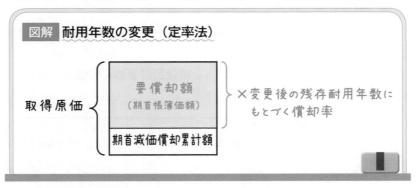

図解 耐用年数の変更（定率法）

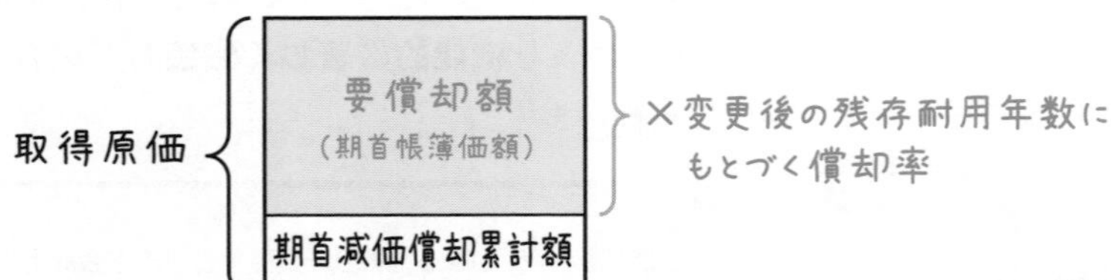

Ⅱ 会計上の見積りの変更の時期

会計上の見積りの変更をする際、その変更が当期首に行われた場合は、当期末の決算から変更後の残存耐用年数で計算します。

一方、その変更が当期末に行われた場合は、次期の決算から変更後の残存耐用年数で計算します。

図解 会計上の見積りの変更の時期

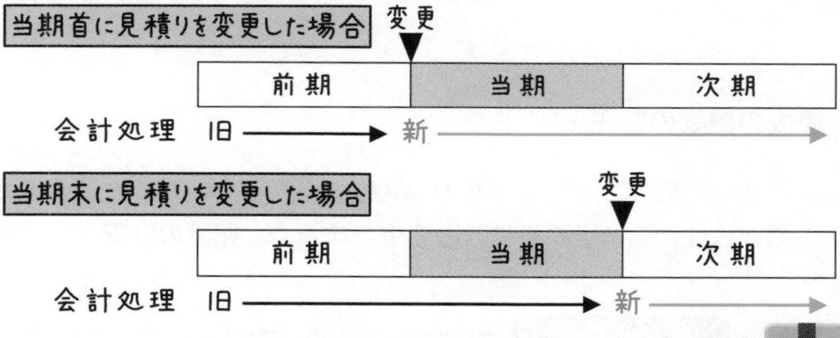

例16　耐用年数の変更

当社は、×1年期首に取得した備品（取得原価200,000円）を耐用年数10年、残存価額０円で前期末まで２年間償却してきたが、当期首において、当期首からの残存耐用年数を５年に変更した。このとき、⑴定額法、⑵定率法（200%定率法、変更後の償却率は変更後の残存耐用年数にもとづいて算定）のそれぞれを前提として、当期（３年目）の減価償却費を求めなさい。

例16の解答　(1)　定額法：32,000円　　(2)　定率法：51,200円

〈解説〉

(1)　定額法

200,000円÷10年×２年＝40,000円（前期末までの減価償却累計額）

200,000円－40,000円＝160,000円（当期首帳簿価額＝要償却額）

160,000円÷５年（変更後の残存耐用年数）＝32,000円

(2)　定率法

１÷10年×2.0＝0.2（変更前の定率法償却率）

200,000円×0.2＝40,000円（１年目の減価償却費）

(200,000円－40,000円)×0.2＝32,000円（２年目の減価償却費）

200,000円－40,000円－32,000円＝128,000円（当期首帳簿価額＝要償却額）

１÷５年×2.0＝0.4（変更後の定率法償却率）

128,000円×0.4＝51,200円

Ⅲ 過去の誤謬の訂正

耐用年数の変更であっても、過去の見積りが誤っていたことによるものである場合には、会計上の見積りの変更ではなく、**誤謬の訂正**として処理します。

ひとこと

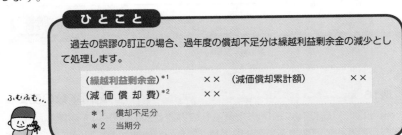

過去の誤謬の訂正の場合、過年度の償却不足分は繰越利益剰余金の減少として処理します。

(**繰越利益剰余金**)＊1	××	(減価償却累計額)	××
(減　価　償　却　費)＊2	××		

＊1　償却不足分

＊2　当期分

Ⅳ 減価償却方法の変更

減価償却方法の変更は会計方針の変更に該当します。そして、会計方針の変更は、原則として新たな会計方針を過去の期間にさかのぼって適用しなければなりません（遡及適用）。

ただし、会計方針の変更が会計上の見積りの変更と区別することが困難な場合、会計上の見積りの変更と同様に扱います。

減価償却方法の変更は、この区分することが困難な場合に該当するた

め、遡及適用はなく**会計上の見積りの変更**として処理します。

1 定額法から定率法への変更

変更する会計期間の期首帳簿価額に、変更後の残存耐用年数にもとづく償却率を掛けて減価償却費を計算します。

2 定率法から定額法への変更

変更後における要償却額を、変更後の残存耐用年数で割って減価償却費を計算します。

ひとこと

減価償却方法の変更で出題されるのは、主に上記の変更です。いずれも耐用年数の変更と同様に、要償却額について、変更後の減価償却方法にもとづいて償却を行います。

例17 減価償却方法の変更

前期首に10,000円で取得した機械を、残存価額０円、耐用年数５年の条件で減価償却したが、当期から減価償却方法を変更した。当期の減価償却費を求めなさい。

(1) 定額法から定率法（変更後の償却率は0.500）への変更
(2) 定率法（償却率0.4）から定額法への変更

例17の解答　(1) **4,000円***1　(2) **1,500円***2

＊1　10,000円÷５年×１年＝2,000円（前期末までの減価償却累計額）
（10,000円－2,000円）×0.500＝4,000円
＊2　10,000円×0.4＝4,000円（前期末までの減価償却累計額）
（10,000円－4,000円）÷４年＝1,500円

問１　有形固定資産の取得

次の取引について仕訳を示しなさい。

(1)　定価10,000円の機械を購入するにあたり500円の割戻しを受け、小切手を振り出して支払った。なお、引取運賃100円を現金で支払っている。

(2)　土地と建物を一括して購入し、小切手を振り出して代金400,000円を支払った。土地と建物の時価はそれぞれ200,000円、300,000円である。

(3)　建設中の建物が完成し、引渡しを受けた。この建物について前期までに建設仮勘定が150,000円計上されており、当期に請負金額30,000円を小切手を振り出して支払った。さらに、残額20,000円については３か月後に支払う契約になっている。

(4)　自社で建設した建物の製造原価は50,000円（同額の建設仮勘定が計上されている）であり、この建設に係る借入金の利子5,000円は、完成前の期間に属するものが1,000円、完成後稼働前の期間に属するものが1,000円、稼働後の期間に属するものが3,000円である（すべて支払利息として計上済み）。利子の取得原価算入については①原則処理と②容認処理でそれぞれ計上しなさい。

(5)　時価100,000円の土地の現物出資を受け、新株を交付した。

(6)　当社所有の建物（簿価50,000円、時価40,000円）と先方が所有する建物（簿価45,000円、時価40,000円）を交換した。

(7)　当社所有の株式（簿価27,000円、時価30,000円、売買目的）と交換に土地（時価30,000円）を取得した。

(8)　時価5,000円の備品の贈与を受けた。

問２　有形固定資産の割賦購入①

次の資料にもとづいて、(1)×2年４月１日、(2)×2年４月30日における仕訳を示しなさい。

［資　料］

1．×2年４月１日に備品（支払総額200,000円、現金正価190,000円、月々の支払額20,000円、10か月の分割払い）を割賦購入し、代金は約束手形10枚を振り出して支払った。

2．×2年４月30日が期日の手形を決済し、当座預金口座より支払った。なお、利息は定額法により計算する。

問３　有形固定資産の割賦購入②

次の資料にもとづいて、(1)×2年４月１日、(2)×2年４月30日における仕訳を示しなさい。

［資　料］

1．×2年４月１日に建物（支払総額1,000,000円、現金正価973,042円）を割賦購入（10回払い）した。代金は毎月末に期限の到来する額面100,000円の約束手形10枚を振り出して支払った。

2．×2年４月30日が期日の手形を決済し、当座預金口座より支払った。なお、利息は利率が月0.5％の利息法により計算すること（円未満はそのつど四捨五入すること）。

問４　減価償却　答案用紙あり

(1)　生産高比例法

８月１日に車両200,000円を取得し、事業の用に供している。生産高比例法によって、減価償却した場合の仕訳を示しなさい。なお、耐用年数10年、残存価額０円、総可能走行距離200,000km、当期走行距離30,000km、決算日は３月末日である。

(2)　級数法

級数法により機械の減価償却を行った場合の仕訳を示しなさい。なお、機械の取得原価は3,000円（前期10月１日に取得)、残存価額は取得原価の10％、耐用年数は５年、決算日は３月末日である。

(3)　200％定率法

機械について、200％定率法で減価償却を行う。取得原価10,000円、残存価額０円、耐用年数10年（改定償却率0.250、保証率0.06552）で、当期首に取得している。２、６、７、10年目の減価償却費を求めなさい。なお、円未満は四捨五入すること。

問5　除却・廃棄

機械（取得原価50,000円、期首までの減価償却累計額40,000円、期首から除却時までの減価償却費5,000円）を除却した。なお、この機械の処分価値は1,000円と見積られた。

このとき、以下の仕訳を示しなさい。

(1) 除却時

(2) 除却後、売却した時（1,200円で売却、代金は現金で受け取った）

(3) 除却後、廃棄した時（廃棄費用500円が発生し、現金で支払った）

問6　買換え

当期首において、車両（取得原価300,000円、期首減価償却累計額270,000円、時価30,000円）を下取りに出し、新車両250,000円を購入した。旧車両の下取価格は50,000円であり、新車両の購入価額との差額は翌月末に支払う。以上の取引について仕訳を示しなさい。

問7　火災による滅失・圧縮記帳

期中に建物が火災により焼失した（取得原価500,000円、期首減価償却累計額300,000円、期首から焼失時までの減価償却費50,000円）。この建物には保険契約を付していた。以下の仕訳を示しなさい。

(1) 滅失時

(2) 保険金が200,000円と確定したとの通知を受けた時

(3) 確定していた保険金200,000円を現金で受け取った時

(4) 10月1日、滅失した建物の代わりに、新しい建物（取得原価400,000円）を購入し、代金は小切手を振り出して支払った。なお、保険差益について圧縮記帳（直接減額法）を行う。

(5) 決算日につき、新しい建物について減価償却を行う（定額法、耐用年数20年、残存価額0円）。なお、決算日は3月末日である。

問8　圧縮記帳①

×1年8月1日、国庫補助金50,000円を現金で受け入れ、自己資金30,000円と合わせて機械80,000円を購入し、現金で支払った。以上の仕訳を示すとともに、減価償却（定額法、残存価額0円、定額法償却率0.2）の仕訳を示しなさい。決算日は3月末日、圧縮記帳は直接減額法によること。

問9　圧縮記帳②

×2年10月10日、国庫補助金65,000円を現金で受け入れ、自己資金25,000円と合わせて車両90,000円を購入し、現金で支払った。以上の仕訳を示すとともに、減価償却（定率法、残存価額は取得原価の10%、定率法償却率20%）の仕訳を示しなさい。なお、決算日は3月末日、圧縮記帳は積立金方式による。

問10　資本的支出と収益的支出

期首に機械（取得原価20,000円、耐用年数8年、前期末までの経過年数4年、減価償却累計額10,000円）について大規模な改修を行い、12,000円を現金で支払った。この結果、耐用年数が4年延長し、当期首から8年使用できるようになった。なお、残存価額は0円、定額法で減価償却を行っている。改修時および決算時（減価償却）の仕訳を示しなさい。

問11　耐用年数の変更①　答案用紙あり

当社は、×1年期首に取得した機械（取得原価500,000円）を耐用年数20年、残存価額0円で前期末まで2年間償却してきたが、当期首からの残存耐用年数を10年に変更した。このとき、(1)定額法、(2)定率法（200%定率法、変更後の償却率は変更後の残存耐用年数にもとづいて算定）による、当期（3年目）・翌期（4年目）の減価償却費を求めなさい。

問12　耐用年数の変更②　答案用紙あり

当社は、×1年期首に取得した備品（取得原価200,000円）を耐用年数10年、残存価額0円で前期末まで2年間償却してきたが、当期末からの残存耐用年数を5年に変更した。このとき、(1)定額法、(2)定率法（200%定率法、変更後の償却率は変更後の残存耐用年数にもとづいて算定）による、当期（3年目）・翌期（4年目）の減価償却費を求めなさい。

問13　減価償却方法の変更 答案用紙あり

前々期首に100,000円で取得した備品について、残存価額０円、耐用年数10年の条件で減価償却していたが、当期から減価償却方法を変更した。当期の減価償却費を求めなさい。

(1)　定額法から200％定率法への変更

(2)　定率法（償却率0.2）から定額法への変更

解答

問1　有形固定資産の取得

(1)	(機　械)	9,600	(当座預金)	9,500
			(現　金)	100
(2)	(土　地)	160,000＊1	(当座預金)	400,000
	(建　物)	240,000＊2		
(3)	(建　物)	200,000	(建設仮勘定)	150,000
			(当座預金)	30,000
			(未払金)	20,000
(4)①	原則処理			
	(建　物)	50,000	(建設仮勘定)	50,000
②	容認処理			
	(建　物)	52,000	(建設仮勘定)	50,000
			(支払利息)	2,000＊3
(5)	(土　地)	100,000	(資本金)	100,000
(6)	(建　物)	50,000＊4	(建　物)	50,000＊5
(7)	(土　地)	30,000＊6	(有価証券)	27,000＊7
			(有価証券売却益)	3,000
(8)	(備　品)	5,000	(固定資産受贈益)	5,000

＊1　$400{,}000円 \times \dfrac{200{,}000円}{200{,}000円 + 300{,}000円} = 160{,}000円$

＊2　$400{,}000円 \times \dfrac{300{,}000円}{200{,}000円 + 300{,}000円} = 240{,}000円$

＊3　稼働前の期間に属する借入資本の利子は取得原価に算入できます。本問では2,000円分がこれに該当するため、支払利息を取得原価へ振り替えます。

＊4　新しく受け入れた資産。金額は「譲渡した資産の適正な帳簿価額」

＊5　旧資産の帳簿価額

＊6　交換時の有価証券の時価

＊7　交換時の有価証券の帳簿価額

問２　有形固定資産の割賦購入①

(1)　×2年４月１日（有形固定資産の取得）

（備　　　　品）	190,000	（営業外支払手形）	200,000
（前　払　利　息）	10,000*1		

(2)　×2年４月30日（割賦金の支払い）

（営業外支払手形）	20,000	（当　座　預　金）	20,000
（支　払　利　息）	1,000*2	（前　払　利　息）	1,000

＊１　200,000円－190,000円=10,000円

＊２　10,000円÷10か月＝1,000円

問３　有形固定資産の割賦購入②

(1)　×2年４月１日（有形固定資産の取得）

（建　　　　物）	973,042	（営業外支払手形）	1,000,000
（前　払　利　息）	26,958*1		

(2)　×2年４月30日（割賦金の支払い）

（営業外支払手形）	100,000	（当　座　預　金）	100,000
（支　払　利　息）	4,865*2	（前　払　利　息）	4,865

＊１　1,000,000円－973,042円=26,958円

＊２　973,042円×0.5%≒4,865円

〈解説〉

支払利息と元本返済額をまとめると次のようになります。

支払日	(1)期首元本未返済額	(2)支払額	(3)利息分(1)×0.5%	(4)元本返済分(2)−(3)	(5)期末元本未返済額(1)−(4)
1回目	973,042円	100,000円	4,865円	95,135円	877,907円
2回目	877,907円	100,000円	4,390円	95,610円	782,297円
3回目	782,297円	100,000円	3,911円	96,089円	686,208円
4回目	686,208円	100,000円	3,431円	96,569円	589,639円
5回目	589,639円	100,000円	2,948円	97,052円	492,587円
6回目	492,587円	100,000円	2,463円	97,537円	395,050円
7回目	395,050円	100,000円	1,975円	98,025円	297,025円
8回目	297,025円	100,000円	1,485円	98,515円	198,510円
9回目	198,510円	100,000円	993円	99,007円	99,503円
10回目	99,503円	100,000円	497円*	99,503円	0円

＊　最終支払日は差額で計算します。100,000円－99,503円=497円

問4　減価償却

(1)	(減価償却費)	30,000*1	(車両減価償却累計額)	30,000
(2)	(減価償却費)	810*2	(機械減価償却累計額)	810

＊1　$200,000円 \times \frac{30,000km}{200,000km} = 30,000円$

＊2

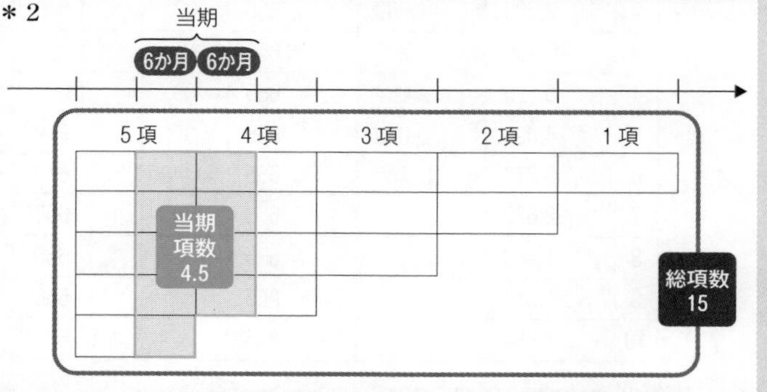

上図より、総項数は15です。また、当期の項数は以下のように求めます。

$5項 \times \frac{6か月}{12か月} + 4項 \times \frac{6か月}{12か月} = 4.5項$

したがって、当期の減価償却費は次のようになります。

$3,000円 \times 0.9 \times \frac{4.5項}{15項} = 810円$

(3)　2年目：1,600円＊3　　6年目：655円＊4

7年目：656円＊5　　10年目：653円＊6

〈解説〉

200％定率法の償却率：1÷10年×2.0＝0.2

各期の減価償却費を表にすると次のようになります。

年度	①期首簿価	②定率償却	③償却保証額	④判定	⑤減価償却費	⑥期末簿価
1	10,000	2,000	655	②	2,000	8,000
2	8,000	1,600	655	②	1,600＊3	6,400
3	6,400	1,280	655	②	1,280	5,120
4	5,120	1,024	655	②	1,024	4,096
5	4,096	819	655	②	819	3,277
6	3,277	655	655	②＝③ ＊7	655＊4	2,622
7	2,622		655	③	656＊5	1,966
8	1,966		655		656	1,310
9	1,310		655		656	654
10	654		655		653＊6	1

②定 率 償 却：①期首簿価×0.2（円未満四捨五入）

③償却保証額：取得原価×償却保証率

④判　　　定：②定率償却と③償却保証額のどちらが大きいか判定します。

＊3　10,000円×（1－0.2）×0.2＝1,600円

＊4　3,277円（6年目期首簿価）×0.2≒655円

＊5　2,622円（7年目期首簿価）×0.25≒656円

＊6　654円（10年目期首簿価）－1円（備忘価額）＝653円

最終年度は備忘価額を1円とし、残りを償却額とします。

＊7　6年目は②＝③なので、次期からは償却率による計算額が、償却保証額を下回ります。したがって、7年目から均等償却へ移行します。

なお、200％定率法は、平成24年4月1日以後に取得した固定資産について適用される可能性があります。本試験では問題文の指示にしたがってください。

問5　除却・廃棄

(1)	（機械減価償却累計額）	40,000	（機　　　械）	50,000
	（減 価 償 却 費）	5,000		
	（貯　蔵　品）	1,000		
	（固定資産除却損）	4,000		

(2)	(現　　　金)	1,200	(貯　蔵　品)	1,000
			(貯蔵品売却益)	200
(3)	(貯蔵品廃棄損)	1,500	(貯　蔵　品)	1,000
			(現　　　金)	500

問6　買換え

(車両減価償却累計額)	270,000	(車　　　両)	300,000
(車　　　両)	230,000	(未　払　金)	200,000

〈解説〉

① 売却の処理

(車両減価償却累計額)	270,000	(車　　　両)	300,000 [*1]
(現 金 な ど)	30,000 [*2]		

② 新車両購入と値引の処理

(車　　　両)	230,000 [*3]	(未　払　金)	230,000
(未　払　金)	30,000 [*4]	(現 金 な ど)	30,000

③ ①+② → 解答

＊1　旧資産（帳簿価額30,000円）を引き渡したことを意味します。

＊2　時価30,000円の支払いを受けたとみなします。

＊3　時価と下取価格の差額20,000円の値引を受けたとみなします。

250,000円－(50,000円－30,000円)＝230,000円

＊4　実際には現金のやり取りはまだ行われていないため、①で受け取ったとみなした現金30,000円を取り消して、未払金と相殺します。

問7　火災による滅失・圧縮記帳

(1)	(建物減価償却累計額)	300,000	(建　　　物)	500,000
	(減価償却費)	50,000		
	(火災未決算)	150,000		
(2)	(未収入金)	200,000	(火災未決算)	150,000
			(保険差益)	50,000
(3)	(現　　　金)	200,000	(未収入金)	200,000
(4)	(建　　　物)	400,000	(当座預金)	400,000
	(固定資産圧縮損)	50,000 [*1]	(建　　　物)	50,000

(5)　(減価償却費)　8,750＊2　(建物減価償却累計額)　8,750

＊1　保険差益の金額が圧縮できる限度額となります。

＊2　(400,000円－50,000円)÷20年×$\frac{6か月}{12か月}$＝8,750円

問8　圧縮記帳①

補助金受入れ、固定資産の取得、圧縮記帳

(現　金)	50,000	(国庫補助金収入)	50,000
(機　械)	80,000	(現　金)	80,000
(固定資産圧縮損)	50,000	(機　械)	50,000

減価償却

(減価償却費)	4,000＊	(機械減価償却累計額)	4,000

＊　圧縮記帳後の取得原価30,000円にもとづいて減価償却を行います。

(80,000円－50,000円)×0.2×$\frac{8か月}{12か月}$＝4,000円

問9　圧縮記帳②

補助金受入れ、固定資産の取得、圧縮記帳

(現　金)	65,000	(国庫補助金収入)	65,000
(車　両)	90,000	(現　金)	90,000

決算時

(減価償却費)	9,000＊1	(車両減価償却累計額)	9,000
(繰越利益剰余金)	65,000＊2	(圧縮積立金)	65,000
(圧縮積立金)	6,500＊3	(繰越利益剰余金)	6,500

＊1　90,000円×0.2×$\frac{6か月}{12か月}$＝9,000円

＊2　国庫補助金相当額

＊3　65,000円×0.2×$\frac{6か月}{12か月}$＝6,500円

問10　資本的支出と収益的支出

改修時

(機　械)	6,000＊1	(現　金)	12,000
(修繕費)	6,000＊2		

決算時（減価償却）

（減価償却費）	2,000	（機械減価償却累計額）	2,000

〈解説〉

① 資本的支出と収益的支出の按分

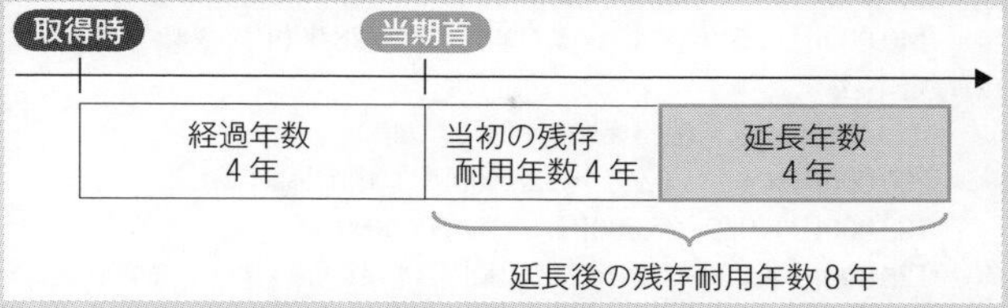

＊1　資本的支出：12,000円×4年(延長年数)／8年(延長後の残存耐用年数)＝6,000円

＊2　収益的支出：12,000円－6,000円(資本的支出)＝6,000円

② 決算時（減価償却）

既存部分と資本的支出分をまとめて行います。

10,000円(既存部分)＋6,000円(資本的支出分)＝16,000円(未償却残高)

16,000円(未償却残高合計)÷8年(延長後の残存耐用年数)＝2,000円

問11　耐用年数の変更①

(1)　定額法　当期：45,000円　翌期：45,000円

(2)　定率法　当期：81,000円　翌期：64,800円

〈解説〉

(1)　定額法

500,000円÷20年＝25,000円（前期以前の減価償却費）

25,000円×2年＝50,000円（当期首の減価償却累計額）

500,000円－50,000円＝450,000円（当期首帳簿価額＝未償却残高）

450,000円÷10年(変更後の残存耐用年数)＝45,000円（当期以降の減価償却費）

(2)　定率法

1÷20年×2＝0.1（変更前の定率法償却率）

500,000円×(1－0.1)^2＝405,000円（当期首帳簿価額）

1÷10年×2＝0.2（変更後の定率法償却率）

405,000円×0.2＝81,000円（当期の減価償却費）

405,000円×(1－0.2)＝324,000円（翌期首帳簿価額＝未償却残高）

324,000円×0.2＝64,800円（翌期の減価償却費）

問12　耐用年数の変更②

(1)　定額法　当期：20,000円　翌期：28,000円

(2)　定率法　当期：25,600円　翌期：40,960円

〈解説〉

(1) 定額法

200,000円÷10年＝20,000円（当期の減価償却費）

20,000円×3年＝60,000円（当期末における減価償却累計額）

200,000円－60,000円＝140,000円（翌期首帳簿価額＝未償却残高）

140,000円÷5年（変更後の残存耐用年数）＝28,000円（翌期の減価償却費）

(2) 定率法

1÷10年×2＝0.2（変更前の定率法償却率）

200,000円×(1－0.2)^{2}＝128,000円（当期首帳簿価額）

128,000円×0.2＝25,600円（当期の減価償却費）

128,000円×(1－0.2)＝102,400円（翌期首帳簿価額＝未償却残高）

1÷5年×2＝0.4（変更後の定率法償却率）

102,400円×0.4＝40,960円（翌期の減価償却費）

問13　減価償却方法の変更

(1) 20,000円　　(2) 8,000円

〈解説〉

(1) 100,000円÷10年×2年＝20,000円（前期末までの減価償却累計額）

1÷8年×2＝0.25（残り8年の定率法償却率）

(100,000円－20,000円)×0.25＝20,000円

(2) 100,000円×(1－0.2)^{2}＝64,000円（前期末の未償却残高）

64,000円÷8年（残存耐用年数）＝8,000円

CHAPTER 02

資産除去債務

◆資産除去債務の意味と発生時の処理からおさえよう

ここでは資産除去債務を学習していきます。1級で初めて学習する論点ですので、まず、資産除去債務とは何かを理解しましょう。計算は、まずは資産除去債務の発生時の処理をしっかりおさえ、決算時の処理、履行時の処理についても慣れていきましょう。

▶1級で学習する内容

資産除去債務	
2級までに学習済み	→ 1級で学習する内容
	資産除去債務の意味
	発生時の処理
	決算時の処理
	履行時の処理
	見積りの変更があった場合の処理

1 資産除去債務

I 資産除去債務とは

資産除去債務とは、有形固定資産の取得、建設、開発および通常の使用によって発生し、有形固定資産の除去に関して法令または契約で要求される法律上の義務をいいます。

たとえば、土地を賃借したときに、契約で「土地に建物を建てた場合、契約終了時に建物を除去して返還しなければならない」という法律上の義務がある場合、解体作業や廃材処分の除去費用を負債として計上しなければなりません。

ふむふむ…

ひとこと

ここでいう除去とは、売却や廃棄、リサイクルなどの方法により有形固定資産を処分することです。

図解 資産除去債務

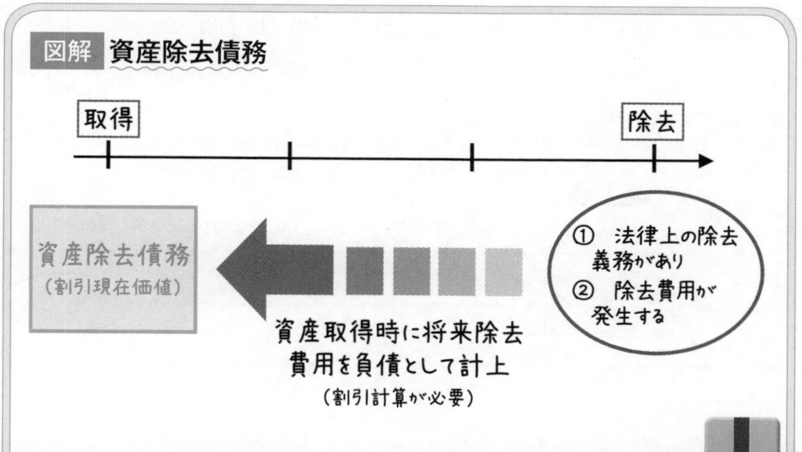
取得
除去
資産除去債務
(割引現在価値)
資産取得時に将来除去費用を負債として計上
(割引計算が必要)
① 法律上の除去義務があり
② 除去費用が発生する

Ⅱ 会計処理

1 有形固定資産の取得時

将来の除去費用（見積額）について割引現在価値を計算し、**資産除去債務**として計上すると同時に、同額を有形固定資産の帳簿価額に加算します。

$$資産除去債務計上額＝除去に要する支出額×\frac{1}{(1＋割引率)^{n}}$$
$$＝除去に要する支出額×現価係数$$

n＝発生時から履行時までの年数

例1 **取得時**

×1年４月１日、機械（取得原価9,000円、耐用年数３年、残存価額０円）を取得し、小切手を振り出して支払った。当社にはこの機械について、使用後に除去する法的義務があり、その除去費用は1,000円と見積られた。なお、割引率は５％とし、円未満は四捨五入すること。

例１の仕訳	（機　　　械）	9,864	（当　座　預　金）	9,000
			（資産除去債務）	864* 割引現在価値

＊　1,000円÷（１＋0.05）^{3}≒864円

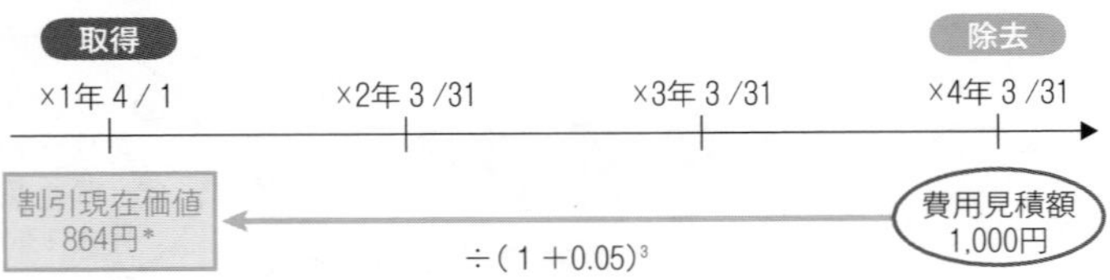

2 決算時

❶ 利息費用の計上

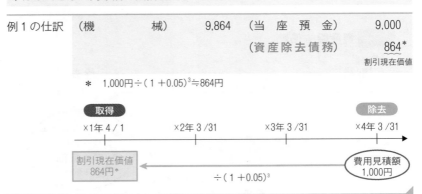

当初計上した資産除去債務は期首における現在価値なので、決算時には期末時点の価値に修正します。具体的には期首の資産除去債務に、割引率を乗じて**利息費用**を計上し、同額を**資産除去債務**として増額します。

ひとこと

なお、利息費用は損益計算書上、「資産除去債務に係る固定資産の減価償却費」と同じ区分に表示します。この利息費用の金額を減価償却費の金額に含めて表示することもありますので、問題文の指示にしたがってください。

図解 利息費用の算定

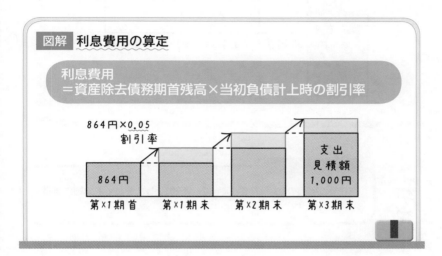

利息費用
＝資産除去債務期首残高×当初負債計上時の割引率

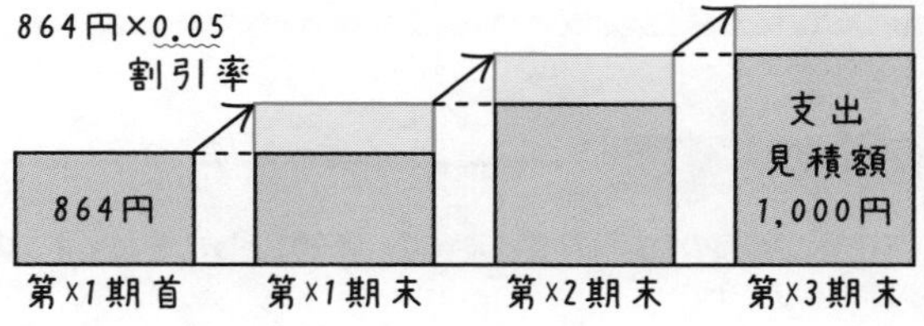

例2 **利息費用**

例1で取得した機械の×2年3月31日（決算日）における、利息費用を計上する。円未満は四捨五入すること。

例2の仕訳	（利　息　費　用）	43*	（資産除去債務）	43

＊　864円×5％≒43円
　　減価償却費と同じ区分（販管費など）に計上します。

❷ 減価償却費の計上

当初資産計上した除去費用は、有形固定資産の残存耐用年数にわたり費用配分します。

図解 除去費用の費用配分

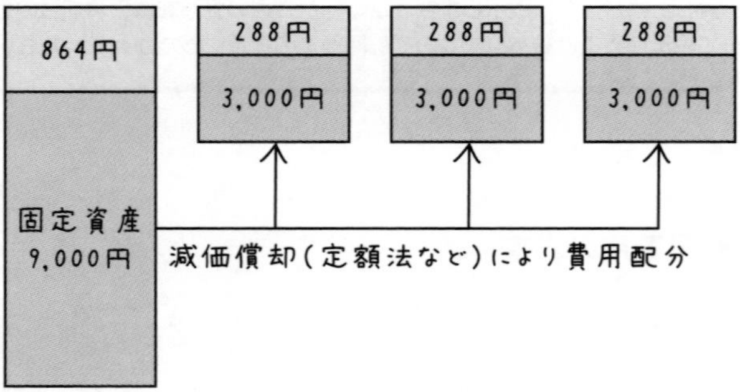

ひとこと

有形固定資産の償却計算をする際に、資産計上した除去費用も減価償却費として計上します。

例3 **減価償却費**

例1 で取得した機械の×2年3月31日(決算日)における、減価償却を行う。

例3の仕訳	(減 価 償 却 費)	3,288*	(機械減価償却累計額)	3,288

* (9,000円+864円)÷3年=3,288円
計上した除去費用を含む取得原価について減価償却を行います。

3 有形固定資産の除去、資産除去債務の履行時

計上していた有形固定資産と減価償却累計額を消去するとともに、資産除去債務と実際支払額との差額は**履行差額**として計上します。

履行差額=履行時の資産除去債務残高−除去に係る実際の支払額

ひとこと

履行差額も減価償却費と同じ区分に表示します。

例4 **履行時**

例1で取得した機械を×4年3月31日に除去した。除去費用1,500円を現金で支払った。

例4の仕訳

(機械減価償却累計額)	9,864*1	(機　　　械)	9,864
(資産除去債務)	1,000*2	(現　　　金)	1,500
(履行差額)	500*3		

＊1　3,288円×3年＝9,864円
＊2　資産除去債務見積額
＊3　貸借差額

なお、利息費用の計算結果を示すと次のようになります。

期　間	期首資産除去債務	利息費用	期末資産除去債務
×2年3月期	864円	43円	907円
×3年3月期	907円	45円	952円
×4年3月期	952円	48円*4	1,000円

＊4　最終年度は差引計算で調整します。

Ⅲ 表　示

資産除去債務、除去費用およびこれに係る損益について、財務諸表の表示区分は次のとおりです。

図解 資産除去債務の表示

資産除去債務の項目		表示区分
資産除去債務	1年以内に履行	流動負債
	1年を超えて履行	固定負債
・資産計上した除去費用の費用配分額（減価償却費） ・利息費用 ・履行差額	通常の有形固定資産	販売費及び一般管理費
	投資不動産	営業外費用

2 見積りの変更が生じたとき

Ⅰ 割引前の将来キャッシュ・フローに重要な見積りの変更

割引前の将来キャッシュ・フローに重要な見積りの変更が生じた場合の見積りの変更による調整額は、資産除去債務の帳簿価額や関連する有形固定資産の帳簿価額に加減して処理します。

ひとこと

ここでの、割引前の将来キャッシュ・フローとは、将来の除去費用（見積額）をいいます。

Ⅱ 適用する割引率

割引前将来キャッシュ・フローの見積りの変更により、割引前将来キャッシュ・フローが増加する場合と減少する場合とでは、割引計算に用いる割引率が異なります。

図解 割引計算に用いる割引率

割引前将来キャッシュ・フローの見積りの変更	適用する割引率
増加する場合	その時点の割引率 （見積りを変更した時点の割引率）
減少する場合	負債計上時の割引率

1 割引前将来キャッシュ・フローが増加する場合

割引前将来キャッシュ・フローが増加する場合は、新たに資産除去債務が発生したと考えて、見積りを変更した時点の割引率を用います。

図解 割引前将来キャッシュ・フローが増加する場合

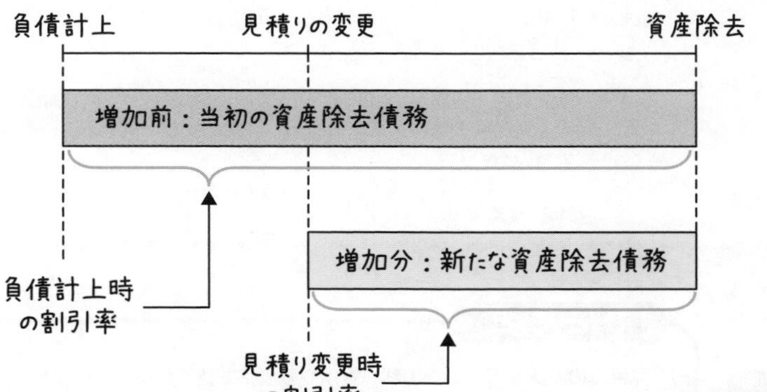

例5 ———— 割引前将来キャッシュ・フローが増加する場合

次のそれぞれの時点における仕訳を示しなさい。円未満は四捨五入すること。

(1) 当社は、×1年4月1日に次の機械装置（取得原価9,000円、耐用年数3年、残存価額0円、定額法）を現金で購入しただちに使用を開始した。当社には当該機械装置を使用後に除去する法的義務があり、その除去費用は1,000円と見積られた。×1年4月1日における割引率は5.0%であった。

(2) ×2年3月31日（決算日）における、利息費用を計上する。

(3) ×2年3月31日（決算日）における、減価償却費を計上する。

(4) ×2年3月31日（決算日）に2年後の除去費用見積額は1,500円に増加した。×2年3月31日（決算日）における割引率は3.0%であった。

例5の仕訳(1)	（機　械）	9,864	（現　金）	9,000
			（資産除去債務）	864*1
(2)	（利息費用）	43*2	（資産除去債務）	43
(3)	（減価償却費）	3,288*3	（機械減価償却累計額）	3,288
(4)	（機　械）	471	（資産除去債務）	471*4

＊1　$\dfrac{\text{除去費用}1{,}000\text{円}}{(1+0.05)^3}$ ≒864円（円未満四捨五入）

＊2　864円×5％≒43円（円未満四捨五入）

＊3　$\dfrac{\text{帳簿価額}9{,}864\text{円}}{3\text{年}}$ ＝3,288円

＊4　除去費用見積額が1,000円から1,500円に増加したため、増加分500円に関する資産除去債務を新たに計上します。なお、用いる割引率は見積り変更時のものです。

$\dfrac{1{,}500\text{円}-1{,}000\text{円}}{\text{見積り変更時の割引率}(1.03)^2}$ ≒471円（円未満四捨五入）

ひとこと

見積りの変更を行った後の利息費用や減価償却費の計算は、見積りの増加分も含めて処理します。

2 割引前将来キャッシュ・フローが減少する場合

割引前将来キャッシュ・フローが減少する場合は、資産除去債務を計上した時点の割引率を用います。

図解 割引前将来キャッシュ・フローが減少する場合

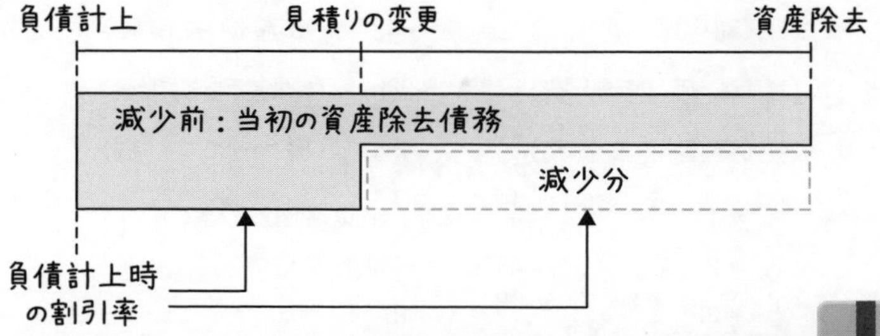

例6 割引前将来キャッシュ・フローが減少する場合

次のそれぞれの時点における仕訳を示しなさい。円未満は四捨五入すること。

(1) 当社は、×1年4月1日に次の機械装置（取得原価9,000円、耐用年数3年、残存価額0円、定額法）を現金で購入しただちに使用を開始した。当社には当該機械装置を使用後に除去する法的義務があり、その除去費用は1,000円と見積られた。×1年4月1日における割引率は5.0%であった。

(2) ×2年3月31日（決算日）における、利息費用を計上する。

(3) ×2年3月31日（決算日）における、減価償却費を計上する。

(4) ×2年3月31日（決算日）に2年後の除去費用見積額は500円に減少した。×2年3月31日（決算日）における割引率は3.0%であった。

例6の仕訳(1)	(機　　　械)	9,864	(現　　　金)	9,000
			(資産除去債務)	864*1
(2)	(利息費用)	43*2	(資産除去債務)	43
(3)	(減価償却費)	3,288*3	(機械減価償却累計額)	3,288
(4)	(資産除去債務)	454*4	(機　　　械)	454

＊1　$\frac{\text{除去費用1,000円}}{(1+0.05)^3}$≒864円（円未満四捨五入）

＊2　864円×5％≒43円（円未満四捨五入）

＊3　$\frac{\text{帳簿価額9,864円}}{\text{3年}}$＝3,288円

＊4　除去費用見積額が1,000円から500円に減少したため、減少分500円に関する資産除去債務を減額調整します。なお、用いる割引率は資産除去債務計上時点の割引率です。

$\frac{\text{1,000円}-\text{500円}}{\text{計上時点の割引率}(1.05)^2}$≒454円（円未満四捨五入）

ひとこと

過去に割引前将来キャッシュ・フローの見積りが増加した場合で、減少部分に適用すべき割引率を特定できないときは、加重平均した割引率を適用します。

問１　資産除去債務①　答案用紙あり

次の資料にもとづいて、(1)×2年３月31日および(2)×3年３月31日における決算整理後残高試算表をそれぞれ作成し、(3)×4年３月31日における固定資産の除去および資産除去債務の履行の仕訳を示しなさい。

［資　料］

1．×1年４月１日に機械装置（取得原価：90,000円、耐用年数：３年）を現金で取得し使用を開始した。なお、残存価額は０円として、定額法で減価償却を行う。
2．当社は、当該機械装置を使用後に除去する法的義務があり、除去費用は30,000円と取得時に見積られた。割引率は４％とする。
3．×4年３月31日、当該機械装置を除去し、除去に係る支出額31,000円を支払った。
4．各事業年度は４月１日から３月31日までとし、利息費用について円未満の端数が生じた場合はそのつど四捨五入する。

問２　資産除去債務②　答案用紙あり

次の資料にもとづき、(1)×2年３月31日に除去時の支出見積額が21,200円に増加した場合および(2)×2年３月31日に除去時の支出見積額が19,200円に減少した場合の×2年３月31日における決算整理後残高試算表を作成しなさい。なお、見積りの変更時点の割引率は年４％である。

［資　料］

1．×1年４月１日に機械装置（取得原価：600,000円、耐用年数：５年）を現金で取得し使用を開始した。なお、残存価額は０円として、定額法で減価償却を行う。
2．当社は、当該機械装置を使用後に除去する法的義務があり、除去費用は20,000円と取得時に見積られ、割引率は年５％で処理する。
3．現価係数については以下のとおりである。なお、資産除去債務および利息費用の計算は、現価係数を用いること。

	期間５年	期間４年
年５％	0.7835	0.8227
年４％	0.8219	0.8548

4．各事業年度は４月１日から３月31日までとし、円未満の端数が生じた場合はそのつど四捨五入する。

解答

問1　資産除去債務①

(1)　×2年3月31日

決算整理後残高試算表

機械装置	(116,670)	資産除去債務	(27,737)
減価償却費	(38,890)	減価償却累計額	(38,890)
利息費用	(1,067)		

(2)　×3年3月31日

決算整理後残高試算表

機械装置	(116,670)	資産除去債務	(28,846)
減価償却費	(38,890)	減価償却累計額	(77,780)
利息費用	(1,109)		

(3)　×4年3月31日

固定資産の除去および資産除去債務の履行

(減価償却累計額)	116,670	(機械装置)	116,670
(資産除去債務)	30,000	(現金預金)	31,000
(履行差額)	1,000		

〈解説〉

1．×1年4月1日（取得および資産除去債務発生時）

(機械装置)	116,670*2	(現金預金)	90,000
		(資産除去債務)	26,670*1

＊1　30,000円 ÷ $(1+0.04)^3$ ≒ 26,670円

＊2　貸方合計

2．×2年3月31日（決算時）

(1)　時の経過による資産除去債務の調整

(利息費用)	1,067	(資産除去債務)	1,067*

＊　26,670円 × 4％ ≒ 1,067円（円未満四捨五入）

(2)　減価償却と資産計上した除去費用の費用配分

(減価償却費)	38,890	(減価償却累計額)	38,890*

＊　$(90{,}000円 + 26{,}670円) \times \frac{1年}{3年} = 38{,}890円$

3．×3年３月31日（決算時）

(1) 時の経過による資産除去債務の調整

（利息費用）	1,109	（資産除去債務）	1,109*

＊ （26,670円＋1,067円）× 4 % ≒ 1,109円（円未満四捨五入）

(2) 減価償却と資産計上した除去費用の費用配分

（減価償却費）	38,890	（減価償却累計額）	38,890*

＊ $(90{,}000円 + 26{,}670円) \times \frac{1年}{3年} = 38{,}890円$

4．×4年３月31日（決算時）

(1) 資産除去債務の履行

① 時の経過による資産除去債務の調整

最終年度なので、端数が出ないように利息費用を差額で計算すると以下のようになります。

（利息費用）	1,154	（資産除去債務）	1,154*

＊ 30,000円－（26,670円＋1,067円＋1,109円）＝1,154円

② 資産除去債務の支払い

（資産除去債務）	30,000	（現金預金）	31,000
（履行差額）	1,000*		

＊ 貸借差額

(2) 機械装置の除去

① 減価償却と資産計上した除去費用の費用配分

最終年度なので、端数が出ないように減価償却費を差額で計算すると以下のようになります。

（減価償却費）	38,890	（減価償却累計額）	38,890*

＊ 116,670円－（38,890円＋38,890円）＝38,890円

② 機械装置の除去

（減価償却累計額）	116,670	（機械装置）	116,670

(3) 解答（(1)②＋(2)②）

（減価償却累計額）	116,670	（機械装置）	116,670
（資産除去債務）	30,000	（現金預金）	31,000
（履行差額）	1,000		

問2　資産除去債務②

(1)　×2年3月31日（除去時の支出見積額が増加した場合）

決算整理後残高試算表

機械装置	（616,696）	資産除去債務	（17,480）
減価償却費	（123,134）	減価償却累計額	（123,134）
利息費用	（784）		

(2)　×2年3月31日（除去時の支出見積額が減少した場合）

決算整理後残高試算表

機械装置	（615,012）	資産除去債務	（15,796）
減価償却費	（123,134）	減価償却累計額	（123,134）
利息費用	（784）		

〈解説〉

1．×2年3月31日（除去時の支出見積額が増加した場合）

(1)　×1年4月1日（取得および資産除去債務発生時）

（機械装置）	615,670＊2	（現金預金）	600,000
		（資産除去債務）	15,670＊1

＊1　20,000円×0.7835＝15,670円

＊2　貸方合計

(2)　×2年3月31日（決算時）

①　時の経過による資産除去債務の調整

（利息費用）	784	（資産除去債務）	784＊

＊　20,000円×0.8227－15,670円＝784円

②　減価償却と資産計上した除去費用の費用配分

（減価償却費）	123,134	（減価償却累計額）	123,134＊

＊　$(600{,}000円+15{,}670円)\times\frac{1年}{5年}=123{,}134円$

③　将来キャッシュ・フローの見積額増加による資産除去債務の調整

見積額が増加した×2年3月31日における割引率を用います。

（機械装置）	1,026	（資産除去債務）	1,026＊

＊　(21,200円－20,000円)×0.8548≒1,026円（円未満四捨五入）

2．×2年３月31日（除去時の支出見積額が減少した場合）

⑴　×1年４月１日（取得および資産除去債務発生時）

（機械装置）	615,670 *2	（現金預金）	600,000
		（資産除去債務）	15,670 *1

＊1　20,000円×0.7835＝15,670円

＊2　貸方合計

⑵　×2年３月31日（決算時）

①　時の経過による資産除去債務の調整

（利息費用）	784	（資産除去債務）	784 *

＊　20,000円×0.8227－15,670円＝784円

②　減価償却と資産計上した除去費用の費用配分

（減価償却費）	123,134	（減価償却累計額）	123,134 *

＊　$(600{,}000円+15{,}670円)\times\frac{1年}{5年}=123{,}134円$

③　将来キャッシュ・フローの見積額減少による資産除去債務の調整

資産除去債務を計上した×1年４月１日における割引率を用います。

（資産除去債務）	658	（機械装置）	658 *

＊　(15,670円+784円)−19,200円×0.8227≒658円(円未満四捨五入)

CHAPTER 03

リース会計

◆「リース」も会計上は「売買取引」に！

リース会計では、一見すると賃貸借に見える取引も、会計上は売買取引とみなして通常の購入と同じように資産計上します。

計上額には現在価値計算など複雑な概念が登場しますが、今後さまざまな論点で使用する重要な内容になりますので、しっかりと理解しましょう。

▶ 1級で学習する内容

ファイナンス・リース取引

2級までに学習済み → 1級で学習する内容

所有権移転ファイナンス・リース取引

所有権移転外ファイナンス・リース取引

オペレーティング・リース取引

オペレーティング・リース取引

1 リース取引

I リース取引とは

リース取引とは、建物や備品など、特定の物件の所有者である貸手が、当該物件の借手に対し、合意された期間にわたってこれを使用収益する権利を与え、借手は合意した使用料を貸手に支払う取引のことです。

ひとこと

リース取引における資産の貸手のことを**レッサー**、借手のことを**レッシー**、対象となる資産を**リース物件**とよびます。

図解 リース取引

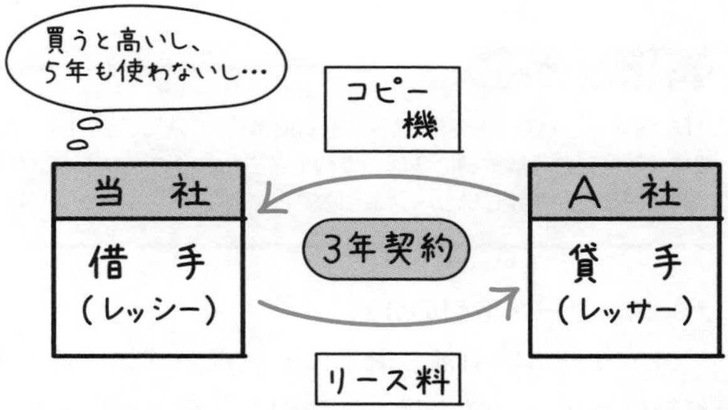

2 リース取引の分類

Ⅰ リース取引の分類

リース取引は、**ファイナンス・リース取引**と**オペレーティング・リース取引**の２つに分類されます。

1 ファイナンス・リース取引とは

ファイナンス・リース取引とは、解約不能（ノンキャンセラブル）、フルペイアウトの２つの要件をともに満たす取引をいいます。

このファイナンス・リース取引は実質的に売買取引と同じなので、会計上は賃貸借取引ではなく売買取引で処理します。

●ファイナンス・リース取引の要件

◆解約不能（ノンキャンセラブル）

・解約することができないリース取引

・解約することができないリース取引に準じるリース取引

◆フルペイアウト

・借手がリース物件から生じる経済的利益を実質的に享受でき、リース物件の使用にかかる費用を実質的に負担するリース取引

ひとこと

「解約することができないリース取引に準じるリース取引」とは、法的には解約が可能でも、解約時に多額の違約金を払わなければならないなど、実質的に解約することが難しいリース取引のことです。

2 ファイナンス・リース取引の分類

ファイナンス・リース取引は、借手に所有権が移転するか否かに応じて、**所有権移転ファイナンス・リース取引**と、**所有権移転外ファイナンス・リース取引**に分類されます。

ひとこと

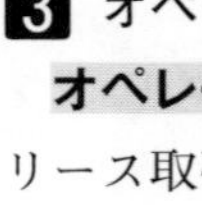

契約上の条件により借手に所有権が移転すると認められる取引が所有権移転ファイナンス・リース取引となります。「所有権の移転」は、具体的には、①借手への所有権移転条項がある、②借手に割安購入選択権がある、③リース物件が借手のための特別仕様である、のいずれかに該当するかどうかで判断します。

①～③のいずれの条件にも該当しないものが、所有権移転外ファイナンス・リース取引になります。

3 オペレーティング・リース取引とは

オペレーティング・リース取引とは、ファイナンス・リース取引以外のリース取引をいいます。

オペレーティング・リース取引は、賃貸借取引で処理します。

Ⅱ リース取引の判定基準

ファイナンス・リース取引に該当するかどうかの判断は、解約不能の要件とフルペイアウトの要件にしたがって行います。

フルペイアウトの要件とは、具体的には、リース料総額の現在価値が見積現金購入価額の90％以上であるかどうかという**現在価値基準**と、解約不能のリース期間が経済的耐用年数の75％以上であるかどうかという**経済的耐用年数基準**のいずれかを満たす取引かどうかで判断します。

●フルペイアウトの要件の判断

◆現在価値基準
リース料総額の現在価値が、見積現金購入価額のおおむね90%以上
◆経済的耐用年数基準
解約不能のリース期間が、経済的耐用年数のおおむね75%以上

リース取引の分類とその要件をまとめると、次ページのようになります。

図解 リース取引の判定フロー

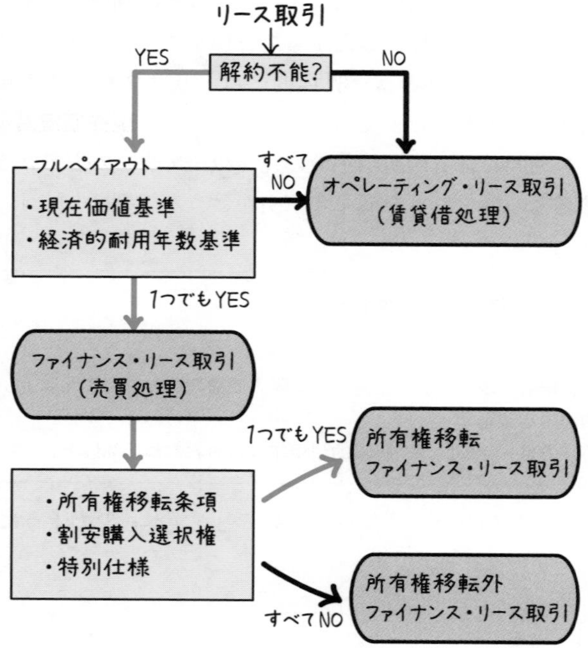

3 ファイナンス・リース取引の会計処理

I ファイナンス・リース取引の会計処理

ファイナンス・リース取引は、通常の売買取引に準じて処理します。

したがって、リース物件は購入した資産と同じように貸借対照表に計上して減価償却を行うとともに、代金の未払額は負債として計上します。

なお、支払リース料総額には、支払いを遅らせた分の時間価値が含まれるので、その時間価値を考慮して計算します。

これならわかる!!

たとえば、契約日×1年４月１日、リース期間３年、リース料年10,000円（後払い）、計算利子率５％でコピー機のリース契約を結んだとします。この取引のリース料の契約時点における現在価値（つまり、コピー機３年分の価値）は、27,232円になります。

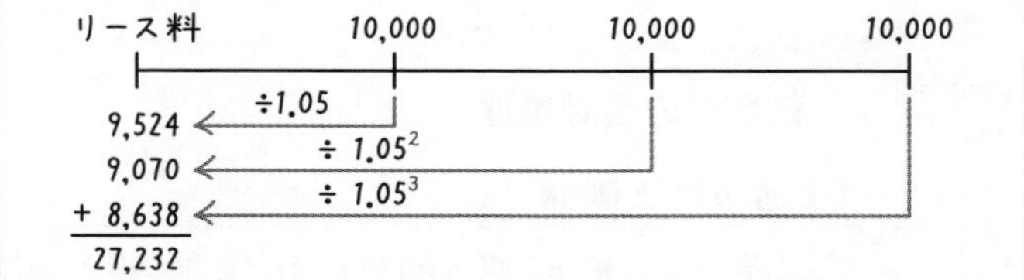

この取引は、リース会計では「27,232円を利息５％で借りて、利息と返済を合わせて毎年10,000円ずつ支払うこととし、そのお金で27,232円の３年使えるコピー機を買った」という取引と同様の取引だと考えます。

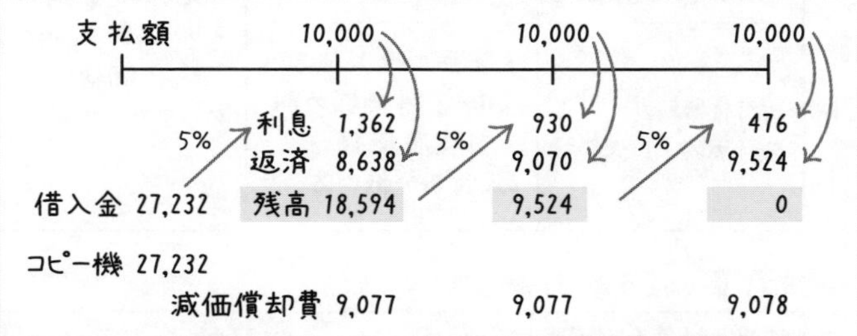

ですから、入手したコピー機27,232円を資産として計上して毎年減価償却を行うとともに、27,232円の負債を計上し、毎年返済をしつつ支払利息を計上するのです。

Ⅱ リース取引開始時

リース取引開始時は、固定資産を購入した時と同様の処理を行います。このとき、借方は**リース資産勘定**、貸方は**リース債務勘定**で処理します。

このリース資産の計上価額は、リース契約の種類とリース物件の貸手の購入価額が明らかかどうかで異なります。

また、貸手の計算利子率を知っているかどうかにより、計算で使う割引率が異なります。

ひとこと

借方科目は、「備品」や「機械」で処理することもあります。問題文の指示にしたがって処理しましょう。

図解 リース取引の会計処理

●リース資産の計上価額

<table>
<tr><th></th><th>貸手の購入価額が明らか</th><th>貸手の購入価額が明らかでない</th></tr>
<tr><td>所有権移転
ファイナンス・リース取引</td><td>貸手の購入価額</td><td rowspan="2">・見積現金購入価額
・リース料総額の割引現在価値
のいずれか低い方</td></tr>
<tr><td>所有権移転外
ファイナンス・リース取引</td><td>・貸手の購入価額
・リース料総額の割引現在価値
のいずれか低い方</td></tr>
</table>

●計算で使う割引率

貸手の計算利子率	割引率
知りうる場合	貸手の計算利子率
知りえない場合	借手の追加借入利子率（仮に、借手が追加で借入れを行ったときに適用されると合理的に見積られる利子率）

例1　リース取引開始時

×1年4月1日、当社は次の条件でB社と機械のリース契約を結んだ。以下の(1)～(3)の場合の仕訳を示しなさい。なお、計算上端数が生じる場合には、そのつど円未満を四捨五入する。

［条　件］
1．リース契約の内容
　①　リース期間3年
　②　リース料年額10,000円　毎年3月31日払い（後払い）
2．借手の追加借入利子率は7％である。

(1)　この取引は所有権移転ファイナンス・リース取引に該当し、リース物件の貸手の購入価額は27,751円、計算利子率は4％である。
(2)　この取引は所有権移転ファイナンス・リース取引に該当し、リース物件の見積現金購入価額は27,751円、貸手の計算利子率は不明である。
(3)　この取引は所有権移転外ファイナンス・リース取引に該当し、リース物件の貸手の購入価額は26,730円、計算利子率は6％である。

例1の仕訳	(1)	（リース資産）	27,751*1	（リース債務）	27,751
	(2)	（リース資産）	26,243*2	（リース債務）	26,243
	(3)	（リース資産）	26,730*3	（リース債務）	26,730

＊1　所有権移転で貸手の購入価額が判明するため、これを取得原価相当額とします。

＊2　貸手の購入価額が判明しないため、見積現金購入価額とリース料総額の割引現在価値のいずれか低い方を取得原価相当額とします。
リース料総額の割引現在価値：10,000円÷1.07＋10,000円÷1.07^2
　＋10,000円÷1.07^3≒26,243円

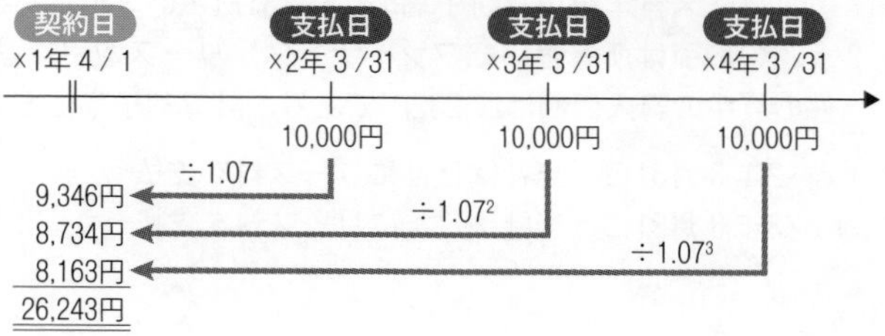

＊3　所有権移転外であるため、貸手の購入価額とリース料総額の割引現在価値のいずれか低い方を取得原価相当額とします。なお、本問では貸手の計算利子率が判明しているため、貸手の購入金額とリース料総額の割引現在価値の金額が一致します。

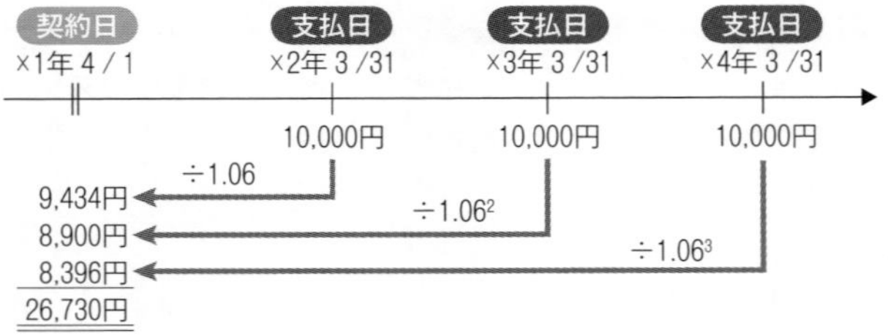

Ⅲ リース料支払時

リース取引を通常の売買処理に準じて処理する場合、取得原価相当額の金額を借り入れ、同額で資産を購入したと考えるので、支払リース料は、借入れの返済部分と利息の支払いという２つの要素で構成されています。

したがって、リース料の支払時は、支払ったリース料のうち、利息に相当する額を**支払利息**とし、残額は**リース債務**の返済として処理します。

例２　　　　　　　　　　　　　リース料支払時

当社は下記の条件でＢ社と機械のリース契約を結んだ。以下の(1)、(2)の仕訳を示しなさい。なお、計算上端数が生じる場合には、そのつど円未満を四捨五入すること。

［条　件］

1．リース契約の内容

　①　リース期間　×1年４月１日から３年間

　②　リース料年額10,000円　毎年３月31日払い（現金で後払い）

2．この取引は所有権移転ファイナンス・リース取引に該当し、リース物件の貸手の購入価額は27,232円であり、計算利子率は５％である。

(1)　×2年３月31日、当社はＢ社にリース料を支払った。

(2)　×3年３月31日、当社はＢ社にリース料を支払った。

	借方	金額	貸方	金額
例2の仕訳(1)	(支払利息)	1,362*1	(現金)	10,000
	(リース債務)	8,638*2		
(2)	(支払利息)	930*3	(現金)	10,000
	(リース債務)	9,070*4		

＊1　27,232円×５％≒1,362円
＊2　10,000円−1,362円＝8,638円
＊3　(27,232円−8,638円)×５％≒930円
＊4　10,000円−930円＝9,070円

	期首元本	リース料	支払利息(期首元本×利率)	元本返済額(リース料−支払利息)	リース債務残高(期首元本−返済額)
×1年4月1日	27,232円	—	—	—	27,232円
×2年3月31日	27,232円	10,000円	1,362円*1	8,638円*2	18,594円
×3年3月31日	18,594円	10,000円	930円*3	9,070円*4	9,524円
×4年3月31日	9,524円	10,000円	476円	9,524円	0円

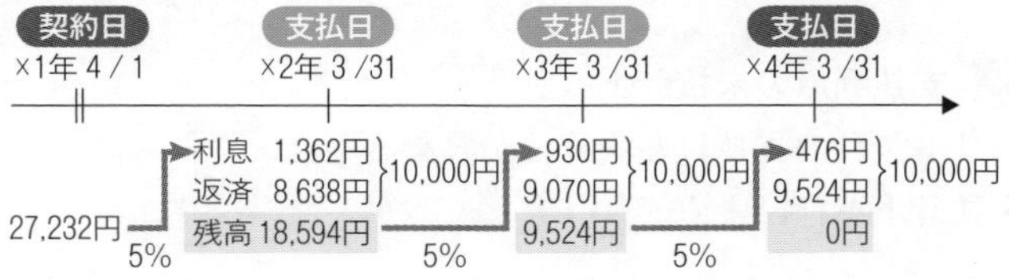

Ⅳ 決算時

1 リース資産の減価償却

リース資産も、通常の固定資産と同様に、決算時に減価償却費を計上します。

なお、所有権移転ファイナンス・リース取引の場合と所有権移転外ファイナンス・リース取引の場合で減価償却費の計算方法が異なります。

❶ 所有権移転ファイナンス・リース取引の場合

所有権移転ファイナンス・リース取引の場合、リース期間終了後も借手がリース物件を使用することができます。

したがって、通常の固定資産と同様の減価償却方法・残存価額を用い、耐用年数も同様に経済的耐用年数を用いて計算します。

❷ 所有権移転外ファイナンス・リース取引の場合

所有権移転外ファイナンス・リース取引の場合、借手はリース期間終了後にはリース物件を返却するため、耐用年数はリース期間とします。

また、リース期間終了後はリース物件を返却して借手には何も残らないため、残存価額は0円で計算します。

図解 リース資産の減価償却

	残存価額	耐用年数
所有権移転ファイナンス・リース取引	自己資産と同じ	経済的耐用年数
所有権移転外ファイナンス・リース取引	0円	リース期間

2 支払利息の未払計上

リース料の支払日と決算日が異なる場合、リース債務に係る支払利息の未払計上を行います。

3 リース債務の流動固定分類

貸借対照表上、リース債務もほかの債務と同様に流動負債・固定負債に分類します。

このため、決算日から1年以内に支払う額を**流動負債**に表示し、それ以降に支払う額を**固定負債**に表示します。

例3　決算時①

当社は次の条件でＢ社と機械のリース契約を結んだ。当社の決算日は３月31日である。なお、計算上端数がある場合には、そのつど円未満を四捨五入する。

［条　件］
1．リース契約の内容
　①　リース期間　×1年４月１日から３年間
　②　リース料年額　10,000円　毎年３月31日払い（後払い）
2．リース物件の貸手の購入価額は27,232円であった。計算利子率は５％である。
3．当該リース物件の経済的耐用年数は５年である。なお、当社は購入した機械について残存価額10%の定額法で減価償却を行っている。

(1)　この取引が所有権移転ファイナンス・リース取引である場合の×2年３月31日の減価償却に係る決算整理仕訳と、貸借対照表に計上されるリース債務を流動と固定に分けて答えなさい。
(2)　この取引が所有権移転外ファイナンス・リース取引である場合の×2年３月31日の減価償却に係る決算整理仕訳を示しなさい。

例３の解答(1)（減　価　償　却　費）　4,902*1（減価償却累計額）　4,902

リース債務（流動）：**9,070円***2
リース債務（固定）：**9,524円***3

(2)（減　価　償　却　費）　9,077*4（減価償却累計額）　9,077

＊1　27,232円×0.9÷５年≒4,902円
＊2　27,232円－(10,000円－27,232円×５％)≒18,594円
（当期末リース債務残高総額）
10,000円－18,594円×５％≒9,070円（翌期の返済額）
＊3　18,594円－9,070円＝9,524円（翌々期以降の返済額）
＊4　27,232円÷３年≒9,077円

	期首元本	リース料	支払利息 （期首元本×利率）	元本返済額 （リース料－支払利息）	リース債務残高 （期首元本－返済額）
×1年 4月1日	27,232円	—	—	—	27,232円
×2年 3月31日	27,232円	10,000円	1,362円	8,638円	18,594円
×3年 3月31日	18,594円	10,000円	930円	9,070円*2	9,524円*3
×4年 3月31日	9,524円	10,000円	476円	9,524円	0円

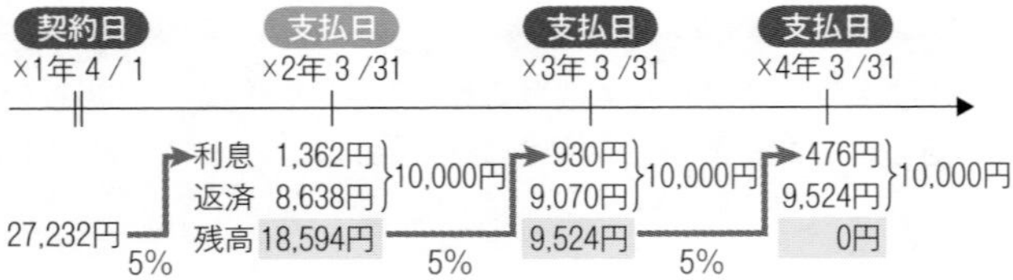

例４　決算時②

当社は次の条件でＢ社と機械のリース契約を結んだ。当社の決算日は12月31日である。×1年12月31日の決算整理仕訳と、貸借対照表に計上されるリース債務を流動と固定に分けて示しなさい。

なお、計算上端数が生じる場合には、そのつど円未満を四捨五入する。

［条　件］
1．リース契約の内容
　①　リース期間　×1年４月１日から４年間
　②　リース料年額　20,000円　毎年３月31日払い（後払い）
2．この取引は所有権移転ファイナンス・リース取引に該当する。
3．リース物件のＢ社の購入価額は74,341円（計算利子率３％）であった。
4．当該リース物件の経済的耐用年数は５年である。なお、当社は購入した機械について残存価額10％の定額法で減価償却を行っている。

例４の解答

（減価償却費）	10,036*1	（減価償却累計額）	10,036
（支払利息）	1,673*2	（未払利息）	1,673

リース債務（流動）：**17,770円***3
リース債務（固定）：**56,571円***4

＊1　74,341円×0.9÷５年≒13,381円
　　$13{,}381円 \times \frac{9か月}{12か月} ≒ 10{,}036円$
＊2　74,341円×３％≒2,230円
　　$2{,}230円 \times \frac{9か月}{12か月} ≒ 1{,}673円$
＊3　74,341円×３％≒2,230円
　　20,000円－2,230円＝17,770円
＊4　74,341円－17,770円＝56,571円

	期首元本	リース料	支払利息 （期首元本×利率）	元本返済額 （リース料－支払利息）	リース債務残高 （期首元本－返済額）
×1年 4月1日	74,341円	—	—	—	74,341円
×2年 3月31日	74,341円	20,000円	2,230円	17,770円*3	56,571円*4
×3年 3月31日	56,571円	20,000円	1,697円	18,303円	38,268円
×4年 3月31日	38,268円	20,000円	1,148円	18,852円	19,416円
×5年 3月31日	19,416円	20,000円	584円*5	19,416円	0円

＊5　最終年度はリース債務残高を０円にするために、差額で計算します。

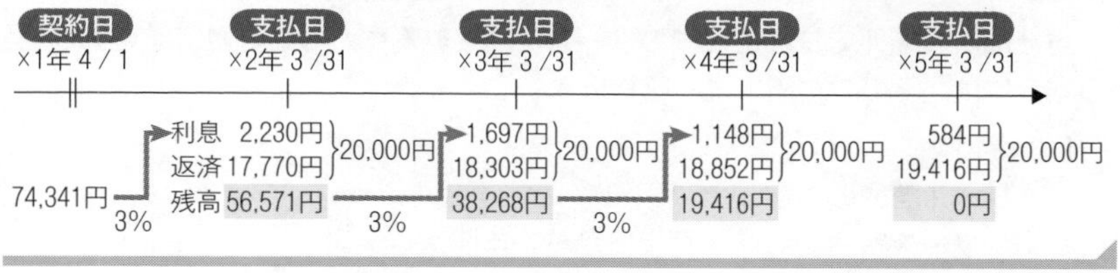

V 年金現価係数を用いる場合

本試験では、問題文でリース料総額の割引現在価値が直接示されない代わりに、年金現価係数表が与えられることがあります。

この場合、年金現価係数表の数値を使ってリース料総額の割引現在価値を求めます。

また、各年度のリース債務残高についても、年金現価係数表の数値を使って計算します。

リース料総額の割引現在価値＝年間リース料×年金現価係数

リース債務残高＝年間リース料×残り年数にもとづく年金現価係数

ひとこと

問題文に年金現価係数表が与えられている場合、端数の関係で、年金現価係数にしたがって求めた数値と、一つ一つ計算して求めた数値が微妙に異なる場合があります。この場合、年金現価係数を使った計算を優先します。

そのため、まず年金現価係数をもとに各期のリース債務残高を出して前期と当期の残高差額で返済額を求め、次にリース料と返済額の差額で支払利息を計算します。

例5　年金現価係数を用いる場合

当社は次の条件でB社と機械のリース契約を結んだ。なお、計算上端数がある場合には、そのつど円未満を四捨五入する。

［条　件］

1．リース契約の内容
　①　リース期間　×1年4月1日から3年間
　②　リース料年額　10,000円　毎年3月31日払い（現金で後払い）
2．リース物件の見積現金購入価額は27,500円であった。
3．リース料総額の現在価値は年5％で割り引いた金額とする。
4．年金現価係数表は以下のとおりである。

	3％	4％	5％
1年	0.9709	0.9615	0.9524
2年	1.9135	1.8861	1.8594
3年	2.8286	2.7751	2.7232
4年	3.7171	3.6299	3.5460

(1)　リース取引契約時の仕訳を示しなさい。
(2)　×2年3月31日のリース料支払い時の仕訳を示しなさい。

例5の仕訳(1)	（リース資産）	27,232*1	（リース債務）	27,232
(2)	（リース債務）	8,638*2	（現　金）	10,000
	（支払利息）	1,362*3		

＊1　10,000円×2.7232＝27,232円
＊2　10,000円×1.8594＝18,594円
　　27,232円－18,594円＝8,638円
＊3　10,000円－8,638円＝1,362円

	期首元本	リース料	支払利息 (期首元本×利率)	元本返済額 (リース料−支払利息)	リース債務残高 (期首元本−返済額)
×1年 4月1日	27,232円	—	—	—	27,232円*1
×2年 3月31日	27,232円	10,000円	1,362円*3	8,638円*2	18,594円
×3年 3月31日	18,594円	10,000円	930円	9,070円	9,524円
×4年 3月31日	9,524円	10,000円	476円	9,524円	0円

4 オペレーティング・リース取引の会計処理

オペレーティング・リース取引は通常の賃貸借取引、つまり支払ったリース料をその期の費用として処理します。

例6　オペレーティング・リース取引

×1年７月１日、当社は次の条件でＢ社と機械のリース契約を結んだ。当該リース契約はオペレーティング・リース取引に該当する。なお、当社の決算日は12月31日である。

［条　件］
年間リース料　3,000円
リース期間　２年
リース料支払日　６月30日（現金で後払い）

(1)　リース契約時の仕訳を示しなさい。
(2)　×1年12月31日の決算整理仕訳を示しなさい。
(3)　(2)の翌日の再振替仕訳を示しなさい。
(4)　×2年６月30日のリース料支払の仕訳を示しなさい。

例６の仕訳(1)　仕　訳　な　し

	借方	金額	貸方	金額
(2)	(支払リース料)	1,500*	(未　払　費　用)	1,500
(3)	(未　払　費　用)	1,500	(支払リース料)	1,500*
(4)	(支払リース料)	3,000	(現　　　　金)	3,000

＊　$3{,}000円 \times \frac{6か月}{12か月} = 1{,}500円$

ファイナンス・リース取引の会計処理／オペレーティング・リース取引の会計処理

5 セール・アンド・リースバック取引

I セール・アンド・リースバック取引とは

セール・アンド・リースバック取引とは、会社の保有している資産をリース会社に売却し、同時にその資産のリースを受ける取引です。

この取引により、会社はこれまでどおり資産を使用しながら売却による資金を得ることができるというメリットがあります。

図解 セール・アンド・リースバック取引

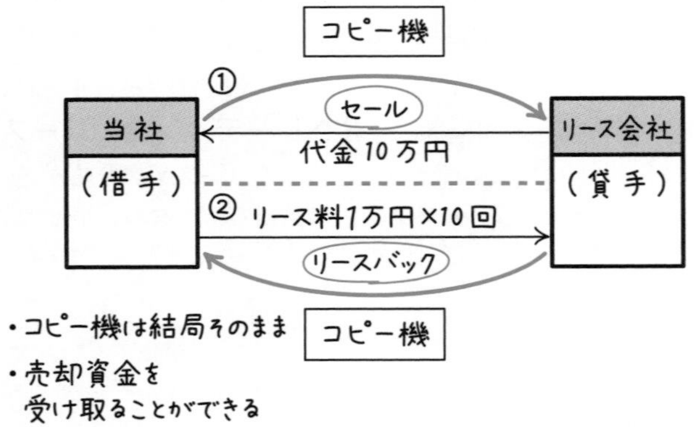

II 会計処理

セール・アンド・リースバック取引によって資産を売却したとしても、リース契約がファイナンス・リース取引に該当するのであれば、その実態に変化はありません。

したがって、その売却損益は**長期前受収益**または**長期前払費用**で処理し、減価償却と同時に耐用年数にわたって実現させていきます。

図解 長期前受収益と長期前払費用

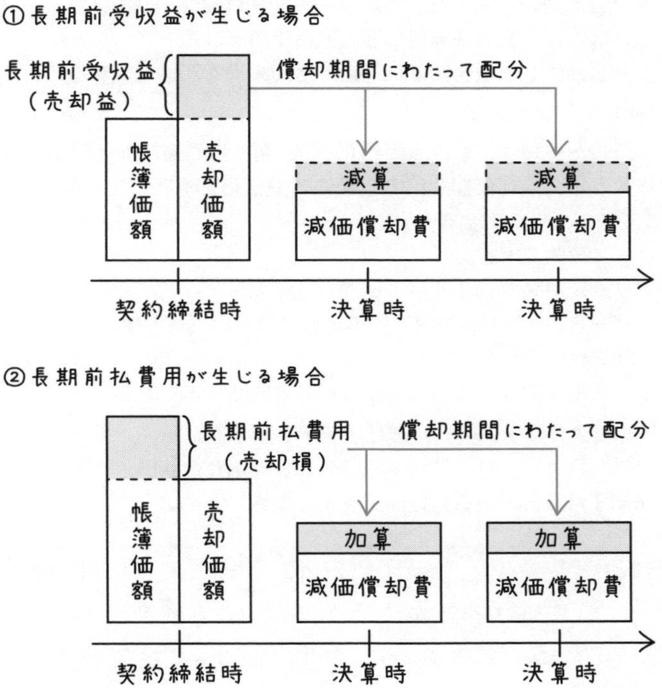

ひとこと

通常、長期前払費用と長期前受収益は長短分類せずに、それぞれ固定資産または固定負債に計上します。

例7　セール・アンド・リースバック取引

×3年4月1日、当社は下記の条件でC社に機械を売却し、同時にその機械のリースを受ける契約を結んだ。当該リース契約はファイナンス・リース取引に該当する。なお、当社の決算日は3月31日である。

計算上端数が生じる場合には、そのつど円未満を四捨五入すること。

[条　件]

1．売却した機械は、取得原価40,000円、期首減価償却累計額16,000円、耐用年数5年、残存価額0円の定額法で減価償却を行っている。売却額は27,232円であり、現金を受け取った。

2．リース契約の内容

① リース期間　×3年4月1日から3年間

② リース料年額10,000円　毎年3月31日払い（現金後払い）

③ 計算利子率は5％である。

3．リース物件のリースバック後の耐用年数は3年である。

(1) 売却およびリース契約時の仕訳を示しなさい。

(2) ×4年3月31日のリース料支払時の仕訳を示しなさい。

(3) ×4年3月31日の決算整理仕訳を示しなさい。

例7の仕訳	(1)	(現金)	27,232	(機械)	40,000
		(減価償却累計額)	16,000	(長期前受収益)	3,232
		(リース資産)	27,232	(リース債務)	27,232
	(2)	(支払利息)	1,362*1	(現金)	10,000
		(リース債務)	8,638*2		
	(3)	(減価償却費)	9,077*3	(減価償却累計額)	9,077
		(長期前受収益)	1,077*4	(減価償却費)	1,077

＊1　27,232円×5％≒1,362円

＊2　10,000円−1,362円＝8,638円

＊3　27,232円÷3年≒9,077円

＊4　3,232円÷3年≒1,077円

＊3と＊4を相殺すると減価償却費は8,000円となり、最終的に計上される費用は売却前と一致します。

CHAPTER 03　リース会計　基本問題

問1　所有権移転ファイナンス・リース取引①　答案用紙あり

当社は次の条件でA社と機械のリース契約を結んでいる。当期は×1年12月31日を決算日とする1年である。このとき、貸借対照表(一部)と損益計算書(一部)を完成させなさい。

なお、計算上端数が生じる場合には、そのつど円未満を四捨五入する。

[条　件]

1. リース契約の内容
   ① リース期間　×1年4月1日から4年間
   ② リース料年額　9,800円　毎年3月31日払い（後払い）
2. この取引は所有権移転ファイナンス・リース取引に該当する。
3. リース物件のA社の購入価額は37,315円（計算利子率2％）であった。
4. リース料総額の現在価値は36,427円（借手の追加借入利子率は3％）であった。
5. 当該リース物件の経済的耐用年数は5年である。なお、当社は購入した機械について残存価額10%の定額法で減価償却を行っている。

問2　所有権移転ファイナンス・リース取引②　答案用紙あり

当社は次の条件でB社と機械のリース契約を結んだ。当社の決算日は12月31日である。このとき、下記の問いに答えなさい。

なお、計算上端数が生じる場合には、そのつど円未満を四捨五入する。

[条　件]

1. リース契約の内容
   ① リース期間　×1年4月1日から5年間
   ② リース料年額　33,400円　毎年3月31日払い（後払い）
2. この取引は所有権移転ファイナンス・リース取引に該当する。
3. リース物件の見積現金購入価額は148,690円であった。
4. 当社の追加借入利子率は5％である。
5. 当該リース物件の経済的耐用年数は6年である。なお、当社は購入した機械について残存価額10%の定額法で減価償却を行っている。
⑴　×1年度末の貸借対照表に計上されるリース債務（流動）、リース債務（固定）、未払利息、損益計算書に計上される支払利息、減価償却費を計算しなさい。
⑵　×2年度末の貸借対照表に計上されるリース債務（流動）、リース債務（固定）、未払利息、損益計算書に計上される支払利息、減価償却費を計算しなさい。

問３　所有権移転外ファイナンス・リース取引

当社は次の条件でＢ社と建物のリース契約を結んだ。当社の決算日は３月31日である。このとき、下記の問いに答えなさい。

なお、計算上端数が生じる場合には、そのつど円未満を四捨五入する。

［条　件］
1．リース契約の内容
　①　リース期間　×1年４月１日から３年間
　②　リース料年額　12,700円　毎年３月31日払い（現金で後払い）
2．この取引は所有権移転外ファイナンス・リース取引に該当する。
3．リース物件のＢ社の購入価額は35,244円であった。
4．当社の追加借入利子率は５％である。
5．当該リース物件の経済的耐用年数は４年である。なお、当社は購入した機械について残存価額10%の定額法で減価償却を行っている。
6．現在価値の計算については以下の年金現価係数表を用いること。

	３％	４％	５％
１年	0.971	0.962	0.952
２年	1.914	1.886	1.859
３年	2.829	2.775	2.723
４年	3.717	3.630	3.546

⑴　取引開始時の仕訳を示しなさい。
⑵　リース料支払時の仕訳を示しなさい。
⑶　決算整理仕訳を示しなさい。

問4　オペレーティング・リース取引

当社は次の条件でB社と建物のリース契約を結んだ。当社の決算日は12月31日である。このとき、下記の問いに答えなさい。

なお、計算上端数が生じる場合には、そのつど円未満を四捨五入すること。

［条　件］

1．リース契約の内容

　①　リース期間　×1年4月1日から3年間

　②　リース料年額　3,800円　毎年3月31日払い（現金で後払い）

2．この取引はオペレーティング・リース取引に該当する。

(1)　×1年12月31日の決算整理仕訳を示しなさい。

(2)　×2年3月31日の仕訳を示しなさい。

問5　セール・アンド・リースバック取引　答案用紙あり

当社は×3年4月1日に下記の条件でA社へ機械を売却し、同時にその機械をリースバックすることにした。当社の決算日は3月31日である。このとき、×4年3月31日における貸借対照表（一部）と損益計算書（一部）を完成させなさい。

なお、計算上端数がある場合には、そのつど円未満を四捨五入する。

［条　件］

1．売却資産（機械）の内容

　①　取得日：×0年4月1日

　②　取得原価：160,000円

　③　償却方法：定額法、耐用年数8年、残存価額は取得原価の10%

2．リースバック取引の条件

　①　契約日：×3年4月1日

　②　売却価額：120,007円（現金で受取り）

　③　解約不能なリース期間：5年

　④　リースバック以後の経済的耐用年数：5年

　⑤　リース取引の種類：所有権移転ファイナンス・リース取引

⑥　計算利子率：年6.4％

⑦　支払リース料：28,800円（毎年３月31日、現金で後払い）

⑧　償却方法：定額法、耐用年数５年、残存価額は当初の取得原価の10％

解答

問1　所有権移転ファイナンス・リース取引①

貸借対照表　（単位：円）

Ⅱ　固定資産		Ⅰ　流動負債	
リース資産	（　37,315）	リース債務(流動)	（　9,054）
減価償却累計額	（△　5,038）	未払利息	（　560）
		Ⅱ　固定負債	
		リース債務(固定)	（　28,261）

損益計算書　（単位：円）

Ⅲ　販売費及び一般管理費
　減価償却費　（　5,038）
　⋮
Ⅴ　営業外費用
　支払利息　（　560）

〈解説〉

所有権移転ファイナンス・リース取引で貸手の購入価額が判明しているため、リース料総額の現在価値との比較は行わず、これを使用します。

契約時：（リース資産）　37,315　（リース債務）　37,315

所有権移転ファイナンス・リースなので、経済的耐用年数で償却します。

決算時：（減価償却費）　5,038*1（減価償却累計額）　5,038
　　　　（支払利息）　560*2（未払利息）　560

＊1　$37{,}315円 \times 0.9 \div 5年 \times \frac{9か月}{12か月} \fallingdotseq 5{,}038円$

＊2　$37{,}315円 \times 2\% \times \frac{9か月}{12か月} \fallingdotseq 560円$

支払利息と元本返済額をまとめると次の表のようになります。

	期首元本	リース料	支払利息（期首元本×利率）	元本返済額（リース料－支払利息）	リース債務残高（期首元本－返済額）
×1年4月1日	37,315円	—	—	—	37,315円
×1年12月31日	37,315円	—	(560円)*2	—	37,315円
×2年3月31日	37,315円	9,800円	746円	9,054円	28,261円
×3年3月31日	28,261円	9,800円	565円	9,235円	19,026円
×4年3月31日	19,026円	9,800円	381円	9,419円	9,607円
×5年3月31日	9,607円	9,800円	193円*3	9,607円	0円

＊3　最終年度は差額で計算します。

問2　所有権移転ファイナンス・リース取引②

(1)

勘定科目	金額（円）
リース債務(流動)	26,170＊1
リース債務(固定)	118,435＊2
未払利息	5,423＊6
支払利息	5,423＊6
減価償却費	16,268＊5

(2)

勘定科目	金額（円）
リース債務(流動)	27,478＊3
リース債務(固定)	90,957＊4
未払利息	4,441＊8
支払利息	6,248＊9
減価償却費	21,691＊7

〈解説〉

貸手の現金購入価額がわからないため、見積現金購入価額とリース料総額の現在価値のいずれか低い方を用います。

① 見積現金購入価額：148,690円
② リース料総額の現在価値：144,605円
③ ①＞②　∴144,605円

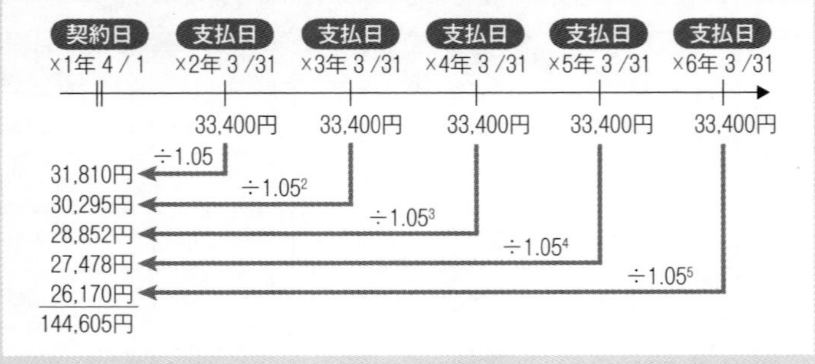

契約時：（リース資産） 144,605 （リース債務） 144,605

支払利息と元本返済額をまとめると次の表のようになります。

	期首元本	リース料	支払利息 (期首元本×利率)	元本返済額 (リース料−支払利息)	リース債務残高 (期首元本−返済額)
×1年 4月1日	144,605円	—	—	—	144,605円
×2年 3月31日	144,605円	33,400円	7,230円	26,170円*1	118,435円*2
×3年 3月31日	118,435円	33,400円	5,922円	27,478円*3	90,957円*4
×4年 3月31日	90,957円	33,400円	4,548円	28,852円	62,105円
×5年 3月31日	62,105円	33,400円	3,105円	30,295円	31,810円
×6年 3月31日	31,810円	33,400円	1,590円	31,810円	0円

＊　1～4がそれぞれ解答のリース債務(流動)とリース債務(固定)に対応しています。

(1)　所有権移転ファイナンス・リースなので、経済的耐用年数で償却します。

決算時：	(減価償却費)	16,268*5	(減価償却累計額)	16,268
	(支払利息)	5,423*6	(未払利息)	5,423*6

(2)

期首再振替仕訳：	(未払利息)	5,423*6	(支払利息)	5,423
リース料支払時：	(支払利息)	7,230	(現金など)	33,400
	(リース債務)	26,170		
決算時：	(減価償却費)	21,691*7	(減価償却累計額)	21,691
	(支払利息)	4,441	(未払利息)	4,441*8

＊5　144,605円×0.9÷6年×$\frac{9か月}{12か月}$≒16,268円

＊6　144,605円×5％×$\frac{9か月}{12か月}$≒5,423円

＊7　144,605円×0.9÷6年≒21,691円

＊8　118,435円×5％×$\frac{9か月}{12か月}$≒4,441円

＊9　×2年度支払利息：7,230円＋4,441円－5,423円＝6,248円

問3　所有権移転外ファイナンス・リース取引

(1)	(リース資産)	34,582*1	(リース債務)	34,582
(2)	(リース債務)	10,973*2	(現金)	12,700
	(支払利息)	1,727*3		
(3)	(減価償却費)	11,527*4	(減価償却累計額)	11,527

＊1　①　12,700円×2.723≒34,582円
　　　②　貸手の購入価額：35,244円
　　　③　①＜②　∴34,582円

＊2　12,700円×2.723－12,700円×1.859≒10,973円

＊3　12,700円－10,973円＝1,727円

＊4　所有権移転外ファイナンス・リース取引なので、リース期間残存価額０円で減価償却します。

34,582円÷３年≒11,527円

〈解説〉

所有権移転外ファイナンス・リース取引なので、貸手の購入価額と追加借入利子率にもとづくリース料総額の現在価値を比較し、いずれか低い方を取得原価相当額とします。

また、減価償却は残存価額０円、償却年数はリース期間の３年で行います。

問４　オペレーティング・リース取引

(1)	(支払リース料)	2,850*	(未払費用)	2,850
(2)	(支払リース料)	3,800	(現金)	3,800

＊　$3,800円 \times \frac{9か月}{12か月} = 2,850円$

〈解説〉

オペレーティング・リース取引では、リース料を費用計上するのみです。

決算日と支払日が異なる場合、未払計上します。なお、×2年度期首には(1)の再振替仕訳が行われています。

問５　セール・アンド・リースバック取引

貸借対照表　（単位：円）

Ⅱ　固定資産	Ⅰ　流動負債
リース資産（　120,007）	リース債務(流動)（　22,471）
減価償却累計額（△ 20,801）	Ⅱ　固定負債
	リース債務(固定)（　76,416）

損益計算書　（単位：円）

Ⅲ　販売費及び一般管理費	
減価償却費	（　18,000）
⋮	
Ⅴ　営業外費用	
支払利息	（　7,680）

〈解説〉

(1) 契約日

① 売　却

(減価償却累計額)	54,000*1	(機　　械)	160,000
(現　　金)	120,007	(長期前受収益)	14,007

＊1　160,000円×0.9÷8年＝18,000円
18,000円×3年＝54,000円

② リースバック

(リース資産)	120,007*2	(リース債務)	120,007

＊2　売却価額

(2) リース料支払日（1年ごとの後払い）

(支払利息)	7,680*3	(現　　金)	28,800
(リース債務)	21,120*4		

＊3　120,007円×6.4%≒7,680円

＊4　貸借差額

(3) 決算日

① 減価償却

(減価償却費)	20,801*5	(減価償却累計額)	20,801

＊5　(120,007円－160,000円×10%)÷5年≒20,801円

② 売却損益の配分

(長期前受収益)	2,801*6	(減価償却費)	2,801

＊6　14,007円÷5年≒2,801円

支払利息と元本返済額をまとめると次の表のようになります。（単位：円。端数は四捨五入で処理）

	期首元本	リース料	支払利息（期首元本×利率）	元本返済額（リース料－支払利息）	リース債務残高（期首元本－返済額）
×3年4月1日	120,007	―	―	―	120,007
×4年3月31日	120,007	28,800	7,680	21,120	98,887
×5年3月31日	98,887	28,800	6,329	22,471＊7	76,416＊8
×6年3月31日	76,416	28,800	4,891	23,909	52,507
×7年3月31日	52,507	28,800	3,360	25,440	27,067
×8年3月31日	27,067	28,800	1,733＊9	27,067	0

＊7　B/Sリース債務（流動）
＊8　B/Sリース債務（固定）
＊9　最終年度は差額で計算します。

CHAPTER 04

固定資産の減損会計

◆固定資産の収益性が低下したら減額！

ここでは固定資産の減損会計を学習していきます。１級ではじめて学習する論点ですが、特に手続きの流れに注意して理解していきましょう。計算自体は非常に簡単なので、自分がどの段階の何の計算をしているのかということを意識しながら読み進めましょう。

▶１級で学習する内容

減損損失の計算

- 2級までに学習済み → 1級で学習する内容
  - 減損の兆候
  - 減損損失の認識
  - 減損損失の測定

資産グループの減損損失

- のれんがある場合
- 共用資産がある場合

1 減損会計

Ⅰ 減損会計とは

備品や建物などの固定資産は、取得原価主義にもとづき取得原価で評価し、その取得原価から減価償却累計額を控除した金額で評価します。

しかし、固定資産の収益性（固定資産の利用によって得られる収益）が低下し、投資額（固定資産の帳簿価額）の回収が見込めなくなることがあります。このような場合、過大に評価された帳簿価額を減額することにより、将来に損失を繰り延べないために行う処理を**減損会計**といいます。

これならわかる!!

たとえば、企業が帳簿価額200,000円の機械を所有しているとします。この場合、企業は投資額を回収するためにこの機械によって200,000円以上の将来の収益の獲得を期待するはずです。

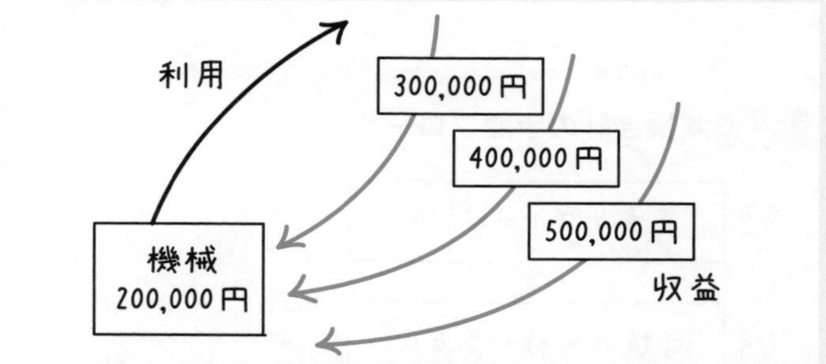

しかし、その機械に投資額を回収するだけの収益を獲得する能力が見込めなくなってしまった場合、そのまま機械を200,000円の帳簿価額で表示し続けると財務諸表の利用者に誤解を招いてしまいます。そのため、収益性が低下し、投資額の回収が見込めなくなった場合には帳簿価額を減額して適切な価額に修正するのです。

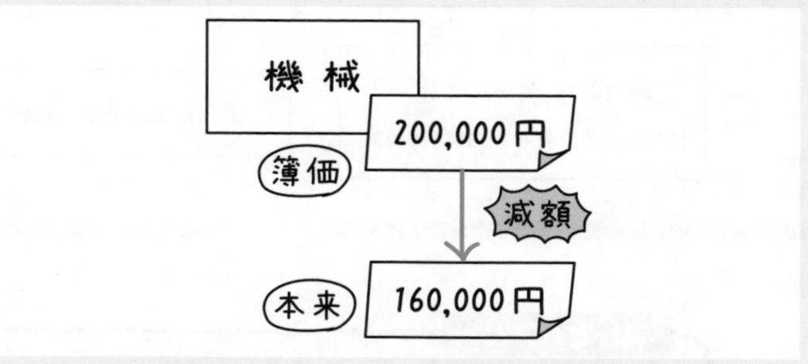

ひとこと

減損会計の対象となるものは、固定資産全般（投資不動産、ファイナンス・リース取引を含む）ですが、有価証券や繰延税金資産などほかの基準に減損の処理が規定されているものは適用されません。

Ⅱ 減損会計の流れ

減損会計の手順は次のとおりです。

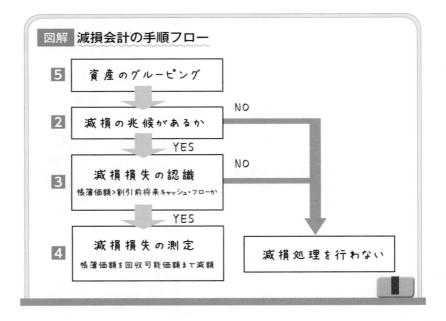

図解 減損会計の手順フロー

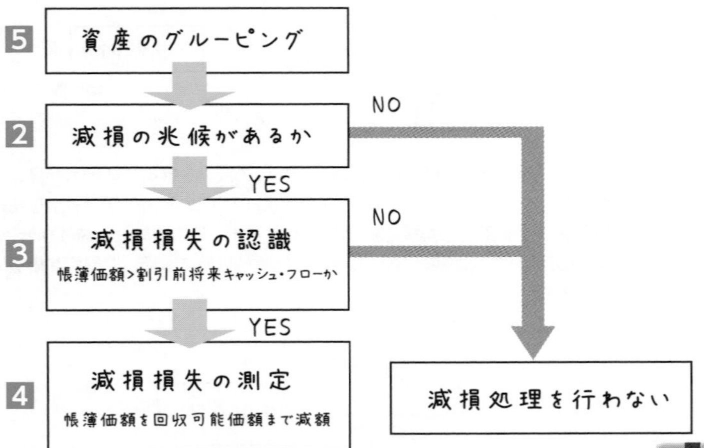

ひとこと

減損会計の問題を解く際は、上記のフローのどの段階の処理を行っているのかを意識しながら解くことが重要です。この手順のフローはしっかりおさえましょう。

2 減損の兆候

減損の兆候とは、資産または資産グループに減損が生じている可能性を示す事象のことをいいます。減損会計では、減損の兆候がある場合にのみ減損損失を認識するかどうかの判定を行います。

●減損の兆候

◆営業活動から生ずる損益またはキャッシュ・フローが、継続してマイナスとなっているか、あるいは、継続してマイナスとなる見込みであること
◆回収可能価額（正味売却価額または使用価値）を著しく低下させる変化が生じたか、あるいは、生ずる見込みであること
・事業を廃止または再編成すること
・当初の予定よりも著しく早期に処分すること
・当初の予定と異なる用途に転用すること
・遊休状態になったこと
など
◆経営環境が著しく悪化したか、あるいは、悪化する見込みであること
◆市場価格が著しく下落したこと

ひとこと

固定資産に減損の兆候があるかどうかは問題文に与えられますので、参考程度にみておきましょう。

3 減損損失の認識

Ⅰ 減損損失の認識

減損の兆候が把握された場合、その資産または資産グループについて、減損損失を認識するかどうかの判定を行います。

この判定は、資産または資産グループから得られる**割引前将来キャッシュ・フローの総額**と**帳簿価額**を比較し、割引前将来キャッシュ・フローの総額が帳簿価額を下回る場合に減損損失を認識します。

帳簿価額 ≦ 割引前将来キャッシュ・フロー ⇒ 減損損失を認識しない
帳簿価額 ＞ 割引前将来キャッシュ・フロー ⇒ 減損損失を認識する

ひとこと

減損損失の認識は、主観性が高い将来キャッシュ・フローで認識します。そのため、その認識を特に慎重に行うために金額の小さい割引後キャッシュ・フローではなく、金額の大きい割引前キャッシュ・フローで比較します。

例1 ―― 減損損失の認識

次の資料にもとづいて、機械A、B、Cについて減損損失を認識すべきかどうかを判定しなさい。なお、すべての機械に減損の兆候がみられ、耐用年数経過後の処分価値は残存価額と一致する。

［資　料］

	機械A	機械B	機械C
取得原価	5,000円	2,500円	3,000円
減価償却累計額	2,800円	1,300円	800円
残存価額	0円	200円	100円
残存耐用年数	4年	2年	5年
毎年の割引前将来ＣＦ	500円	200円	600円

例1の解答　機械Ａ：減損損失を認識する

機械Ｂ：減損損失を認識する

機械Ｃ：減損損失を認識しない

〈解説〉

機械Ａ

① 帳簿価額：5,000円－2,800円＝2,200円

② 将来CF　：500円×４年＝2,000円

③ 2,200円＞2,000円 → 減損損失を認識する

機械Ｂ

① 帳簿価額：2,500円－1,300円＝1,200円

② 将来CF　：200円×２年＋200円＝600円

③ 1,200円＞600円 → 減損損失を認識する

機械Ｃ

① 帳簿価額：3,000円－800円＝2,200円

② 将来CF　：600円×５年＋100円＝3,100円

③ 2,200円＜3,100円 → 減損損失を認識しない

Ⅱ 割引前将来キャッシュ・フローの見積期間

減損損失の認識を行うときの割引前将来キャッシュ・フローの見積期間は、資産または主要な資産の経済的残存使用年数と20年のいずれか短い方とします。

資産または主要な資産の経済的残存使用年数／20年 ｝いずれか短い方が見積期間

ひとこと

期間が長くなればなるほどより主観的となるため、20年という一定期間が定められています。

1 経済的残存使用年数が20年を超えない場合

経済的残存使用年数までの割引前将来キャッシュ・フローに、経済的残存使用年数経過時点における正味売却価額を加算して求めます。

図解 経済的残存使用年数が20年を超えない場合

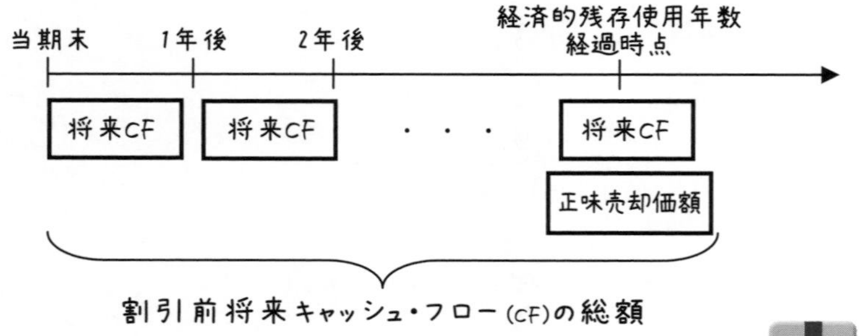

ひとこと

正味売却価額については、減損損失の測定で詳しく説明します。

例2　　　割引前将来キャッシュ・フロー①

減損の判定における割引前将来キャッシュ・フローの総額を算定しなさい。

[資　料]

(1)　資産の経済的残存使用年数は12年、12年経過時点の正味売却価額は500円である。

(2)　各期の割引前将来キャッシュ・フローは100円である。

例2の解答　割引前将来キャッシュ・フローの総額：1,700円*

*　100円×12年＋500円(正味売却価額)＝1,700円

2 経済的残存使用年数が20年を超える場合

21年目以降に見込まれる将来キャッシュ・フローと正味売却価額を、20年経過時点まで割り引いて回収可能価額を算定し、その金額を20年目までの割引前将来キャッシュ・フローに加算して求めます。

図解 経済的残存使用年数が20年を超える場合

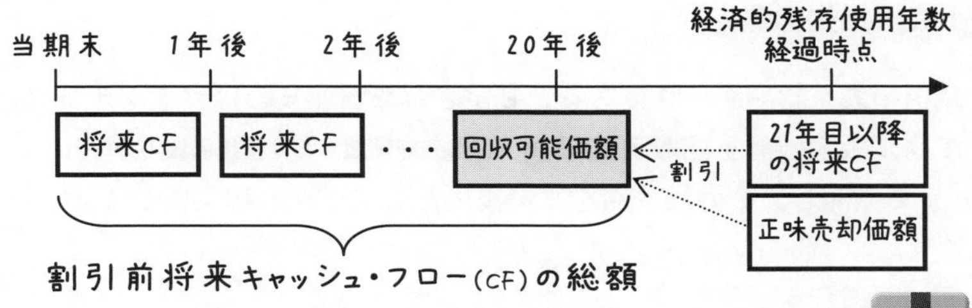

ひとこと

経済的残存使用年数が20年を超えるときの計算には、正味売却価額と使用価値の計算が必要となります。これらは次の減損損失の測定で学習しますので、例3は減損損失の測定を学習してから解きましょう。

例3　割引前将来キャッシュ・フロー②

減損の判定における割引前将来キャッシュ・フローの総額を算定しなさい。なお、割引率は5％とする（小数点以下切捨て）。

［資　料］

(1)　資産の経済的残存使用年数は25年、20年経過時点の正味売却価額は1,200円、25年経過時点の正味売却価額は1,000円である。

(2)　経済的残存使用年数までの各期の割引前将来キャッシュ・フローは100円である。

例3の解答　割引前将来キャッシュ・フローの総額：**3,216円**＊1

＊1　100円×20年＋1,216円＊2＝3,216円

＊2　①　20年経過時点の正味売却価額：1,200円

②　20年経過時点の使用価値：1,216円

$$\frac{100円}{1.05}+\frac{100円}{1.05^2}+\frac{100円}{1.05^3}+\frac{100円}{1.05^4}+\frac{100円+1,000円}{1.05^5}\fallingdotseq 1,216円$$

③　20年経過時点の回収可能価額：①1,200円＜②1,216円 ⇒ 1,216円

4 減損損失の測定

I 減損損失の測定

減損損失を認識すべきであると判定された資産または資産グループについては、帳簿価額を**回収可能価額**（**正味売却価額**または**使用価値**のいずれか高い金額）まで減額し、その減少額を**減損損失**として当期の損失とします。

図解 減損損失の測定方法

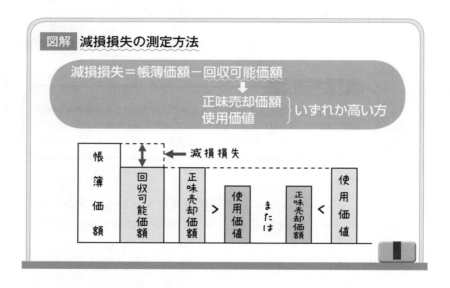

減損損失＝帳簿価額－回収可能価額
↓
正味売却価額
使用価値 } いずれか高い方

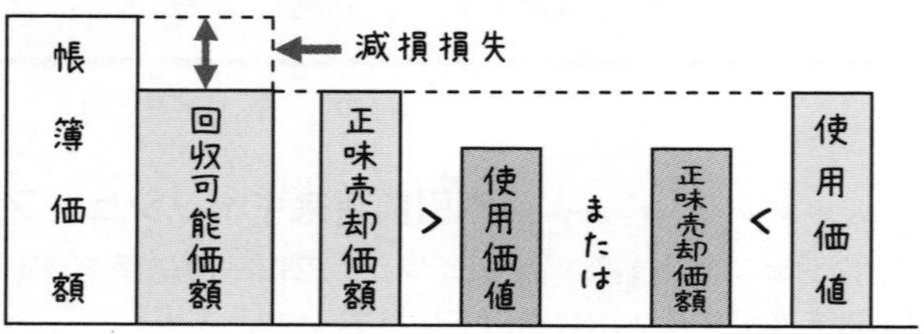

ひとこと

正味売却価額と使用価値のいずれか高い方を回収可能価額とするのは、企業は、固定資産の売却と使用のうち、より多くのキャッシュ・フローを回収できる方を選択すると考えられるためです。

●正味売却価額と使用価値

◆正味売却価額：資産または資産グループの時価から処分費用見込額を控除して算定される金額

◆使　用　価　値：資産または資産グループの継続的使用と使用後の処分によって生ずると見込まれる将来キャッシュ・フローの現在価値（割引後将来キャッシュ・フロー）

ひとこと

減損損失の認識の判定は割引前、減損損失の測定は割引後のキャッシュ・フローを使用する点に注意しましょう。

例4　　減損損失の認識・測定

当期末に保有する以下の機械および備品について減損の兆候が認められた。減損損失を認識するかどうかを判定し、減損損失を認識する場合には、減損損失の金額を求めなさい。

［資　料］

	機械	備品
取得原価	700,000円	500,000円
減価償却累計額	250,000円	330,000円
割引前将来キャッシュ・フロー	420,000円	185,000円
正味売却価額	400,000円	165,000円
使用価値	380,000円	179,000円

例４の解答　減損損失の金額：機械　**50,000**円

備品　—円

〈解説〉

1．機械

(1)　減損損失の認識

①　帳簿価額：700,000円−250,000円＝450,000円

②　割引前将来キャッシュ・フロー：420,000円

③　①＞②　→　減損損失を認識する

(2)　減損損失の測定

①　正味売却価額：400,000円

②　使用価値：380,000円

③　回収可能価額：①>②　→　400,000円
∴減損損失：450,000円－400,000円＝50,000円
2．備品
(1)　減損損失の認識
①　帳簿価額：500,000円－330,000円＝170,000円
②　割引前将来キャッシュ・フロー：185,000円
③　①<②　→　減損損失を認識しない

Ⅱ 使用価値の計算

減損損失の測定の際に利用する**使用価値**は、将来キャッシュ・フローの総額を割引率によって現在価値に割り引くことによって求めます。

例5　使用価値の計算

次の資料にもとづいて、機械Aについて減損損失を計上するための仕訳を示しなさい。なお、計算上端数が生じる場合は、そのつど円未満を四捨五入すること。

［資　料］
(1)　機械A（帳簿価額650,000円）について、減損の兆候が認められる。
(2)　当期末時点の機械Aの時価は480,000円、処分費用見込額は30,000円と見積られる。
(3)　機械Aの耐用年数は当期末から3年間であり、耐用年数終了後における正味売却価額は120,000円であることが見込まれる。
(4)　機械Aの使用により、今後3年間にわたり、毎年135,000円のキャッシュ・フローを獲得できることが見積られている。
(5)　割引率は3％とする。

例5の仕訳	（減　損　損　失）	158,321	（機　　　械）	158,321

〈解説〉
1．減損損失の認識
①　帳簿価額：650,000円
②　割引前将来キャッシュ・フロー：135,000円×3年＋120,000円
＝525,000円
③　①>②　→　減損損失を認識する
2．減損損失の測定
①　正味売却価額：480,000円－30,000円＝450,000円
②　使用価値：$\frac{135{,}000円}{1.03}+\frac{135{,}000円}{1.03^2}+\frac{135{,}000円+120{,}000円}{1.03^3}$
≒491,679円（円未満四捨五入）

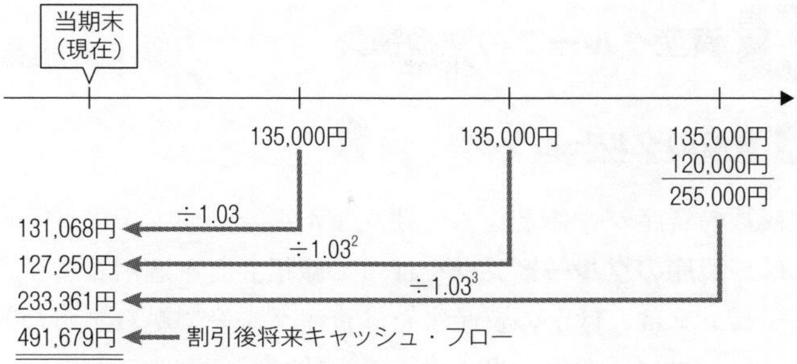

③　回収可能価額：①＜② → 491,679円

∴減損損失：650,000円（帳簿価額）－491,679円（回収可能価額）＝158,321円

5 資産グループの減損損失

I 資産のグルーピング

複数の資産が一体となって独立したキャッシュ・フローを生み出す場合には、**資産のグルーピング**を行って減損会計を適用します。この資産のグルーピングは、ほかの資産または資産グループからおおむね独立したキャッシュ・フローを生み出す最小の単位で行います。

これならわかる!!

たとえば、ある製品を作る工場（建物）と機械があるとします（Aグループとします）。この場合、工場（建物）だけ、もしくは、機械だけでは、製品を作ってキャッシュ・フローを生み出すことはできません。両者がそろってはじめて、製品を作ってキャッシュ・フローを生み出す体制が機能します。そのため、Aグループを独立したキャッシュ・フローを生み出す最小の単位としてグルーピングを行います。

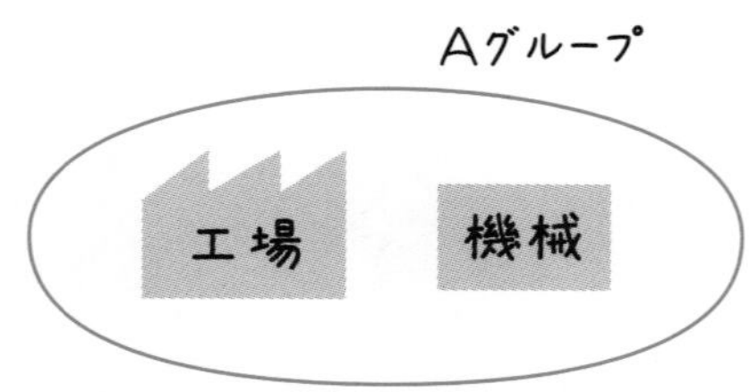

また、Aグループ以外にも、ほかの製品を作る工場（建物）と機械があるとします（Bグループとします）。Bグループが、Aグループの支援なしに製品を作ってキャッシュ・フローを生み出すことができる場合、両者をグルーピングしてはいけません。この場合、両者を別々の単位としてグルーピングを行います。

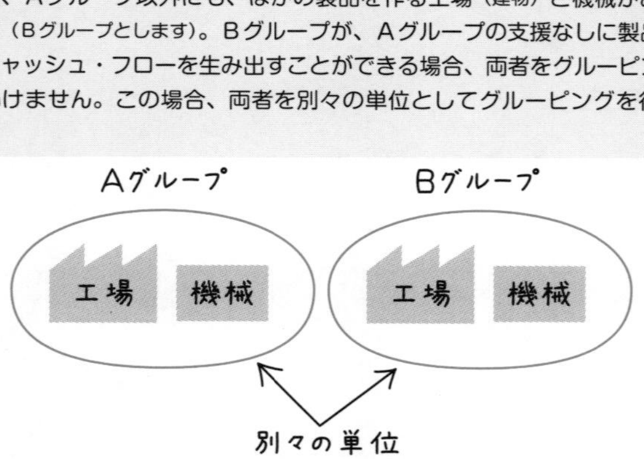

資産グループにおける減損会計の適用は、資産グループ全体で減損損失の認識と測定をし、帳簿価額にもとづく比例配分などの合理的な方法によって、減損損失相当額を各資産に配分します。

例6　資産のグルーピング

次の資料にもとづいて、減損損失を計上するための仕訳を示しなさい。これらの資産は一体となって独立したキャッシュ・フローを生み出すものとする。なお、減損損失は帳簿価額にもとづいて各資産に配分すること。

[資　料]

	機　械	備　品	合　計
取得原価	700,000円	500,000円	1,200,000円
減価償却累計額	250,000円	310,000円	560,000円
割引前将来キャッシュ・フロー	—	—	605,000円
減損の兆候	—	—	あり
正味売却価額	350,000円	165,000円	515,000円
将来キャッシュ・フローの現在価値	—	—	560,000円

例6の仕訳

（減　損　損　失）	80,000	（機　　械）	56,250
		（備　　品）	23,750

〈解説〉

1．減損損失の認識
　① 帳簿価額：1,200,000円－560,000円＝640,000円
　② 割引前将来キャッシュ・フロー：605,000円
　③ ①＞② → 減損損失を認識する

2．減損損失の測定
　① 正味売却価額：515,000円
　② 使用価値：560,000円
　③ 回収可能価額：①＜② → 560,000円
　∴減損損失：640,000円－560,000円＝80,000円

3．減損損失の配分
　① 機械：$80,000円\times\frac{450,000円}{450,000円^{*1}+190,000円^{*2}}=56,250円$

　　＊1　機械の帳簿価額：700,000円－250,000円＝450,000円
　　＊2　備品の帳簿価額：500,000円－310,000円＝190,000円

　② 備品：$80,000円\times\frac{190,000円}{450,000円+190,000円}=23,750円$

Ⅱ のれんがある場合の手順

のれんがある場合、のれんにも減損会計を適用します。のれんがある場合の減損会計の手順は次のとおりです。

図解 のれんがある場合の減損処理

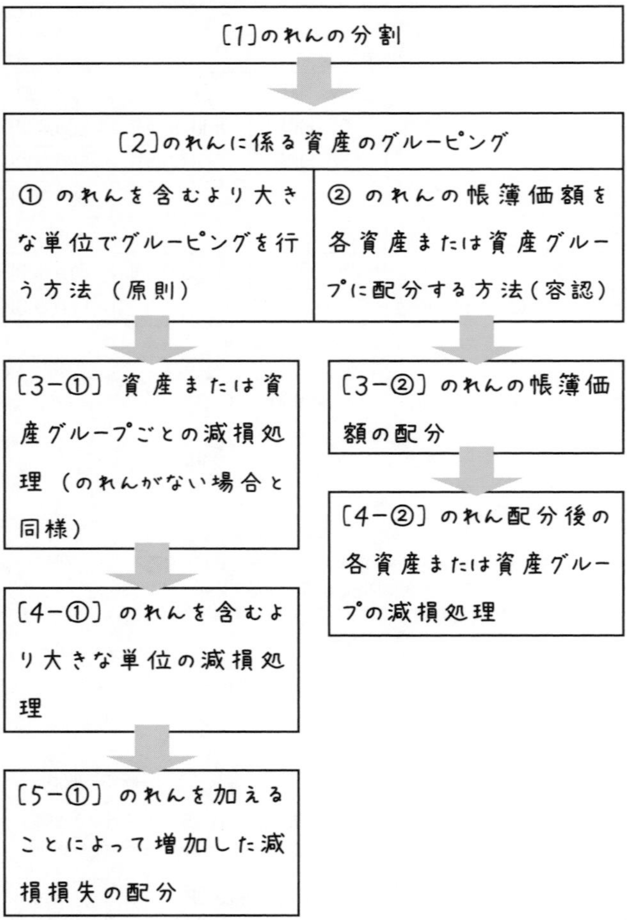

[1]のれんの分割
[2]のれんに係る資産のグルーピング
① のれんを含むより大きな単位でグルーピングを行う方法（原則）
② のれんの帳簿価額を各資産または資産グループに配分する方法（容認）
[3−①] 資産または資産グループごとの減損処理（のれんがない場合と同様）
[4−①] のれんを含むより大きな単位の減損処理
[5−①] のれんを加えることによって増加した減損損失の配分
[3−②] のれんの帳簿価額の配分
[4−②] のれん配分後の各資産または資産グループの減損処理

Ⅲ のれんの分割

複数の事業に係るのれんが生じた場合には、のれんの帳簿価額を各事業の時価などを基準にして分割します。

図解 のれんの分割

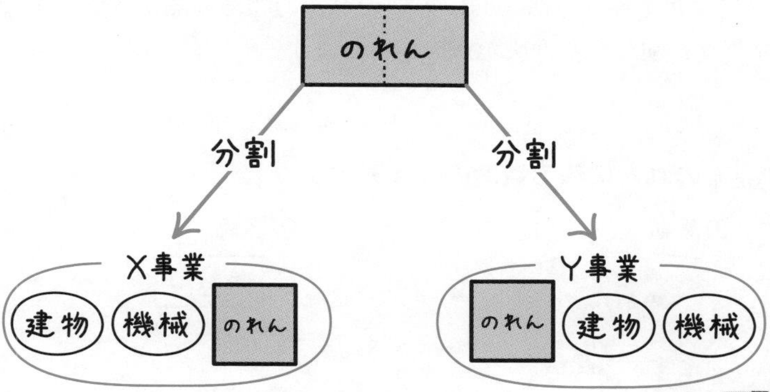

例7 のれんの分割

次の資料にもとづいて、のれんを分割しなさい。このれんはX事業部・Y事業部に係るものである。

［資　料］
1．のれんの未償却残高は25,000円である。
2．のれんが認識された時点におけるX事業部の時価は60,000円、Y事業部の時価は40,000円である。
3．のれんの帳簿価額は各事業部の時価を基準に分割すること。

例7の解答　X事業部に係るのれん：**15,000円**

Y事業部に係るのれん：**10,000円**

〈解説〉
1．X事業部に係るのれん

$$25{,}000円 \times \frac{60{,}000円}{60{,}000円 + 40{,}000円} = 15{,}000円$$

2．Y事業部に係るのれん

$$25{,}000円 \times \frac{40{,}000円}{60{,}000円 + 40{,}000円} = 10{,}000円$$

Ⅳ のれんに係る資産のグルーピング

分割されたのれんの減損処理方法には、のれんを含むより大きな単位でグルーピングを行う方法（**原則**）と、のれんの帳簿価額を各資産または資産グループに配分する方法（**容認**）があります。

図解 のれんに係る資産のグルーピング

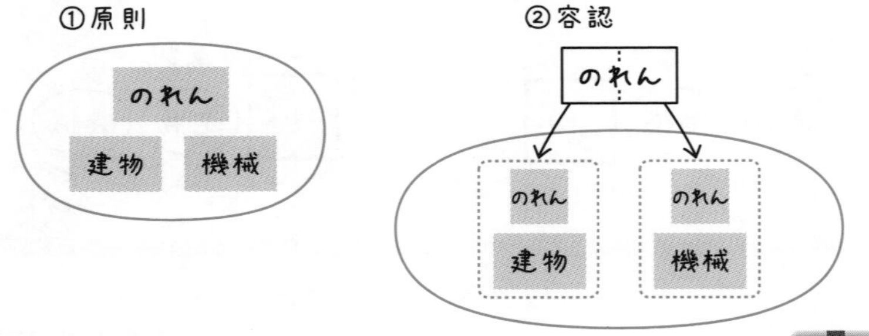

Ⅴ より大きな単位でグルーピングを行う方法（原則）

1 資産または資産グループごとの減損処理

まず、のれんを含めずに、資産または資産グループごとに減損の兆候の把握、減損損失の認識、測定を行います。

ひとこと

この手続きは、通常の減損処理の計算と同じです。

2 のれんを含むより大きな単位の減損処理

次に、のれんを含めて減損の兆候の把握、減損損失の認識、測定を行います。のれんを含めたことによる減損損失増加額は、原則としてのれんに配分します。

なお、減損損失増加額がのれんの帳簿価額を超過する場合、その超過額は各資産に帳簿価額などを基準にして配分します。

例8　のれんがある場合（原則）

次の資料にもとづいて、X事業部の減損損失を計上するための仕訳を示しなさい。なお、のれんを含むより大きな単位で減損損失を認識する方法によること。

［資　料］

(1)　X事業部に係るのれんの帳簿価額は15,000円である。

(2)　機械、備品、およびのれんを含むより大きな単位に減損の兆候が把握された。

(3)　X事業部資産のデータ

	機械	備品	合計
帳簿価額	450,000円	170,000円	620,000円
割引前将来キャッシュ・フロー	420,000円	190,000円	610,000円
回収可能価額	380,000円	175,000円	555,000円

例8の仕訳				
	(減　損　損　失)	80,000	(の　れ　ん)	10,000
			(機　　械)	70,000

〈解説〉

1．資産または資産グループごとの減損処理

ⓐ　機械

①　減損損失の認識

(i)　帳簿価額：450,000円

(ii)　割引前将来キャッシュ・フロー：420,000円

(iii)　(i)>(ii) → 減損損失を認識する

②　減損損失の測定

(i)　回収可能価額：380,000円

∴減損損失：450,000円－380,000円＝70,000円

ⓑ　備品

①　減損損失の認識

(i)　帳簿価額：170,000円

(ii)　割引前将来キャッシュ・フロー：190,000円

(iii)　(i)<(ii) → 減損損失を認識しない

2．のれんを含むより大きな単位の減損処理
ⓐ　帳簿価額の合計：620,000円＋15,000円＝635,000円
ⓑ　減損損失の認識
①　帳簿価額：635,000円
②　割引前将来キャッシュ・フロー：610,000円
③　①＞②　→ 減損損失を認識する
ⓒ　減損損失の測定
(i)　回収可能価額：555,000円
∴減損損失合計：635,000円－555,000円＝80,000円
ⓓ　のれんの減損損失
80,000円(減損損失合計)－70,000円(機械の減損損失)＝10,000円

Ⅵ のれんの帳簿価額を各資産または資産グループに配分する方法（容認）

1 のれんの帳簿価額の配分

まず、のれんの帳簿価額をのれんに関連する各資産または資産グループに合理的な基準で配分します。

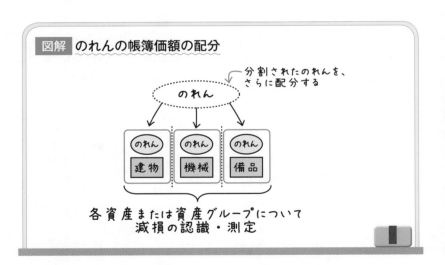

図解 のれんの帳簿価額の配分

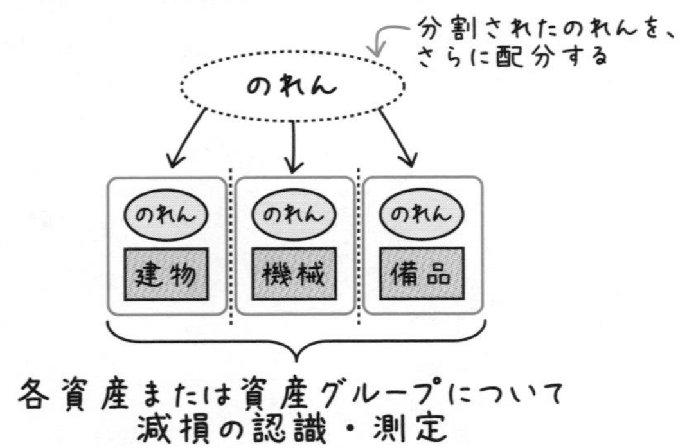

2 のれん配分後の各資産または資産グループの減損処理

次に、各資産または資産グループごとにのれんを含めて、減損の兆候の把握、減損損失の認識、測定を行います。なお、各資産または資産グループで認識された減損損失はのれんに優先的に配分します。

ひとこと

各資産または資産グループで認識された減損損失は帳簿価額などを基準に配分します。

例9　のれんがある場合（容認）

次の資料にもとづいて、X事業部の減損損失を計上するための仕訳を示しなさい。なお、のれんの帳簿価額を各資産に配分する方法によること。

［資　料］

⑴　X事業部に係るのれんの帳簿価額は15,000円である。

⑵　のれんの帳簿価額の、各資産への配分比率は、それぞれ機械70%、備品30%である。

⑶　のれん配分後の機械、備品に減損の兆候が把握される。

⑷　X事業部資産のデータ

	機械	備品
帳簿価額	450,000円	170,000円
のれん配分後の 割引前将来キャッシュ・フロー	420,000円	190,000円
のれん配分後の回収可能価額	380,000円	不明

例9の仕訳				
	（減損損失）	80,500	（のれん）	10,500
			（機械）	70,000

〈解説〉

1．のれん配分後の各資産の帳簿価額

ⓐ　機械

450,000円＋15,000円×70%＝460,500円
（15,000円×70%＝10,500円）

ⓑ　備品

170,000円＋15,000円×30%＝174,500円
（15,000円×30%＝4,500円）

2．のれん配分後の減損処理

ⓐ 機械

① 減損損失の認識

(i) 帳簿価額：460,500円

(ii) 割引前将来キャッシュ・フロー：420,000円

(iii) (i)＞(ii)→減損損失を認識する

② 減損損失の測定

(i) 回収可能価額：380,000円

∴ 減損損失合計：460,500円－380,000円＝80,500円

ⓑ 備品

① 減損損失の認識

(i) 帳簿価額：174,500円

(ii) 割引前将来キャッシュ・フロー：190,000円

(iii) (i)＜(ii)→減損損失を認識しない

3．配分後の機械に係る減損損失の配分

80,500円（減損損失）＞10,500円（のれん配分額）

のれんの減損損失：10,500円

機械の減損損失：70,000円

Ⅶ 共用資産がある場合

1 共用資産とは

共用資産とは、複数の資産または資産グループの将来キャッシュ・フローを生み出すのに貢献する資産をいいます。

ひとこと

たとえば、本社の建物などのように全社的な将来キャッシュ・フローを生み出すのに貢献する資産などが該当します。

2 共用資産がある場合の減損処理

共用資産がある場合の減損処理は、基本的にはのれんがある場合と同様の手続きを行います。減損処理の手続きの流れをまとめると次のとおりです。

図解 共用資産がある場合の減損処理

〔1〕共用資産に係る資産のグルーピング

- ① 共用資産を含むより大きな単位でグルーピングを行う方法（原則）
  - 〔2−①〕資産または資産グループごとの減損処理（共用資産がない場合と同様）
  - 〔3−①〕共用資産を含むより大きな単位の減損処理
  - 〔4−①〕共用資産を加えることによって増加した減損損失の配分
- ② 共用資産の帳簿価額を各資産または資産グループに配分する方法（容認）
  - 〔2−②〕共用資産の帳簿価額の配分
  - 〔3−②〕共用資産配分後の各資産または資産グループの減損処理

ひとこと

のれんの減損処理と異なる点はのれんのように分割を行わない点です。本試験で出題されたときに注意しましょう。

例10　共用資産がある場合（原則）

次の資料にもとづいて、Y事業部の減損損失を計上するための仕訳を示しなさい。なお、共用資産を含めたより大きな単位で減損損失を認識する方法によること。

［資　料］

(1)　機械A、機械B、および共用資産を含むより大きな単位に減損の兆候が把握された。

(2)　Y事業部資産のデータ

	機械A	機械B	共用資産	合計
帳簿価額	200,000円	250,000円	100,000円	550,000円
割引前将来キャッシュ・フロー	205,000円	255,000円	—	510,000円
回収可能価額	210,000円	260,000円	30,000円	500,000円

例10の仕訳　（減　損　損　失）　50,000　（共　用　資　産）　50,000

〈解説〉

1．資産または資産グループごとの減損処理

ⓐ　機械A

①　減損損失の認識

(i)　帳簿価額：200,000円

(ii)　割引前将来キャッシュ・フロー：205,000円

(iii)　(i)＜(ii) → 減損損失を認識しない

ⓑ　機械B

①　減損損失の認識

(i)　帳簿価額：250,000円

(ii)　割引前将来キャッシュ・フロー：255,000円

(iii)　(i)＜(ii) → 減損損失を認識しない

2．共用資産を含むより大きな単位の減損処理

ⓐ　帳簿価額の合計：550,000円

ⓑ　減損損失の認識

①　帳簿価額：550,000円

②　割引前将来キャッシュ・フロー：510,000円

③　①＞② → 減損損失を認識する

ⓒ　減損損失の測定

(i)　回収可能価額：500,000円

∴減損損失合計：550,000円－500,000円＝50,000円

ⓓ　共用資産の減損損失

①　減損処理後の共用資産の帳簿価額：
100,000円（共用資産帳簿価額）－50,000円（減損損失）＝50,000円

②　共用資産の回収可能価額：30,000円

③　①＞② → Y事業部の減損損失は、全額共用資産に負担させたとしても、共用資産の帳簿価額が回収可能価額を下回ることがない。

∴Y事業部の減損損失は、全額共用資産が負担する。

ひとこと

なお、のれんは、帳簿価額の全額に減損損失を負担させることができましたが、共用資産は正味売却価額（回収可能価額）までしか減損損失を負担させることができません。両者の違いをしっかりおさえましょう。

例11　共用資産がある場合（容認）

次の資料にもとづいて、Y事業部の減損損失を計上するための仕訳を示しなさい。なお、共用資産の帳簿価額を各資産に配分する方法によること。

［資　料］

(1)　共用資産の帳簿価額の、各資産への配分比率は、それぞれ機械A70%、機械B30%である。

(2)　共用資産配分後の機械A、機械Bに減損の兆候が把握される。

(3)　減損損失が生じた場合、共用資産配分前の帳簿価額と共用資産の配分額にもとづいて当該減損損失を配分すること。

(4)　Y事業部資産のデータ

	機械A	機械B	共用資産
帳簿価額	200,000円	250,000円	100,000円
共用資産配分後の 割引前将来キャッシュ・フロー	300,000円	255,000円	―
共用資産配分後の回収可能価額	不明	259,000円	―

例11の仕訳	(減　損　損　失)	21,000	(共　用　資　産)	2,250
			(機　　械　　B)	18,750

〈解説〉

1．共用資産配分後の各資産の帳簿価額

ⓐ　機械A

200,000円＋100,000円×70%＝270,000円
（100,000円×70%：70,000円）

ⓑ　機械B

250,000円＋100,000円×30%＝280,000円
（100,000円×30%：30,000円）

2．共用資産配分後の減損処理

ⓐ　機械Ａ

①　減損損失の認識

(i)　帳簿価額：270,000円

(ii)　割引前将来キャッシュ・フロー：300,000円

(iii)　(i)<(ii)→減損損失を認識しない

ⓑ　機械Ｂ

①　減損損失の認識

(i)　帳簿価額：280,000円

(ii)　割引前将来キャッシュ・フロー：255,000円

(iii)　(i)>(ii)→減損損失を認識する

②　減損損失の測定

(i)　回収可能価額：259,000円

∴　減損損失合計：280,000円－259,000円＝21,000円

3．配分後の機械Ｂに係る減損損失の配分

$$\text{機 械 B}：21{,}000円\times\frac{配分前の簿価250{,}000円}{配分後の簿価280{,}000円}＝18{,}750円$$

$$\text{共用資産}：21{,}000円\times\frac{配分額30{,}000円}{配分後の簿価280{,}000円}＝2{,}250円$$

ひとこと

なお、のれんと異なり、減損損失を優先的に共用資産に配分するという処理は行いません。減損損失は、問題文の指示にしたがい配分前の資産の帳簿価額と共用資産の配分額の比率などで按分します。

6 減損損失の表示

減損処理を行った資産の貸借対照表における表示は、原則として、減損処理前の取得原価から減損損失を直接控除し、控除後の金額をその後の取得原価とする形式で行います（**直接控除形式**）。

ただし、資産の取得原価から間接控除する形式で表示することもできます（**独立間接控除形式**）。この場合、減損損失累計額を減価償却累計額に合算して表示することもできます（**合算間接控除形式**）。

●減損損失の表示

◆原則：直接控除形式

取得原価から減損損失を直接控除して表示

機　　　械	2,400	
減価償却累計額	△1,200	1,200

◆容認①：独立間接控除形式

取得原価から減損損失累計額を控除する形式で表示

機　　　械	3,000	
減価償却累計額	△1,200	
減損損失累計額	△　600	1,200

◆容認②：合算間接控除形式

取得原価から減価償却累計額と合算して控除する形式（「減価償却累計額及び減損損失累計額」として表示しても可）

機　　　械	3,000	
減価償却累計額	△1,800	1,200

㈲　減価償却累計額に減損損失累計額が600円含まれている。

問1　減損会計（資産のグルーピング）

次の資料にもとづいて、減損損失を計上するための仕訳を示しなさい。

［資　料］

当期末に保有する有形固定資産の状況は次のとおりである。これらの資産は一体となってキャッシュ・フローを生み出しているため、個々にキャッシュ・フロー等を把握することはできない。なお、減損損失は、帳簿価額にもとづいて各資産に配分すること。

	建　物	備　品	機　械	合　計
帳簿価額	600,000円	200,000円	450,000円	1,250,000円
減損の兆候	—	—	—	あり
割引前将来キャッシュ・フロー	—	—	—	1,062,000円
正味売却価額	—	—	—	880,000円
将来キャッシュ・フローの現在価値	—	—	—	925,000円

問2　減損会計（のれんがある場合・原則）

次の資料にもとづいて、X事業部の減損損失を計上するための仕訳を示しなさい。なお、のれんを含むより大きな単位で減損損失を認識する方法によること。

［資　料］

1．のれんの未償却残高は25,000円である。
2．上記のれんは、前期にX事業とY事業を営む他社を買収した際に計上したものである。なお、のれんが認識された時点におけるX事業部資産の時価は60,000円、Y事業部資産の時価は40,000円である。
3．のれんの帳簿価額は各事業部の時価を基準に分割すること。
4．建物、機械、およびのれんを含むより大きな単位に減損の兆候が把握された。

5．X事業部資産のデータ

	土　地	建　物	機　械	のれん	合　計
帳簿価額	460,000円	340,000円	215,000円	?	?
割引前将来キャッシュ・フロー	—	350,000円	209,000円	—	1,020,000円
回収可能価額	—	345,000円	190,000円	—	995,000円

問３　減損会計（のれんがある場合・容認）

次の資料にもとづいて、X事業部の減損損失を計上するための仕訳を示しなさい。

［資　料］

1．のれんを認識した取引においてX事業部とY事業部が取得されている。

2．のれんの帳簿価額（12,500円）は各事業の、のれんが認識されたときの時価の比率によって分割すること。

なお、のれんが認識された時点でのX事業部の時価は45,000円、Y事業部の時価は11,250円である。

3．のれんの帳簿価額を各資産に配分する方法を採用しており、のれんの帳簿価額の各資産への配分比率は、それぞれ建物20％、機械30％、備品50％である。

4．配分後の機械および備品に減損の兆候が把握された。

5．X事業部の各資産の状況は以下のとおりである。

	建物	機械	備品	のれん
帳簿価額	10,500円	15,000円	21,000円	？円
割引前将来ＣＦ（のれん配分後）	不明	19,500円	8,000円	−
回収可能価額（のれん配分後）	不明	不明	6,500円	−

問４　減損会計（共用資産がある場合・原則）

当期末に保有する以下の機械、備品および共用資産について減損の兆候が認められた。よって、機械、備品および共用資産のそれぞれについて、減損損失を認識するか否かを判断し、減損損失を認識する場合には、減損損失を計上するための仕訳を示しなさい。なお、共用資産を含めて減損損失を認識する場合には、共用資産を加えることによって算定された減損損失の増加額を共用資産に対する減損損失とする。

	機　械	備　品	共用資産
取得価額	350,000円	250,000円	300,000円
減価償却累計額	125,000円	165,000円	160,000円
割引前将来キャッシュ・フロー	210,000円	92,500円	—
正味売却価額	200,000円	85,500円	125,000円
将来キャッシュ・フローの現在価値	190,000円	89,500円	—

（注）共用資産を含む割引前将来キャッシュ・フローの合計は420,000円、共用資産を含む将来キャッシュ・フローの現在価値の合計は380,500円である。

問５　減損会計（共用資産がある場合・容認）

次の資料にもとづいて、減損損失を計上するための仕訳を示しなさい。

［資　料］

1．共用資産の帳簿価額を各資産に配分したうえで、共用資産配分後の資産ごとに減損損失を認識するかどうかを判定する方法を採用する。なお、共用資産の各資産への配分比率は建物50％、機械40％、備品10％であった。

2．当期末において減損の兆候を検討したところ、共用資産配分後の甲事業部の建物と機械に減損の兆候があると判断された。

3．減損損失が生じた場合、共用資産配分前の帳簿価額と共用資産の配分額にもとづいて当該減損損失を配分すること。

4．甲事業部の各資産および共用資産の当期末における状況は以下のとおりである。

	建物	機械	備品	土地（共用資産）
取得価額	200,000円	60,000円	25,000円	100,000円
減価償却累計額	50,000円	10,000円	5,000円	－
割引前将来ＣＦ（共用資産配分後）	180,000円	86,000円	－	－
回収可能価額（共用資産配分後）	140,000円	81,000円	－	－

解答

問1　減損会計（資産のグルーピング）

（減損損失）	325,000	（建物）	156,000
		（備品）	52,000
		（機械）	117,000

〈解説〉

1．減損損失の認識

① 全体の帳簿価額：1,250,000円

② 割引前将来キャッシュ・フロー：1,062,000円

③ ①＞② → 減損損失を認識する

2．減損損失の測定

① 正味売却価額：880,000円

② 使用価値：925,000円

③ 回収可能価額：①＜② → 925,000円

∴減損損失：1,250,000円－925,000円＝325,000円

3．減損損失の配分

① 建物：$325{,}000円\times\dfrac{600{,}000円}{600{,}000円+200{,}000円+450{,}000円}=156{,}000円$

② 備品：$325{,}000円\times\dfrac{200{,}000円}{600{,}000円+200{,}000円+450{,}000円}=52{,}000円$

③ 機械：$325{,}000円\times\dfrac{450{,}000円}{600{,}000円+200{,}000円+450{,}000円}=117{,}000円$

問2　減損会計（のれんがある場合・原則）

（減損損失）	35,000	（のれん）	10,000
		（機械）	25,000

〈解説〉

1．のれんの分割

X事業部に係るのれん：$25{,}000円\times\dfrac{60{,}000円}{60{,}000円+40{,}000円}=15{,}000円$

2．資産または資産グループごとの減損処理

土地には減損の兆候が把握されていないため、土地以外の建物および機械の減損損失の認識の判定を行います。

(1) 建物

① 減損損失の認識

(i) 帳簿価額：340,000円

(ii) 割引前将来キャッシュ・フロー：350,000円

(iii) (i)＜(ii) → 減損損失の認識をしない

(2) 機械

① 減損損失の認識

(i) 帳簿価額：215,000円

(ii) 割引前将来キャッシュ・フロー：209,000円

(iii) (i)>(ii) → 減損損失の認識をする

② 減損損失の測定

(i) 回収可能価額：190,000円

∴減損損失：215,000円－190,000円＝25,000円

3．のれんを含むより大きな単位の減損処理

(1) 帳簿価額の合計

1,015,000円＋15,000円＝1,030,000円

(2) 減損損失の認識

① 帳簿価額の合計：1,030,000円

② 割引前将来キャッシュ・フロー：1,020,000円

③ ①>② → 減損損失を認識する

(3) 減損損失の測定

① 回収可能価額：995,000円

∴減損損失合計：1,030,000円－995,000円＝35,000円

(4) のれんの減損損失

35,000円－25,000円＝10,000円

問3　減損会計（のれんがある場合・容認）

(減損損失)	19,500	(の れ ん)	5,000
		(備 品)	14,500

〈解説〉

1．のれんの分割

(1) X事業部に係るのれん

$$12{,}500円 \times \frac{45{,}000円}{45{,}000円 + 11{,}250円} = 10{,}000円$$

(2) Y事業部に係るのれん

$$12{,}500円 \times \frac{11{,}250円}{45{,}000円 + 11{,}250円} = 2{,}500円$$

2．のれん配分後の各資産の帳簿価額

建物：10,500円＋10,000円×20%＝12,500円

機械：15,000円＋10,000円×30%＝18,000円

備品：21,000円＋10,000円×50%＝26,000円

3．のれん配分後の減損処理

建物には減損の兆候が把握されていないため、建物以外の資産の減損損失の認識の判定を行います。

(1) 機械

① 減損損失の認識

(i) 帳簿価額：18,000円
(ii) 割引前将来キャッシュ・フロー：19,500円
(iii) (i)<(ii) → 減損損失を認識しない
(2) 備品
① 減損損失の認識
(i) 帳簿価額：26,000円
(ii) 割引前将来キャッシュ・フロー：8,000円
(iii) (i)>(ii) → 減損損失を認識する
② 減損損失の測定
(i) 回収可能価額：6,500円
∴減損損失合計：26,000円－6,500円＝19,500円
4．配分後の備品に係る減損損失の配分
19,500円（減損損失）>5,000円（のれん配分額）
のれんの減損損失：5,000円
備品の減損損失：19,500円－5,000円＝14,500円

問4　減損会計（共用資産がある場合・原則）

(減損損失)	39,500	(機械)	25,000
		(共用資産)	14,500

〈解説〉
1．資産または資産グループごとの減損処理
(1) 機械
① 減損損失の認識
(i) 帳簿価額：350,000円－125,000円＝225,000円
(ii) 割引前将来キャッシュ・フロー：210,000円
(iii) (i)>(ii) → 減損損失を認識する
② 減損損失の測定
(i) 正味売却価額：200,000円
(ii) 使用価値：190,000円
(iii) 回収可能価額：(i)>(ii) → 200,000円
∴減損損失：225,000円－200,000円＝25,000円
(2) 備品
① 減損損失の認識
(i) 帳簿価額：250,000円－165,000円＝85,000円
(ii) 割引前将来キャッシュ・フロー：92,500円
(iii) (i)<(ii) → 減損損失を認識しない

2．共用資産を含むより大きな単位の減損処理

⑴ 減損損失の認識

取得原価合計：350,000円＋250,000円＋300,000円＝900,000円

減価償却累計額合計：125,000円＋165,000円＋160,000円＝450,000円

① 帳簿価額：900,000円－450,000円＝450,000円

② 割引前将来キャッシュ・フロー：420,000円

③ ①＞② → 減損損失を認識する

⑵ 減損損失の測定

① 正味売却価額：200,000円＋85,500円＋125,000円＝410,500円

② 使用価値：380,500円

③ 回収可能価額：①＞② → 410,500円

∴減損損失合計：450,000円－410,500円＝39,500円

⑶ 共用資産の減損損失

39,500円－25,000円＝14,500円

140,000円－14,500円＞125,000円　∴14,500円

問5　減損会計（共用資産がある場合・容認）

(減損損失)	69,000	(建物)	45,000
		(機械)	5,000
		(土地)	19,000

〈解説〉

1．共用資産配分後の各資産の帳簿価額

⑴ 建物

200,000円－50,000円＋100,000円×50％＝200,000円
（100,000円×50％＝50,000円）

⑵ 機械

60,000円－10,000円＋100,000円×40％＝90,000円
（100,000円×40％＝40,000円）

⑶ 備品

25,000円－5,000円＋100,000円×10％＝30,000円
（100,000円×10％＝10,000円）

2．共用資産配分後の減損処理

備品には減損の兆候が把握されていないため、備品以外の資産の減損損失の認識の判定を行います。

⑴ 建物

① 減損損失の認識

(i) 帳簿価額：200,000円

(ii) 割引前将来キャッシュ・フロー：180,000円

(iii) (i)＞(ii) → 減損損失を認識する

② 減損損失の測定

（i） 回収可能価額：140,000円

∴減損損失合計：200,000円－140,000円＝60,000円

(2) 機械

① 減損損失の認識

（i） 帳簿価額：90,000円

（ii） 割引前将来キャッシュ・フロー：86,000円

（iii） （i）>（ii） → 減損損失を認識する

② 減損損失の測定

（i） 回収可能価額：81,000円

∴減損損失合計：90,000円－81,000円＝9,000円

3．減損損失の配分

(1) 建物

$$\text{建物：}60{,}000\text{円} \times \frac{\text{配分前の簿価}150{,}000\text{円}}{\text{配分後の簿価}200{,}000\text{円}} = 45{,}000\text{円}$$

$$\text{土地：}60{,}000\text{円} \times \frac{\text{配分額}50{,}000\text{円}}{\text{配分後の簿価}200{,}000\text{円}} = 15{,}000\text{円}$$

(2) 機械

$$\text{機械：}9{,}000\text{円} \times \frac{\text{配分前の簿価}50{,}000\text{円}}{\text{配分後の簿価}90{,}000\text{円}} = 5{,}000\text{円}$$

$$\text{土地：}9{,}000\text{円} \times \frac{\text{配分額}40{,}000\text{円}}{\text{配分後の簿価}90{,}000\text{円}} = 4{,}000\text{円}$$

CHAPTER 05

無形固定資産と繰延資産

◆特別に資産計上できる！

ここでは無形固定資産と繰延資産について学習します。無形固定資産については2級の復習がほとんどですので、知識の再確認のつもりで学習しましょう。繰延資産については、2級では費用として処理していたもののうち、一定の条件にあてはまるものを繰延資産として資産計上する処理を学習します。

▶ 1級で学習する内容

無形固定資産	
2級までに学習済み	1級で学習する内容
のれんなど	のれんなど

繰延資産	
	創立費・開業費など

1 無形固定資産

Ⅰ 無形固定資産とは

無形固定資産とは、特許権や商標権など、長期にわたり会社に経済的な利益をもたらす資産であり、具体的な形のないものをいいます。

この無形固定資産は、次のように分類されます。

●無形固定資産の種類

◆法的資産（法律上の権利）

特許権：特定の発明を排他的に利用できる権利

商標権：商標を排他的に利用できる権利

借地権：建物の所有を目的とする地上権または土地賃借権

※　ほかに、実用新案権、ソフトウェア、鉱業権などがあります。

◆経済的資産（同業他社と比べて経済的に優位性があるもの）

のれん：合併や買収に際して取得したブランド力などの超過収益力

ひとこと

ソフトウェアは無形固定資産に含まれますが、学習する会計処理が若干多いため CHAPTER 06 で学習します。

Ⅱ 無形固定資産の会計処理

無形固定資産の取得時は取得に要した支出額（取得原価）で計上し、決算時には有形固定資産と同様に償却を行います。

決算時における無形固定資産の償却は、残存価額を０円、償却方法を定額法で計算します。

なお、鉱業権については生産高比例法によることも認められています。

図解 無形固定資産の償却と有形固定資産の減価償却の違い

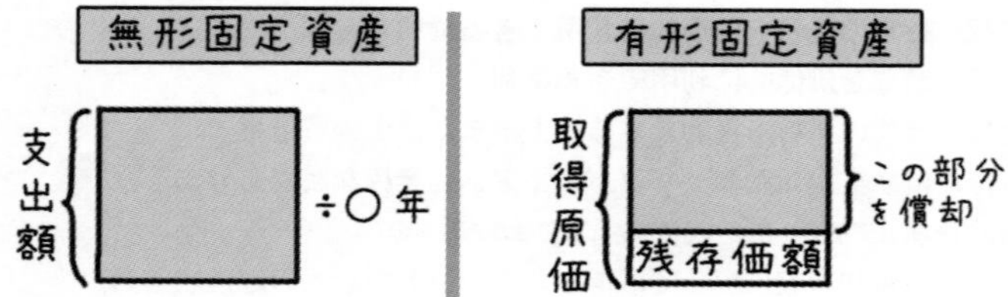

無形固定資産
- 残存価額は0円
- 償却方法は定額法
- 記帳方法は直接法

有形固定資産
- 残存価額は0円とは限らない
- 償却方法は定額法、定率法、生産高比例法などがある
- 記帳方法は直接法または間接法

ひとこと

のれんの償却は、通常、20年以内で月割償却します。本試験では問題文の指示にしたがってください。

例1　無形固定資産の償却

(1) 当期首に発生したのれん80,000円をその最長償却期間にわたって規則的に償却する。

(2) 当期首に石油の鉱業権を30,000円で取得した。20年間にわたり採掘が可能とみられ、最初の10年間は毎年10万バレル、その後の10年間は毎年５万バレルの採掘ができると推定されている。なお、当期の採掘は見込みどおり行われており、生産高比例法によって期末に償却を行う。

例１の仕訳(1)	(のれん償却額)	4,000[*1]	(の　れ　ん)	4,000
(2)	(鉱業権償却)	2,000[*2]	(鉱　業　権)	2,000

＊１　80,000円÷20年＝4,000円

＊２　$30,000円 \times \frac{10万バレル}{10万バレル \times 10年 + 5万バレル \times 10年} = 2,000円$

2 繰延資産

I 繰延資産とは

繰延資産とは、将来の期間に影響する特定の費用を、費用収益対応の原則にもとづいて例外的に資産として計上することが認められた費用のことです。

なお、繰延資産は次の要件を満たしたものにかぎり資産計上することができます。

●繰延資産の要件

❶ すでに代価の支払いが完了し、または支払義務が確定していること
❷ ❶に対応する役務の提供を受けていること
❸ その効果が将来にわたって発現するものと期待されていること

これならわかる!!

会社の設立時に支払った設立登記の登録免許税（創立費）を例にとって考えてみましょう。

❶ 会社設立時に支払った登録免許税は、設立登記時にすでに支払いが完了しています。
❷ 登録免許税を支払い、設立登記をすると会社の設立が法律的に認められるわけですから、役務（サービス）の提供もすでに受けています。
❸ 設立登記をすることにより会社が設立され、存続するので、会社設立時に支払った登録免許税（創立費）は、会社が消滅するまで将来にわたってその効果が続くと考えられます。

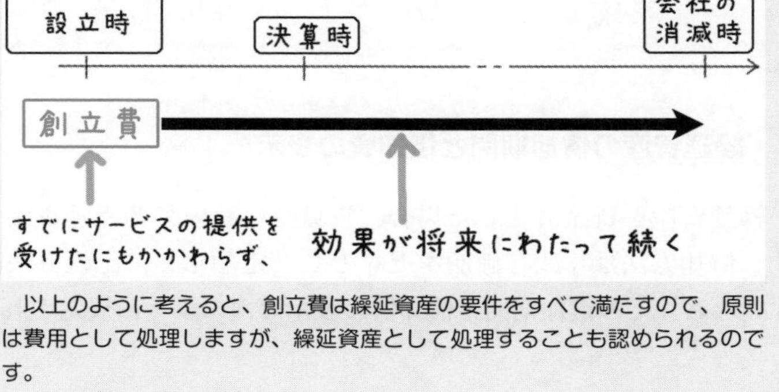

以上のように考えると、創立費は繰延資産の要件をすべて満たすので、原則は費用として処理しますが、繰延資産として処理することも認められるのです。

Ⅱ 繰延資産の種類

繰延資産は原則として支出時の費用ですが、例外として次の項目については要件を満たしているのを前提に資産計上が認められています。

●繰延資産の種類

◆創　立　費：会社を設立する際に要した費用
◆開　業　費：会社設立後、営業開始までに要した費用
◆開　発　費：新技術や新経営組織の採用および市場の開拓などに要した費用
◆株式交付費：新株発行、自己株式の処分の際に要した費用
◆社債発行費等：社債および新株予約権の発行の際に要した費用

Ⅲ 費用を支出したとき

繰延資産として処理することができる費用を支出したときは、その取得に要した支出額をもって**創立費**などで処理します。

例2　費用を支出したとき

(1) 会社の設立にあたって、設立費用1,000円を現金で支払った。
(2) 増資（新株発行）にあたって、株式発行費用3,600円を現金で支払った。
(3) 社債の発行にあたって、社債発行費用7,200円を現金で支払った。

例2の仕訳(1)	（創　立　費）	1,000	（現　金）	1,000
(2)	（株式交付費）	3,600	（現　金）	3,600
(3)	（社債発行費）	7,200	（現　金）	7,200

Ⅳ 繰延資産の償却期間と償却費の表示

繰延資産を資産計上した場合、決算時において各繰延資産を償却します。償却方法は、残存価額をゼロとした定額法で、記帳方法は直接法です。なお、その償却期間と償却費の表示は次のように規定されています。

●繰延資産の償却期間と償却費の表示（容認規定）

◆創　立　費：5年以内 → 営業外費用
◆開　業　費：5年以内 → 営業外費用（または販売費及び一般管理費）
◆開　発　費：5年以内 → 販売費及び一般管理費（または売上原価）
◆株式交付費：3年以内 → 営業外費用
◆社債発行費等：社債の償還期間内 → 営業外費用（新株予約権の発行のための費用は3年以内に定額法により償却）

繰延資産の償却額は、創立費償却や株式交付費償却、社債発行費償却などで処理します。

例3 ―――――――――――――――― **決算時**

決算において、以下の繰延資産を償却する。なお、決算日は3月31日である。
(1)　創立費1,000円は当期首に支出したもので、5年で償却する。
(2)　株式交付費3,600円は当期の6月1日に支出したもので、3年で月割償却をする。
(3)　社債発行費7,200円は当期の11月1日に支出したもので、償還期間（6年）で月割償却する。

例3の仕訳

	借方科目	金額	貸方科目	金額
(1)	（創立費償却）	200*1	（創立費）	200
(2)	（株式交付費償却）	1,000*2	（株式交付費）	1,000
(3)	（社債発行費償却）	500*3	（社債発行費）	500

＊1　1,000円÷5年＝200円

＊2　$3{,}600円 \div 3年 \times \frac{10か月}{12か月} = 1{,}000円$

＊3　$7{,}200円 \div 6年 \times \frac{5か月}{12か月} = 500円$

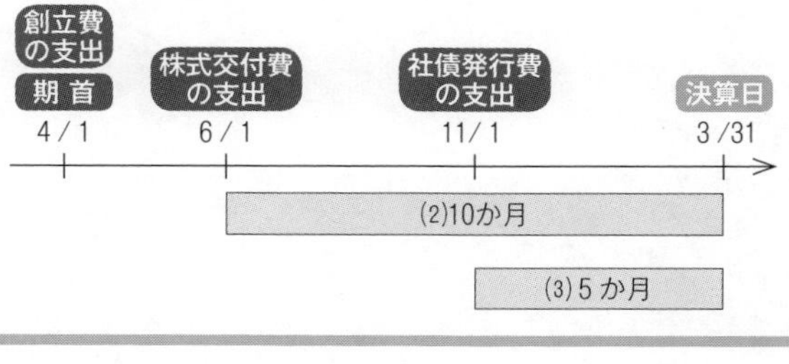

問1　無形固定資産

決算整理前残高試算表に計上されている特許権はすべて×1年6月15日に取得したものであり、商標権はすべて×2年9月25日に取得したものである。当期の決算日は×3年3月31日であり、特許権は8年、商標権は10年で月割償却を行っている。期末において必要な決算整理仕訳を示しなさい。

決算整理前残高試算表　　　（単位：円）

特許権	172,000	
商標権	588,000	

問2　繰延資産

次の取引について仕訳を示しなさい。

(1)　当社は、会社設立後営業開始時までに支出した費用100,000円を繰延資産として処理しており、決算において5年で定額法により償却する。なお、当該費用は当期首に支出したものである。

(2)　当社は、新経営組織を採用するために支出した費用75,000円を繰延資産として処理しており、決算において5年で定額法により月割償却する。なお、当該費用は当期の12月1日に支出したものであり、当社の決算日は3月31日である。

(3)　当社は、会社設立時に支出した定款作成費用や創立総会に関する費用45,000円を繰延資産として処理しており、決算において5年で定額法により償却する。なお、当該費用は当期首に支出したものである。

解答

問1　無形固定資産

(特許権償却)	24,000＊1	(特許権)	24,000
(商標権償却)	34,300＊4	(商標権)	34,300

＊1　172,000円＊2 × $\frac{12か月}{86か月^{*3}}$ = 24,000円

＊2　前期の償却額控除後の金額

＊3　８年×12か月－10か月＝86か月

＊4　588,000円 × $\frac{7か月}{120か月}$ = 34,300円

問2　繰延資産

(1)	(開業費償却)	20,000＊1	(開業費)	20,000
(2)	(開発費償却)	5,000＊2	(開発費)	5,000
(3)	(創立費償却)	9,000＊3	(創立費)	9,000

＊1　100,000円÷５年＝20,000円

＊2　75,000円 × $\frac{4か月}{60か月}$ = 5,000円

＊3　45,000円÷５年＝9,000円

CHAPTER 06

研究開発費とソフトウェア

◆費用処理するか資産計上するかに注意！

ここでは研究開発費とソフトウェアについて学習していきます。

研究開発費とソフトウェアは密接にかかわってくる論点なのであわせておさえましょう。ソフトウェアは制作目的別の処理をおさえ、単なる公式の暗記ではなく、自分がいまなにを計算しているか考えながら処理するのがポイントです。

▶ 1級で学習する内容

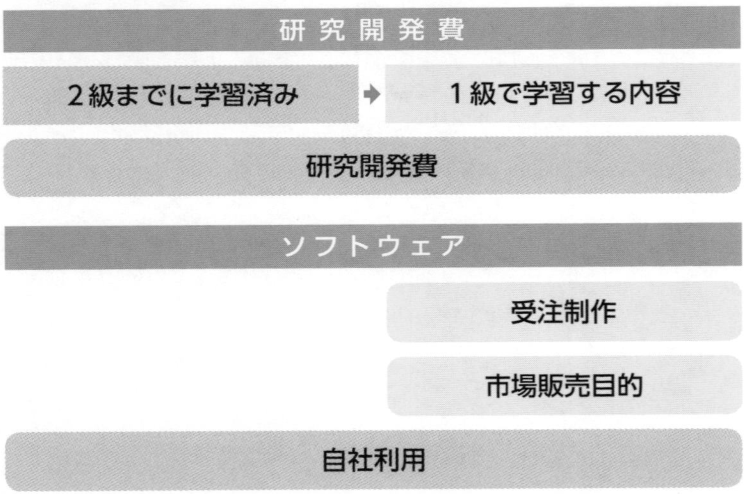

1 研究開発費

I 研究開発費とは

研究開発費とは、**研究**および**開発**に係る活動から生じる費用です。

●研究と開発

◆研究：新しい知識の発見を目的とした計画的な調査および探究

◆開発：製品など（新しい製品・サービス・生産方法）についての計画・設計、または、既存の製品などを著しく改良するための計画・設計として、研究の成果その他の知識を具体化すること

図解　研究開発費

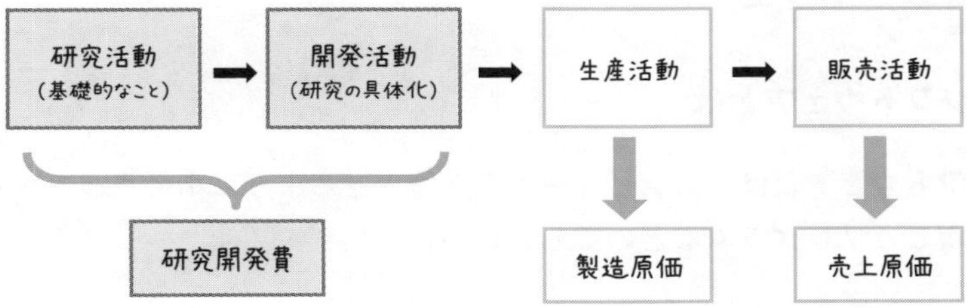

Ⅱ 研究開発費の会計処理

研究開発費はすべて発生時に費用（販売費及び一般管理費）として処理します。

また、特定の研究開発目的にのみ使用され、ほかの目的に使用できない機械装置や特許権などを取得した場合の原価は、取得時の研究開発費として処理します。

ひとこと

製造現場において研究開発活動が行われ、かつ、その研究開発に要した費用を一括して製造現場で発生する原価に含めて計上しているような場合が認められるようなときには、例外的に当期製造費用に算入することも認められています。

例 1 ─────────── **研究開発費**

新製品の開発のため、以下の費用を現金で支払った。

(1) 開発に従事している職員の給料 7,000円

(2) 新製品の開発に用いられる特別仕様の機械装置の購入費用（ほかの目的には使用できない仕様である） 8,000円

例 1 の仕訳	（研究開発費）	15,000*	（現　　金）	15,000

＊ 7,000円＋8,000円＝15,000円

2 ソフトウェア

Ⅰ ソフトウェアとは

ソフトウェアとは、コンピュータを機能させるように指令を組み合わせて表現したプログラムなどのことをいいます。

Ⅱ ソフトウェア制作費の会計処理

ソフトウェアの制作費は、その取得形態（自社制作、外部購入）ではなく制作目的ごとに会計処理が決められています。

ソフトウェアの制作目的は、次のように分類されます。

図解 ソフトウェアの制作目的別分類

- ソフトウェア
  - 研究開発目的のソフトウェア
  - 研究開発目的以外
    - 受注制作のソフトウェア
    - 市場販売目的のソフトウェア
    - 自社利用のソフトウェア

1 研究開発目的のソフトウェア

研究開発目的のソフトウェアの制作費は、**研究開発費**としてすべて発生時に費用処理します。

2 受注制作のソフトウェア

受注制作のソフトウェアとは、契約の形式にかかわらず、特定の顧客向けに制作され、提供されるソフトウェアをいいます

収益認識基準の適用下では、他の業種と同様、５つのステップを経て収益を計上します。

なお、受注制作のソフトウェアにかかる契約は、通常、一定の期間にわたり充足される履行義務をともなうため、工事契約に準じて会計処理を行います。

図解 受注制作のソフトウェアの会計処理

- 進捗度にもとづき一定の期間にわたり収益を認識
- 完全に履行義務を充足した時点で収益を認識
- 原価回収基準

3 市場販売目的のソフトウェア

市場販売目的のソフトウェアの制作費は、研究開発費に該当する部分を除いて、**ソフトウェア**として処理します。

なお、この市場販売目的のソフトウェアが完成するまでの支出は、次のように分類されます。

図解 完成品ができるまでの支出の分類

<table>
<tr><td colspan="3">製品マスター完成までの費用</td><td rowspan="2">研究開発費</td></tr>
<tr><td rowspan="3">製品マスター完成後の費用</td><td rowspan="2">改良、強化のための支出</td><td>著しい改良</td></tr>
<tr><td>上記以外</td><td>無形固定資産</td></tr>
<tr><td colspan="2">機能維持のための支出（バグ取りなど）</td><td>費用として処理</td></tr>
</table>

4 自社利用のソフトウェア

自社利用のソフトウェアの取得に要した費用は、将来の収益獲得または費用削減が確実な場合には**ソフトウェア**として処理します。

ひとこと

将来の収益獲得または費用削減が確実な場合とは、たとえば完成品を購入した場合や、外部へサービスを提供する契約が締結されている場合などが該当します。

図解 ソフトウェア制作費の処理まとめ

研究開発目的のソフトウェア	研究開発費
受注制作のソフトウェア*1	収益認識に応じて処理
市場販売目的のソフトウェア*1	ソフトウェア（無形固定資産）*2
自社利用のソフトウェア*1	ソフトウェア（無形固定資産）*3

*1　研究開発に該当する部分は研究開発費として処理
*2　機能維持のための支出は費用処理
*3　将来の収益獲得または費用削減が確実な場合以外は費用処理

3 市場販売目的のソフトウェア

I ソフトウェアの償却（市場販売目的）

市場販売目的のソフトウェアのうち無形固定資産として計上したものは、**見込販売数量**、または**見込販売収益**にもとづいて償却を行います。

なお、毎期の償却額は、残存有効期間（原則3年以内）にもとづく均等配分額（ソフトウェアの当期首未償却残高÷残存有効期間）を下回らないように処理します。

さらに、償却後の未償却残高が次期以降の見込販売収益を超過した場合には、その超過額はソフトウェア償却に含めて費用処理します。

●見込販売数量または見込販売収益にもとづく償却額

$$\text{当期首未償却残高} \times \frac{\text{当期の実績販売数量（実績販売収益）}}{\text{当期首の見込販売数量（見込販売収益）}}$$

⇕ いずれか大きい額

●残存有効期間にもとづく均等配分額

当期首未償却残高÷ 残存有効期間

＋

●償却後の未償却残高が次期以降の見込販売収益を超過している場合

償却後の未償却残高 ＞ 次期以降の見込販売収益
⇒超過額をソフトウェアの償却額に含める

例2 ―――― 市場販売目的のソフトウェア①

次の資料にもとづいて、各年度の決算時における仕訳を示しなさい。

［資　料］

(1)　×1年度に、市場販売目的のソフトウェアの制作費1,500,000円を無形固定資産として計上した。当該ソフトウェアの見込有効期間は3年である。

(2)　販売開始時における見込販売数量および見込販売収益は次のとおりである。

	見込販売数量	見込販売単価	見込販売収益
×1年度	5,500個	200円	1,100,000円
×2年度	3,500個	150円	525,000円
×3年度	6,000個	100円	600,000円
合　計	15,000個	—	2,225,000円

(3)　販売開始時における見込みどおりに各年度の販売収益が計上された。また、当該ソフトウェアの見込有効期間に変更はなかった。

(4)　計算過程で端数が生じた場合には円未満をそのつど四捨五入すること。

問1　見込販売数量にもとづいて償却を行う場合

問2　見込販売収益にもとづいて償却を行う場合

例2の仕訳　問1　見込販売数量にもとづいて償却を行う場合

×1年度末	（ソフトウェア償却）	550,000	（ソフトウェア）	550,000
×2年度末	（ソフトウェア償却）	475,000	（ソフトウェア）	475,000
×3年度末	（ソフトウェア償却）	475,000	（ソフトウェア）	475,000

問2　見込販売収益にもとづいて償却を行う場合

×1年度末	（ソフトウェア償却）	741,573	（ソフトウェア）	741,573
×2年度末	（ソフトウェア償却）	379,214	（ソフトウェア）	379,214
×3年度末	（ソフトウェア償却）	379,213	（ソフトウェア）	379,213

〈解説〉

1．(1)　×1年度末

①　見込販売数量にもとづく償却額

$1,500,000円 \times \frac{5,500個}{15,000個} = 550,000円$

②　残存有効期間にもとづく均等配分額

1,500,000円÷3年＝500,000円

①＞② → 550,000円

③ 次期以降の見込販売収益との比較

(i) 償却後の未償却残高：1,500,000円－550,000円＝950,000円

(ii) 次期以降の見込販売収益：525,000円＋600,000円＝1,125,000円

(iii) (i)＜(ii) → 不要

(2) ×2年度末

① 見込販売数量にもとづく償却額

$$950{,}000円 \times \frac{3{,}500個}{3{,}500個 + 6{,}000個} = 350{,}000円$$

② 残存有効期間にもとづく均等配分額

950,000円÷２年＝475,000円

①＜② → 475,000円

③ 次期以降の見込販売収益との比較

(i) 償却後の未償却残高：1,500,000円－550,000円－475,000円
＝475,000円

(ii) 次期以降の見込販売収益：600,000円

(iii) (i)＜(ii) → 不要

(3) ×3年度末

最終年度のため未償却残高の全額を償却します。

1,500,000円－550,000円－475,000円＝475,000円

2．(1) ×1年度末

① 見込販売収益にもとづく償却額

$$1{,}500{,}000円 \times \frac{1{,}100{,}000円}{2{,}225{,}000円} \fallingdotseq 741{,}573円$$

② 残存有効期間にもとづく均等配分額

1,500,000円÷３年＝500,000円

①＞② → 741,573円

③ 次期以降の見込販売収益との比較

(i) 償却後の未償却残高：1,500,000円－741,573円＝758,427円

(ii) 次期以降の見込販売収益：525,000円＋600,000円＝1,125,000円

(iii) (i)＜(ii) → 不要

(2) ×2年度末

① 見込販売収益にもとづく償却額

$$758{,}427円 \times \frac{525{,}000円}{525{,}000円 + 600{,}000円} \fallingdotseq 353{,}933円$$

② 残存有効期間にもとづく均等配分額

758,427円÷２年≒379,214円

①＜② → 379,214円

③ 次期以降の見込販売収益との比較

(i) 償却後の未償却残高：1,500,000円－741,573円－379,214円
＝379,213円

(ii) 次期以降の見込販売収益：600,000円

(iii) (i)＜(ii) → 不要

(3) ×3年度末

最終年度のため未償却残高の全額を償却します。

1,500,000円－741,573円－379,214円＝379,213円

Ⅱ 見込販売数量等の変更

見込販売数量や見込販売収益を変更した場合は、**会計上の見積りの変更**に該当します。そこで、見込販売数量などを修正して処理します。

ひとこと

見込販売数量や見込販売収益の変更の処理は、有形固定資産の耐用年数の変更の考え方とまったく同じです。

1 当期首に見込販売数量（見込販売収益）を変更した場合

当期首に見込販売数量（見込販売収益）を変更した場合、当期から変更後の見込販売数量（見込販売収益）にもとづいて償却を行います。

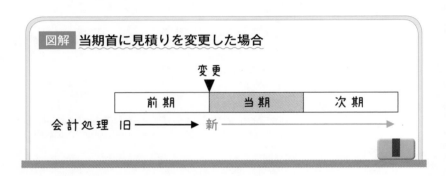

図解 当期首に見積りを変更した場合

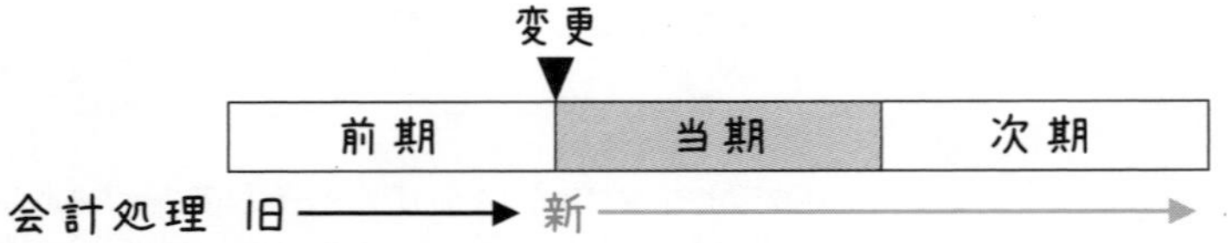

例3　市場販売目的のソフトウェア②

次の資料にもとづいて、×2年度の決算時における仕訳を示しなさい。

［資　料］

(1)　×1年度期首に、市場販売目的のソフトウェアの制作費1,500,000円を無形固定資産として計上した。当該ソフトウェアの見込有効期間は３年であり、有効期間の変更はなかった。ソフトウェアの償却は見込販売数量にもとづいて行うこと。

(2)　当該ソフトウェアの×2年度期首残高は950,000円である。

(3)　×1年度期首における見込販売数量は15,000個、×1年度の実績販売数量は5,500個であった。

(4)　×2年度期首に見込販売数量を10,000個に変更したが、×1年度期首の見積りは合理的であった。×2年度の実績販売数量は6,000個であった。

例３の仕訳	（ソフトウェア償却）	570,000	（ソ フ ト ウ ェ ア）	570,000

〈解説〉

①　見込販売数量にもとづく償却額

期首に見積りを変更しているため、変更後の見込販売数量にもとづいて償却を行います。

$$950{,}000円\times\frac{6{,}000個}{10{,}000個}=570{,}000円$$

②　残存有効期間にもとづく均等配分額

950,000円÷２年＝475,000円

①＞②　→　570,000円

2 当期末に見込販売数量（見込販売収益）を変更した場合

当期末に見込販売数量（見込販売収益）を変更した場合、当期は変更前の見込販売数量（見込販売収益）にもとづいて償却を行います。

図解　当期末に見積りを変更した場合

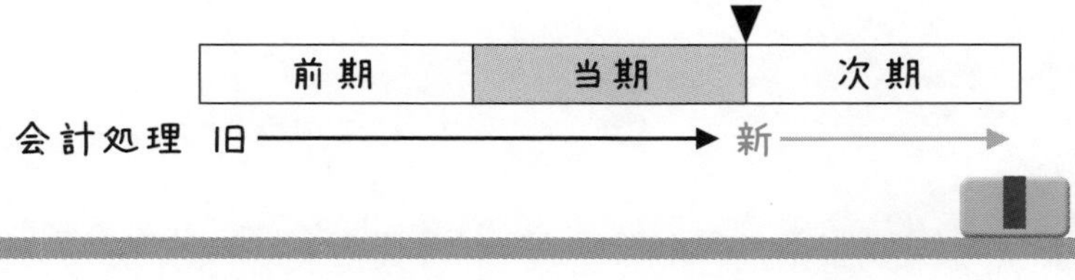

例4　　　　　　　　　　　　　　　　　　市場販売目的のソフトウェア③

次の資料にもとづいて、×2年度の決算時に関する仕訳を示しなさい。

［資　料］

(1)　×1年度期首に、市場販売目的のソフトウェアの制作費1,500,000円を無形固定資産として計上した。当該ソフトウェアの見込有効期間は3年であり、有効期間の変更はなかった。ソフトウェアの償却は見込販売数量にもとづいて行うこと。

(2)　当該ソフトウェアの×2年度期首残高は950,000円である。

(3)　×1年度期首における見込販売数量は15,000個、×1年度の実績販売数量は5,500個であった。

(4)　×2年度期末に見込販売数量を10,000個に変更したが、×1年度期首の見積りは合理的であった。×2年度の実績販売数量は6,000個であった。

例4の仕訳	（ソフトウェア償却）	600,000	（ソフトウェア）	600,000

〈解説〉

①　見込販売数量にもとづく償却額

期末に見積りを変更しているため、変更前の見込販売数量にもとづいて償却を行います。

$$950,000円 \times \frac{6,000個}{15,000個 - 5,500個} = 600,000円$$

②　残存有効期間にもとづく均等配分額

950,000円÷2年＝475,000円

①＞②　→　600,000円

4　自社利用のソフトウェア

Ⅰ　ソフトウェアの償却（自社利用）

自社利用のソフトウェアのうち無形固定資産として計上したものは、利用可能期間（原則として5年以内）にわたり定額法で償却します。

例5　自社利用のソフトウェア①

次の資料にもとづいて、当期の決算時における仕訳を示しなさい。

［資　料］

(1)　前々期首に自社利用目的でソフトウェアを購入した。当該ソフトウェアの前々期首時点における利用可能期間は5年間である。

(2)　当該ソフトウェアの決算整理前残高試算表における未償却残高は900,000円である。

例5の仕訳	（ソフトウェア償却）	300,000*	（ソフトウェア）	300,000

* 当期首時点で2年分の償却がなされているため、未償却残高を残存利用可能期間である3年で償却します。
900,000円÷3年＝300,000円

Ⅱ 利用可能期間の変更

自社利用のソフトウェアの利用可能期間を変更する場合、この変更は会計上の見積りの変更に該当します。

この変更が当期首に行われた場合は、当期から変更後の残存利用可能期間で計算します。

一方、この変更が当期末に行われた場合は、当期は変更前の残存利用可能期間で計算します。

図解　会計上の見積りの変更の時期

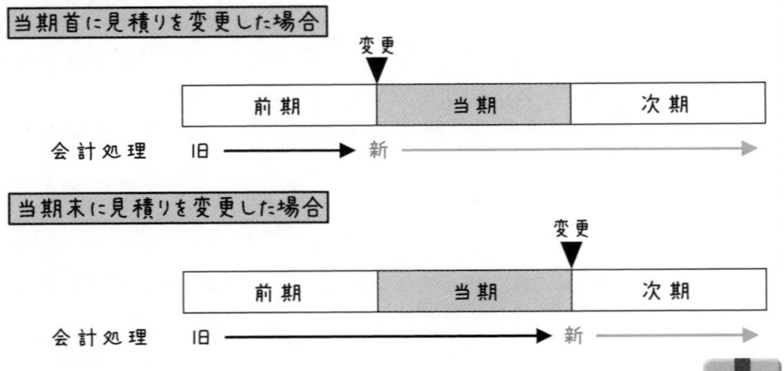

例6　　自社利用のソフトウェア②

次の資料にもとづいて、×2年度、×3年度の決算時における仕訳を示しなさい。

［資　料］

(1)　×1年度期首に自社利用目的でソフトウェアを1,500,000円で購入した。当該ソフトウェアの×1年度期首時点における利用可能期間は5年間である。

(2)　×2年度期末に×2年度期末以降の利用可能期間を2年に変更した。なお、×1年度期首の見積りは合理的であったと判断された。

例6の仕訳　×2年度末

（ソフトウェア償却）	300,000*1	（ソフトウェア）	300,000

×3年度末

（ソフトウェア償却）	450,000*2	（ソフトウェア）	450,000

＊1　期末に見積りを変更しているため、変更前の残存利用可能期間にもとづいて償却を行います。

×2年度期首未償却残高：1,500,000円×$\frac{4年}{5年}$＝1,200,000円

1,200,000円÷4年＝300,000円

＊2　前期末に見積りを変更しているため、変更後の残存利用可能期間にもとづいて償却を行います。

×3年度期首未償却残高：1,200,000円－300,000円＝900,000円

900,000円÷2年＝450,000円

問1　市場販売目的のソフトウェア　答案用紙あり

当社は、×1年度期首に市場販売目的のソフトウェアの制作費450,000円を無形固定資産に計上した。

次の資料にもとづいて、(A)見込販売数量にもとづく方法および(B)見込販売収益にもとづく方法による各年度のソフトウェア償却の額を求めなさい。なお、当初の見込有効期間は３年であり、有効期間の変更はなかった。また、計算上、円未満の端数が生じた場合には四捨五入すること。

［資　料］

各年度の期首における見込販売数量、見込販売収益および各年度の実績販売数量、実績販売収益は次のとおりである。

	×1年度	×2年度	×3年度
見込販売数量	5,000個	3,300個	1,200個
見込販売収益	742,500円	429,000円	100,000円
実績販売数量	1,500個	2,100個	1,125個
実績販売収益	255,000円	329,000円	112,500円

（注）×2年度期首に見込販売数量、見込販売収益を変更したが、×1年度期首の見積りは合理的であったと判断された。

問2　研究開発費、自社利用のソフトウェア　答案用紙あり

次の資料にもとづいて、貸借対照表（一部）を作成しなさい。なお、会計期間は３月31日を決算日とする１年である。

［資料１］

決算整理前残高試算表
×3年３月31日　（単位：円）

⋮		⋮
ソフトウェア	360,000	

［資料２］

1．ソフトウェアは、自社利用目的で×1年度期首に購入し定額法（利用可能期間５年）で償却していたが、当期首に当期首からの利用可能期間を２年に変更した。なお、×1年度の見積りは合理的であったと判断された。

2．期中において、研究開発目的でソフトウェア240,000円を現金で購入したが未処理である。

解答

問１　市場販売目的のソフトウェア

(A)　見込販売数量にもとづく方法

	×1年度	×2年度	×3年度
ソフトウェア償却	150,000円	200,000円	100,000円

(B)　見込販売収益にもとづく方法

	×1年度	×2年度	×3年度
ソフトウェア償却	154,545円	226,584円	68,871円

〈解説〉

(A)　見込販売数量にもとづく方法

(1)　×1年度

①　見込販売数量にもとづく償却額

$$450{,}000円 \times \frac{1{,}500個}{5{,}000個} = 135{,}000円$$

②　残存有効期間にもとづく均等配分額

450,000円÷３年＝150,000円

①＜②　→　150,000円

③　次期以降の見込販売収益との比較

(i)　償却後の未償却残高：450,000円－150,000円＝300,000円

(ii)　次期以降の見込販売収益：742,500円－255,000円＝487,500円

(iii)　(i)＜(ii)　→　不要

(2)　×2年度

①　見込販売数量にもとづく償却額

期首に見積りを変更しているため、変更後の見込販売数量にもとづいて償却を行います。

$$300{,}000円 \times \frac{2{,}100個}{3{,}300個} \fallingdotseq 190{,}909円$$

②　残存有効期間にもとづく均等配分額

300,000円÷（３年－１年）＝150,000円

①＞②　→　190,909円

③　次期以降の見込販売収益との比較

(i)　償却後の未償却残高：450,000円－150,000円－190,909円＝109,091円

(ii)　次期以降の見込販売収益：100,000円

(iii)　(i)＞(ii)　→　超過額9,091円

④　ソフトウェア償却：②190,909円＋③9,091円＝200,000円

(3)　×3年度

×3年度は、最終年度のため未償却残高の全額を償却します。

450,000円－150,000円－190,909円－9,091円＝100,000円

(B) 見込販売収益にもとづく方法

(1) ×1年度

① 見込販売収益にもとづく償却額

$$450{,}000円 \times \frac{255{,}000円}{742{,}500円} \fallingdotseq 154{,}545円$$

② 残存有効期間にもとづく均等配分額

450,000円÷3年＝150,000円

①＞② → 154,545円

③ 次期以降の見込販売収益との比較

(i) 償却後の未償却残高：450,000円－154,545円＝295,455円

(ii) 次期以降の見込販売収益：742,500円－255,000円＝487,500円

(iii) (i)＜(ii) → 不要

(2) ×2年度

① 見込販売収益にもとづく償却額

期首に見積りを変更しているため、変更後の見込販売収益にもとづいて償却を行います。

$$295{,}455円 \times \frac{329{,}000円}{429{,}000円} \fallingdotseq 226{,}584円$$

② 残存有効期間にもとづく均等配分額

295,455円÷(3年－1年)≒147,728円

①＞② → 226,584円

③ 次期以降の見込販売収益との比較

(i) 償却後の未償却残高：450,000円－154,545円－226,584円＝68,871円

(ii) 次期以降の見込販売収益：429,000円－329,000円＝100,000円

(iii) (i)＜(ii) → 不要

(3) ×3年度

×3年度は、最終年度のため未償却残高の全額を償却します。

450,000円－154,545円－226,584円＝68,871円

問2 研究開発費、自社利用のソフトウェア

貸 借 対 照 表

×3年3月31日 (単位：円)

⋮	
Ⅱ 固 定 資 産	
⋮	
2．無形固定資産	
ソフトウェア (180,000)	

〈解説〉

1．自社利用のソフトウェア

（ソフトウェア償却）	180,000*	（ソフトウェア）	180,000

＊　期首に見積りを変更しているため、変更後の残存利用可能期間にもとづいて償却を行います。

360,000円÷2年＝180,000円

2．研究開発目的のソフトウェア

研究開発目的のソフトウェアは、研究開発費として発生時に費用処理するため、貸借対照表には計上されません。

（研究開発費）	240,000	（現金）	240,000

CHAPTER 07

引当金

◆４つの要件を満たすものが引当金！

ここでは引当金の計上目的や計上要件について学習します。なぜ引当金を計上する必要があるのか、どのようなときに引当金が計上されるのかをしっかりおさえましょう。なお、各引当金の計算処理自体は２級の復習がほとんどですので、知識の再確認のつもりで学習しましょう。

▶１級で学習する内容

引　当　金	
２級までに学習済み	➡ １級で学習する内容
貸倒引当金	
修繕引当金	
商品（製品）保証引当金	
退職給付引当金	
賞与引当金	
役員賞与引当金	

1 引当金

Ⅰ 引当金とは

引当金とは、将来の費用または損失のうち、当期に帰属する金額を費用または損失として見積り計上する場合の貸方科目のことです。

Ⅱ 引当金の計上目的

引当金の計上目的には、損益計算書目的、貸借対照表目的、保守主義による会計処理の3つがあります。

●引当金の計上目的

◆損益計算書目的：適切な期間損益計算を行うため
◆貸借対照表目的：適正な財政状態を示すため
◆保守主義による会計処理：将来の特定の費用または損失に備えて、慎重な会計処理を行うため

2 引当金の計上要件

引当金は次の4つの要件をすべて満たしたときに、計上しなければなりません（重要性の乏しい場合を除く）。

●引当金の計上要件

❶ 将来の特定の費用または損失であること
❷ その発生が当期以前の事象に起因していること
❸ 発生の可能性が高いこと
❹ その金額を合理的に見積ることができること

ひとこと

この計上要件は、大変重要ですのできちんとおさえておきましょう。

4つの要件をすべて満たさないと引当金を計上することはできません。

たとえば、数年後に予定されている記念事業のためには、引当金を設定することができません。

なぜなら、この事例は、①将来の費用であり、③発生の可能性が高く、④金額を合理的に見積ることはできますが、②当期以前の事象に起因しない（将来の事象に起因する）からです。

また、発生の可能性が低い偶発事象にも設定できないので注意しましょう。

3 引当金の表示上の分類

引当金には、負債の部に表示する**負債性引当金**と資産のマイナス項目である**評価性引当金**があります。

●引当金の表示上の分類

◆負債性引当金（B/S の負債の部に表示）

商品（製品）保証引当金、賞与引当金、工事補償引当金、退職給付引当金、修繕引当金、特別修繕引当金、役員賞与引当金など

◆評価性引当金（B/S の資産のマイナス項目として表示）

貸倒引当金

負債性引当金は、一年基準により流動負債と固定負債に分類します。

また、評価性引当金（貸倒引当金）は、設定の対象となった債権の区分ごとに流動資産または固定資産のマイナス項目として表示します。

4 負債性引当金の会計処理

I 負債性引当金の内容とP/L表示

主な負債性引当金の内容と、各引当金の繰入額の表示区分は次のとおりです。

名称	内容	損益計算書の表示
商品(製品)保証引当金	一定期間内において無償で商品(製品)の修理を保証した場合に、その支出に備えて設定される引当金	販売費及び一般管理費*
工事補償引当金	一定期間内において無償で補修を行うことを契約した場合に、その費用に備えて設定する引当金	販売費及び一般管理費*
賞与引当金	賞与支給規程などによって支払われる従業員賞与に対して設定する引当金	販売費及び一般管理費*
退職給付引当金	従業員の退職時または退職後に退職給付を支払う場合に備えて設定する引当金	販売費及び一般管理費*
修繕引当金	毎年行われるはずの修繕が何らかの理由で行われなかった場合に、将来に行う修繕費用に備えて設定する引当金	販売費及び一般管理費*
特別修繕引当金	数年ごとに行われる特別の大修繕に備えて設定する引当金	販売費及び一般管理費*
役員賞与引当金	会社の役員の職務執行の対価として支払われる役員賞与に対して設定する引当金	販売費及び一般管理費
債務保証損失引当金	他人の債務保証を行っている場合で、債務者に代わり弁済する危険性が高くなった場合に、それに備えて設定する引当金	特別損失
損害補償損失引当金	営業活動に起因して損害補償の請求を受けている場合で、その義務を負わなければならない可能性が高くなった場合に、その補償金に備えて設定する引当金	特別損失

* 製造に関するものは、「製造原価」に算入します。

ひとこと

商品(製品)保証引当金は、合意された仕様どおりに機能することを保証する場合に計上されます。

それ以上の保証(たとえば顧客の過失による破損の保証や、通常より長期間の保証等)をする場合は、財やサービスとは別個の履行義務として認識し、引当金ではなく契約負債を計上します。契約負債は、保証期間にわたって収益に振り替えます。

Ⅱ 引当金の会計処理

修繕引当金、**賞与引当金**および**役員賞与引当金**を問題で確認します。

1 修繕引当金

例1 ―― 修繕引当金

次の取引について仕訳を示しなさい。なお、会計期間は1年、決算日は3月31日である。

(1) ×1年3月31日決算。建物の修繕を当期に行う予定であったが、資金の都合により、次期に延期することにした。よって、決算において、修繕引当金10,000円を設定した。

(2) ×1年6月30日に修繕を行い、修繕費30,000円を現金で支払った。なお、この修繕費のうち10,000円は前期の修繕に対するものである。

例1の仕訳(1)	(修繕引当金繰入)	10,000	(修繕引当金)	10,000
(2)	(修繕引当金)	10,000	(現　　金)	30,000
	(修　繕　費)	20,000		

2 賞与引当金

賞与引当金とは、当期に雇用している従業員について、賞与支給規程などによって支払われる従業員賞与に対して設定する引当金です。

❶ 決算時

次期に支給予定の従業員の賞与のうち、当期発生分は当期に帰属する費用なので、賞与引当金を設定して**賞与引当金繰入**を計上します。

❷ 賞与支給時

前期発生分は賞与引当金を設定しているので、その引当金を取り崩します。

また、当期発生分は当期に帰属する費用なので、**賞与勘定**で処理します。

例2　賞与引当金

当期は×2年4月1日～×3年3月31日である。前期発生分の賞与については、賞与引当金を設定している。また、賞与支給額の見積りと実績は一致している。このとき、次の資料にもとづいて、(1)～(3)の仕訳を示しなさい。なお、支給は現金で行われている。

支給日	支給額	支給対象期間
×2年6月10日	15,000円	×1年12月1日～×2年5月31日
×2年12月10日	17,500円	×2年6月1日～×2年11月30日
×3年6月10日	20,400円	×2年12月1日～×3年5月31日

(1) 賞与支給時（×2年6月10日）
(2) 賞与支給時（×2年12月10日）
(3) 決算時

例2の仕訳

	借方	金額	貸方	金額
(1)	(賞与引当金)	10,000*1	(現金)	15,000
	(賞与)	5,000*2		
(2)	(賞与)	17,500	(現金)	17,500
(3)	(賞与引当金繰入)	13,600*3	(賞与引当金)	13,600

＊1　15,000円×4か月(×1年12月～×2年3月)／6か月(×1年12月～×2年5月)＝10,000円（前期に帰属する分）

＊2　15,000円×2か月(×2年4月～×2年5月)／6か月(×1年12月～×2年5月)＝5,000円（当期に帰属する分）

＊3　20,400円×4か月(×2年12月～×3年3月)／6か月(×2年12月～×3年5月)＝13,600円（当期に帰属する分）

〈解説〉
×2年3/31決算時の仕訳：

（賞与引当金繰入）　10,000　（賞与引当金）　10,000

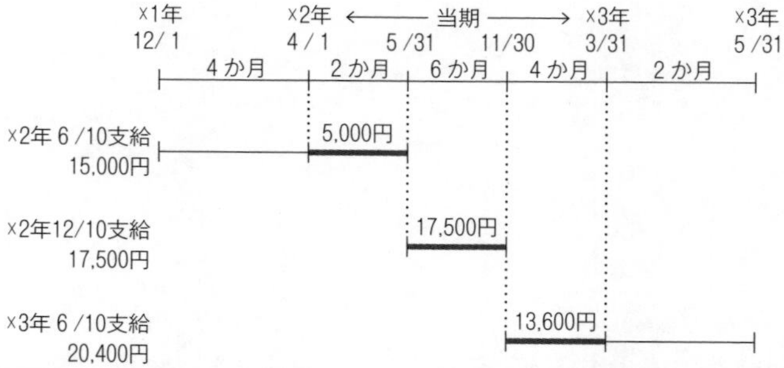

3 役員賞与引当金

役員賞与引当金とは、会社の役員の職務執行の対価として支払われる役員賞与に対して設定する引当金です。

役員賞与引当金は、通常その金額が期末後の株主総会の決議により確定するので、決算時にその見込額を役員賞与引当金繰入として計上します。

例3　役員賞与引当金

次の取引について仕訳を示しなさい。なお、会計期間は1年、決算日は3月31日である。

(1) ×1年3月31日　役員賞与の支払見込額にもとづき、役員賞与引当金50,000円を設定した。

(2) ×1年6月25日に株主総会の決議により、役員賞与50,000円の支払いが決議され、後日現金で支払われた。

例3の仕訳(1)	(役員賞与引当金繰入)	50,000	(役員賞与引当金)	50,000
(2)	(役員賞与引当金)	50,000	(現　　　　金)	50,000

CHAPTER 07　引当金　基本問題　答案用紙あり

次の資料にもとづいて、損益計算書（経常利益まで）を作成しなさい。なお、当期は×2年３月31日を決算日とする１年である。

［資料１］決算整理前残高試算表

決算整理前残高試算表
×2年３月31日　（単位：円）

繰越商品	3,000	修繕引当金	700
仕入	42,300	売上	50,000
販売費	1,000	仕入戻し	1,800
一般管理費	1,500	仕入割戻	400
		仕入割引	1,200

［資料２］決算整理事項

⑴　期末商品棚卸高は、5,300円である。

⑵　前期に行う予定であった機械の修繕を当期に行い、その際、次の仕訳を行っている。なお、この修繕については修繕引当金700円が設定されている。また、当期末において修繕引当金を900円設定する。

（一般管理費）　800　（現　　　金）　800

⑶　役員賞与の支払見込額にもとづいて役員賞与引当金1,000円を設定した。

解答

損益計算書
自×1年4月1日　至×2年3月31日　（単位：円）

Ⅰ 売上高		（50,000）
Ⅱ 売上原価		
1．期首商品棚卸高	（3,000）	
2．当期商品仕入高	（40,100）	
合計	（43,100）	
3．期末商品棚卸高	（5,300）	（37,800）
売上総利益		（12,200）
Ⅲ 販売費及び一般管理費		
1．販売費	（1,000）	
2．一般管理費	（800）	
3．修繕引当金繰入	（900）	
4．役員賞与引当金繰入	（1,000）	（3,700）
営業利益		（8,500）
Ⅳ 営業外収益		
1．仕入割引		（1,200）
経常利益		（9,700）

〈解説〉

1．仕入高

⑴ 仕入戻し高

（仕入戻し）1,800　（仕　入）1,800

⑵ 仕入割戻高

（仕入割戻）400　（仕　入）400

2．売上原価

（仕　入）3,000　（繰越商品）3,000
（繰越商品）5,300　（仕　入）5,300

3．修繕引当金

⑴ 誤った仕訳の修正

① 誤った仕訳の逆仕訳：~~（現　金）800~~　（一般管理費）~~800~~ 700

＋

② 正しい仕訳：~~（一般管理費）100~~　~~（現　金）800~~
（修繕引当金）700

⬇

③ 修正仕訳（①＋②）：（修繕引当金）700　（一般管理費）700

⑵ 当期設定分

（修繕引当金繰入）900　（修繕引当金）900

4．役員賞与引当金

（役員賞与引当金繰入）1,000　（役員賞与引当金）1,000

5．損益計算書の金額

(1) 当期商品仕入高

42,300円(前T/B仕入)－1,800円(当期仕入戻し)－400円(当期仕入割戻し)
＝40,100円

(2) 一般管理費

1,500円(前T/B一般管理費)－700円(修繕費の修正)＝800円

CHAPTER 08

退職給付会計

◆Ｔ勘定を使って効率的に！

ここでは、退職給付会計について学習していきます。

２級では与えられた数値を使って仕訳を行うだけでしたが、１級ではその数値自体を求める計算を行っていきます。

退職給付引当金の計算は、１級の範囲の中でも理解できるまでに苦労する論点ですが、本試験では頻出論点なので、時間がかかっても必ずマスターしましょう。

▶１級で学習する内容

退職給付引当金

２級までに学習済み	→ １級で学習する内容
退職給付の基本的計算	退職給付の基本的計算
	退職給付費用の割引計算
	企業年金がある場合の処理
	差異がある場合の処理

1 退職給付

Ⅰ 退職給付とは

退職給付とは、一定の期間にわたり労働を提供した対価として、退職以後に従業員に支給される給付をいい、**退職一時金**と**退職年金**に分類されます。

●退職給付の分類

◆退職一時金：退職時に一括して支給されるもの（通常、企業が直接、従業員に支給する）

◆退 職 年 金：退職後に一定期間、一定額ずつ支給されるもの
（通常、企業から資金の運用を委託されている年金基金などが支給する）

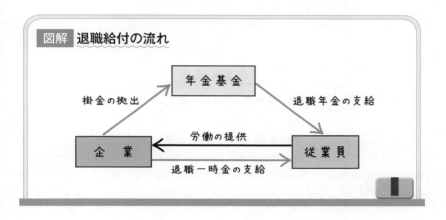

図解 退職給付の流れ

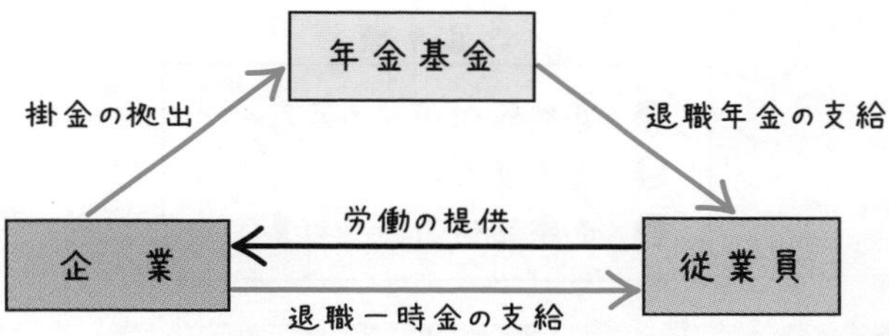

ひとこと

退職給付は、基本的に従業員が提供した労働の対価として支払われる賃金の後払いとしての性格があります。退職給付は提供された労働を消費することにともなって発生すると考えられるため、退職金の支給時に費用処理するのではなく、毎期の労働を消費したときに費用の発生を認識します。

Ⅱ 退職給付会計の基本的な会計処理

退職給付会計では、**退職給付債務**（退職一時金と退職年金に係る債務）から**年金資産**（退職金の支払いにあてるために年金基金などに運用を委託している資産）を控除した金額を**退職給付引当金**として計上します。

図解 退職給付引当金の算定方法

退職給付引当金＝退職給付債務－年金資産

退職給付引当金

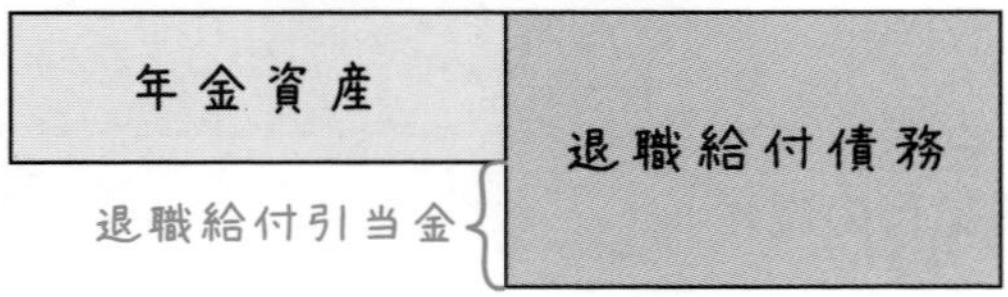

〈計算手順〉

❶ 退職給付債務の算定
❷ 年金資産の評価
❸ 退職給付引当金の算定

2 退職給付債務

Ⅰ 退職給付債務とは

退職給付債務とは、退職給付のうち認識時点までに発生していると認められる部分を現在価値に割り引いたものです。

退職給付債務は、退職により見込まれる退職給付の総額（退職給付見込額）のうち、期末までに発生していると見込まれる額を割り引いて計算します。

ひとこと

退職給付見込額のうち、期末までに発生したと認められる額は、期間定額基準または給付算定式基準のいずれかの方法により算定しますが、本書では、期間定額基準による算定方法を取り扱います。

図解 退職給付見込額のうち当期末までの発生額の算定

$$\text{退職給付見込額のうち当期末までの発生額} = \text{退職給付見込額} \times \frac{\text{入社時から当期末までの勤務期間}}{\text{入社時から退職時までの勤務期間}}$$

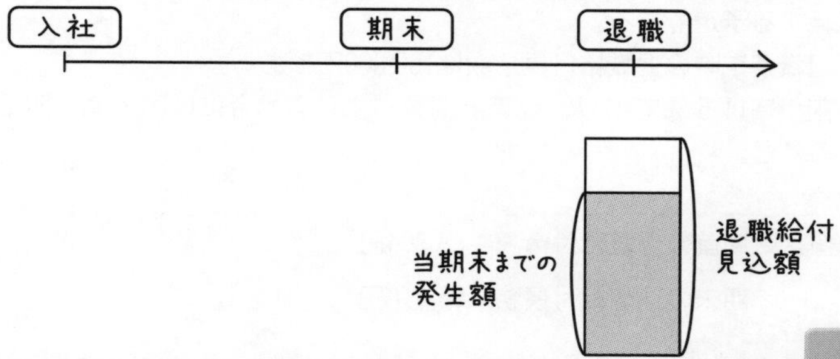

図解 当期末までの発生額の割引計算

$$\text{退職給付債務} = \text{退職給付見込額のうち当期末までの発生額} \times \frac{1}{(1+\text{割引率})^{\text{残存勤務期間}}}$$

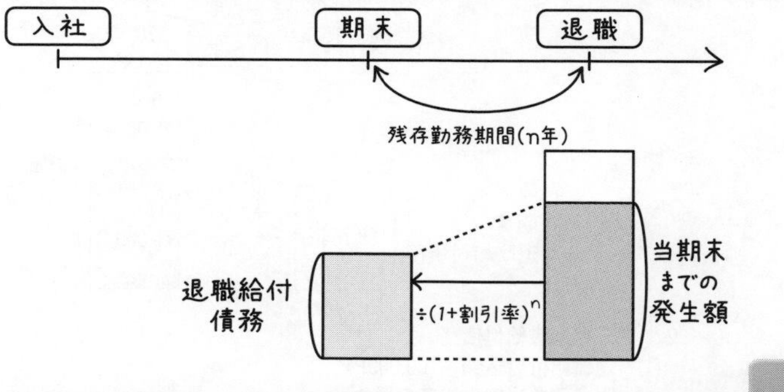

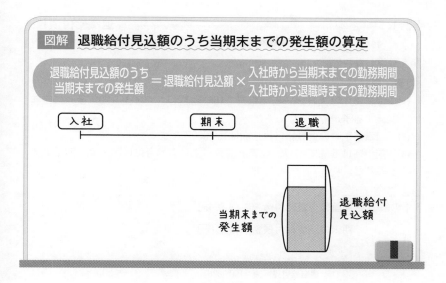

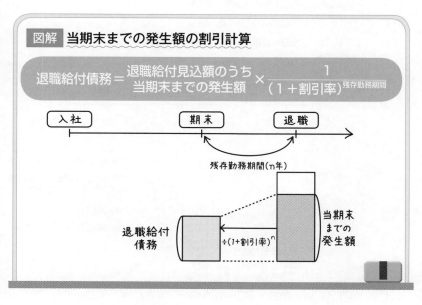

例1　退職給付債務

次の資料にもとづいて、期間定額基準により、期首および期末の退職給付債務を計算しなさい。

［資　料］

(1)　従業員Ｔは入社から当期末まで16年勤務し、４年後（20年後）に定年退職する予定である。

(2)　退職予定時の退職給付見込額は100,000円である。

(3)　割引率は５％であり、計算上端数が生じる場合には円未満を四捨五入すること。

例１の解答　期首の退職給付債務：**58,764円**

期末の退職給付債務：**65,816円**

〈解説〉

1．期首の退職給付債務

(1)　退職給付見込額　100,000円

(2)　(1)のうち当期首までの発生額

$$100,000円 \times \frac{15年}{20年} = 75,000円$$

(3)　退職給付債務

$$75,000円 \times \frac{1}{(1+0.05)^5} \fallingdotseq 58,764円$$

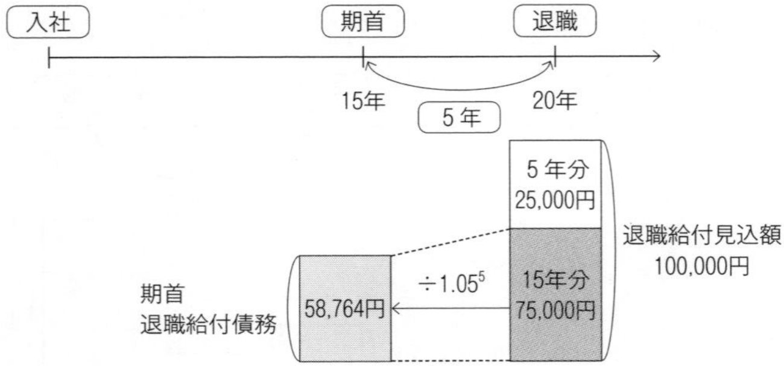

2．期末の退職給付債務

(1)　退職給付見込額　100,000円

(2)　(1)のうち当期末までの発生額

$$100,000円 \times \frac{16年}{20年} = 80,000円$$

(3)　退職給付債務

$$80,000円 \times \frac{1}{(1+0.05)^4} \fallingdotseq 65,816円$$

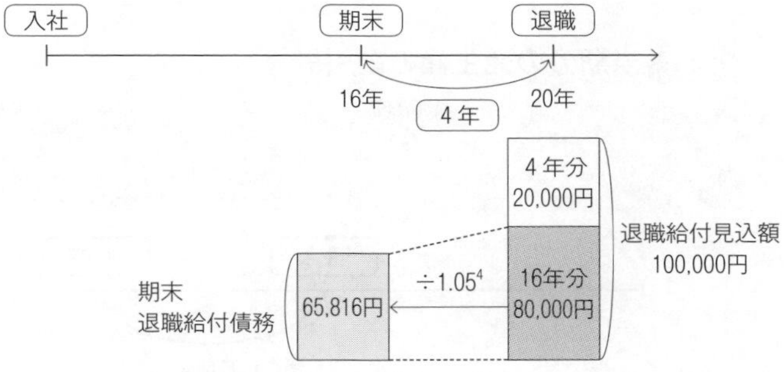

Ⅱ 勤務費用と利息費用

期首と期末の退職給付債務を比較すると退職給付債務が増加していますが、この増加額は**勤務費用**と**利息費用**に区別することができます。

1 勤務費用

勤務費用とは、一期間の労働の対価として発生したと認められる退職給付をいい、退職給付見込額のうち当期に発生したと認められる額を割り引いて計算します。

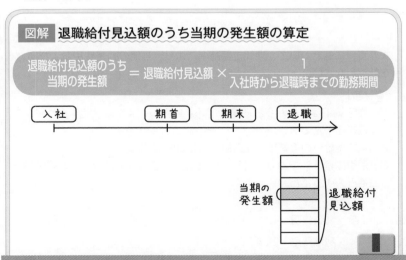

図解 退職給付見込額のうち当期の発生額の算定

$$\text{退職給付見込額のうち当期の発生額} = \text{退職給付見込額} \times \frac{1}{\text{入社時から退職時までの勤務期間}}$$

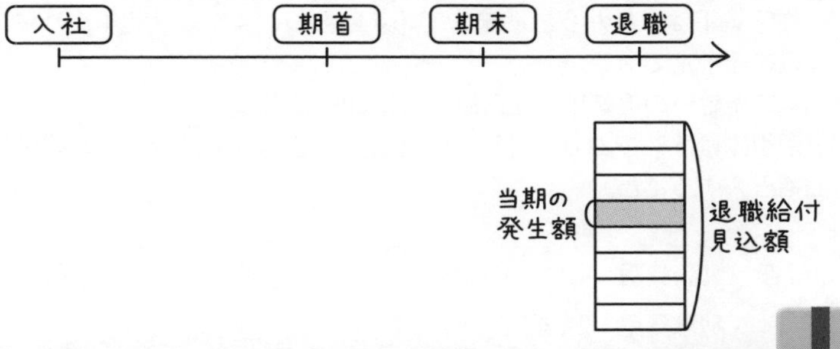

図解 当期分の発生額の割引計算

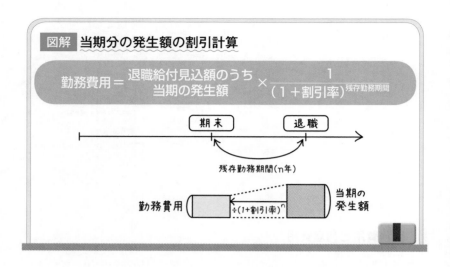

$$\text{勤務費用} = \text{退職給付見込額のうち当期の発生額} \times \frac{1}{(1+\text{割引率})^{\text{残存勤務期間}}}$$

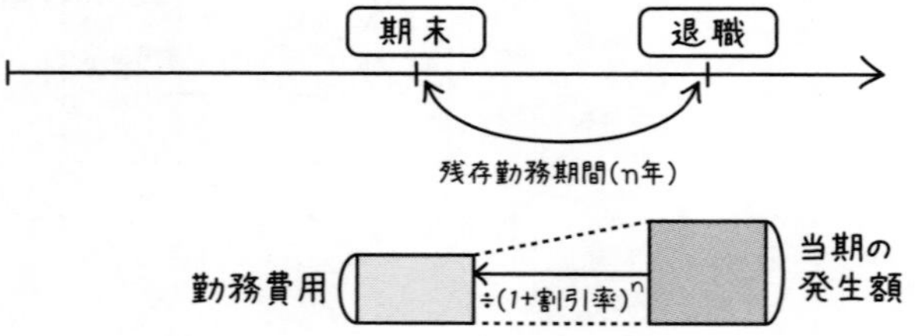

2 利息費用

利息費用とは、割引計算により算定された期首の退職給付債務について、期末時点までの時の経過により発生する計算上の利息のことです。

利息費用＝期首退職給付債務×割引率

例2　勤務費用と利息費用

次の資料にもとづいて、期間定額基準により、当期の勤務費用および利息費用を計算しなさい。

［資　料］

(1)　従業員Ｔは入社から当期末まで16年勤務し、４年後（20年後）に定年退職する予定である。

(2)　退職予定時の退職給付見込額は100,000円である。

(3)　割引率は５％であり、計算上端数が生じる場合にはそのつど円未満を四捨五入すること。

例２の解答　勤務費用：4,114円

利息費用：2,938円

〈解説〉

1．勤務費用

(1) 退職給付見込額　100,000円

(2) 退職給付見込額のうち当期の発生額

$$100{,}000円 \times \frac{1年}{20年} = 5{,}000円$$

(3) 勤務費用

$$5{,}000円 \times \frac{1}{(1+0.05)^4} \fallingdotseq 4{,}114円$$

2．利息費用

(1) 退職給付見込額のうち期首までの発生額

$$100{,}000円 \times \frac{15年}{20年} = 75{,}000円$$

(2) 期首退職給付債務

$$75{,}000円 \times \frac{1}{(1+0.05)^5} \fallingdotseq 58{,}764円$$

(3) 利息費用

58,764円×５％≒2,938円

3　年金資産

Ⅰ 年金資産とは

年金資産とは、企業年金制度を採用している企業が、退職給付の支払いにあてるために企業外部の年金基金などに積み立てている資産のことです。

年金資産の額は、期末における時価（公正な評価額）になります。

年金資産＝期末における時価（公正な評価額）

Ⅱ 期待運用収益とは

期待運用収益とは、年金資産の運用により生じると合理的に期待される計算上の収益であり、期首の年金資産の額に合理的に期待される収益率（長期期待運用収益率）を乗じて計算します。

期待運用収益＝期首年金資産×長期期待運用収益率

これならわかる!!

たとえば、A株式会社が、退職金を企業外部の年金基金に委託した年金資産から支払うとします。このとき、A株式会社が、年金基金に1,000円を拠出し、これを年金基金が運用して1,000円の拠出額を1,050円に増加させた場合、年金の支払いは増加後の1,050円となります。

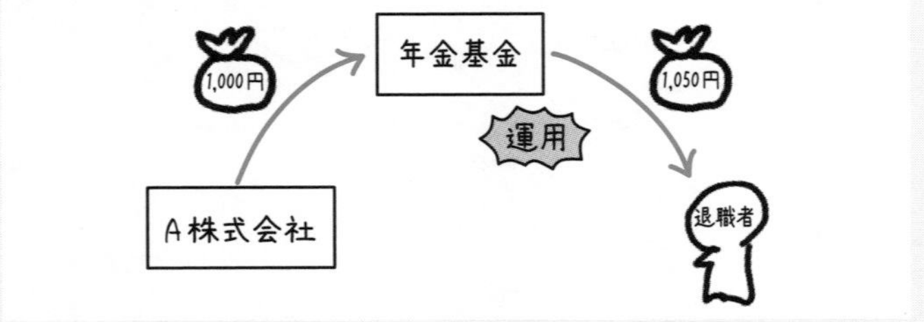

このように、年金基金の運用によって年金資産が増加して退職金の支払いが増加すると、A株式会社にとっては、退職金支払の負担が減るというメリットがあります。

例3　期待運用収益

次の資料にもとづいて、当期の期待運用収益を計算しなさい。

[資　料]

(1)　期首において、企業外部の年金基金に積み立てている年金資産の時価は25,000円である。

(2)　年金資産の長期期待運用収益率は3％である。

例3の解答　期待運用収益：750円*

＊　25,000円(期首年金資産時価)×3％(長期期待運用収益率)＝750円

4　退職給付引当金の問題の解き方

退職給付引当金は、退職給付債務から年金資産を控除した正味の額として求められます。

I 見積りによる退職給付費用の計上

退職給付債務に係る勤務費用、利息費用から年金資産に係る期待運用収益を控除した金額を期首時点で見積り、**退職給付費用**として計上します。

退職給付費用＝勤務費用＋利息費用－期待運用収益

●退職給付費用の要素

◆勤務費用 ⇒ 退職給付債務の増加 ⇒ 退職給付引当金の増加
◆利息費用 ⇒ 退職給付債務の増加 ⇒ 退職給付引当金の増加
◆期待運用収益 ⇒ 年金資産の増加 ⇒ 退職給付引当金の減少

図解 退職給付費用勘定

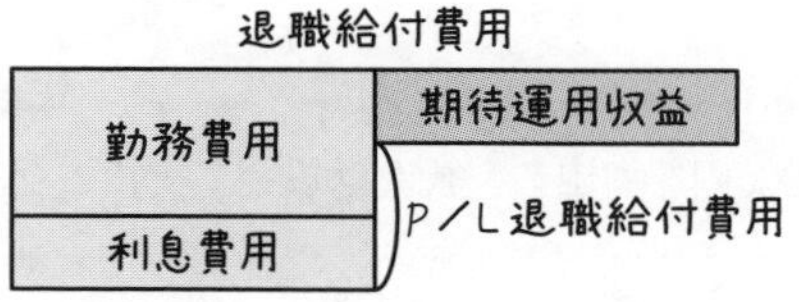

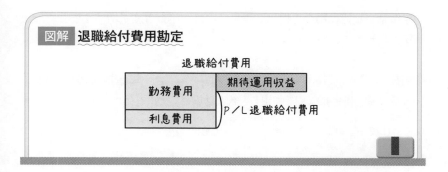

例4 ―――――― 見積りによる退職給付費用の計上

次の資料にもとづいて、当期の退職給付費用に関する仕訳を示しなさい。

［資　料］

当期の勤務費用は4,114円、利息費用は2,938円、期待運用収益は750円であると見積られた。

例４の仕訳	（退職給付費用） 勤務費用	4,114	（退職給付引当金） 退職給付債務	4,114
	（退職給付費用） 利息費用	2,938	（退職給付引当金） 退職給付債務	2,938
	（退職給付引当金） 年金資産	750	（退職給付費用） 期待運用収益	750

退職給付費用

Ⅱ 年金掛金の拠出時

年金基金などに掛金を拠出した場合には、年金資産が増加するため、**退職給付引当金**を減少させます。

例５ 年金掛金の拠出時

年金基金へ掛金4,000円を拠出し、代金は現金で支払った。

例５の仕訳	（退職給付引当金） 年金資産	4,000	（現　　　　金）	4,000

Ⅲ 退職一時金の支給時

従業員の退職時に企業が直接、退職一時金を支給した場合には、退職給付債務が減少するため、**退職給付引当金**を減少させます。

例6 退職一時金の支給時

退職従業員へ、退職一時金3,000円を現金で支給した。

例6の仕訳	（退職給付引当金） 退職給付債務	3,000	（現　　　金）	3,000

Ⅳ 退職年金の支給時

年金基金から年金資産を原資として支給しているため、年金資産が減少するとともに、退職年金の支給によって企業が負っていた退職給付債務が減少します。したがって、年金資産も退職給付債務も退職給付引当金で処理するため、会社の処理としては仕訳なしとなります。

例7 退職年金の支給時

退職従業員へ、年金基金から2,000円の支給が行われた。

例7の仕訳	仕　訳　な　し

ひとこと

例7の仕訳を示すと、次のようになります。

（退職給付引当金） 退職給付債務の減少	2,000	（退職給付引当金） 年金資産の減少	2,000

上記Ⅰから Ⅳまでの処理により、**退職給付引当金勘定**は次のようになります。

図解 退職給付引当金勘定

退職給付引当金

Ⅱ 掛金の拠出	期首残高
Ⅲ 一時金の支給	
B/S退職給付引当金	Ⅰ 退職給付費用

ひとこと

退職給付会計では、退職給付費用と退職給付引当金のT勘定を使って集計すれば、いちいち仕訳をするよりも効率よく解くことができます。ですから、T勘定への集計の方法をしっかりと身につけておきましょう。

5 差異の計算

Ⅰ 数理計算上の差異

1 数理計算上の差異とは

数理計算上の差異とは、❶年金資産の期待運用収益と実際運用成果との差異、❷退職給付債務の数理計算に用いた見積数値と実績との差異および❸見積数値の変更などにより発生する差異のことです。

なお、数理計算上の差異のうち、費用処理されていない部分を**未認識数理計算上の差異**といい、退職給付引当金から控除します。

●数理計算上の差異の例

❶ 期首において長期期待運用収益率を3％で見積り、期待運用収益を計算したが、実際の収益率は2％であった場合

❷ 退職給付債務に係る割引率を4％で見積り、退職給付債務を計算していたが、実際の割引率は5％であった場合

❸ 前期まで退職給付債務に係る割引率を4％で計算していたが、当期に割引率を3％に変更して見積り計算する場合

数理計算上の差異は、期末年金資産、および期末退職給付債務の金額と、期末の年金資産の時価、および新たな数値で計算しなおした退職給付債務との差額で計算します。

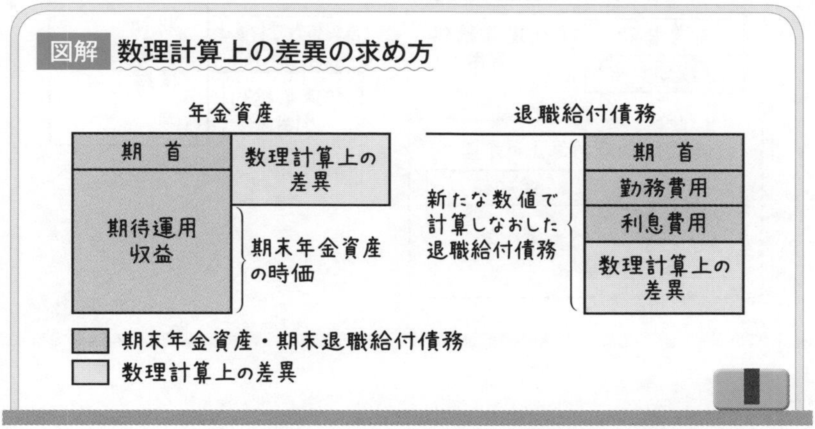

2 会計処理

数理計算上の差異は、原則として、各期の発生額について平均残存勤務期間以内の一定の年数で定額法等により毎期費用処理します。

数理計算上の差異の費用処理額（償却額）＝数理計算上の差異÷平均残存勤務期間

ひとこと

数理計算上の差異の費用処理は、上記のように発生年度から費用処理するほか、発生年度の翌期から費用処理することも認められています。費用処理の開始年度は、問題文をよく読んで判断しましょう。

数理計算上の差異の費用処理額を加えた退職給付費用、および退職給付引当金勘定についてまとめると、次のようになります。

図解 退職給付費用と退職給付引当金のまとめ

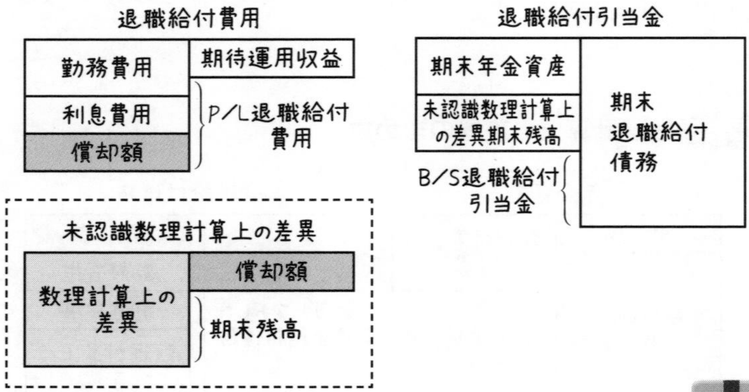

例8　数理計算上の差異

次の資料にもとづいて、当期の退職給付費用および当期末の退職給付引当金の金額を求めなさい。

［資　料］

(1)　期首における退職給付債務は360,000円、年金資産は140,000円である。

(2)　当期の勤務費用は36,000円である。

(3)　退職給付債務の算定に使用する割引率は4％、長期期待運用収益率は3％である。

(4)　年金基金に対する現金による掛金拠出額は14,000円である。従業員への給付は行われていない。

(5)　当期の年金資産の実際運用収益率は2％であった。数理計算上の差異は、発生年度から10年間で定額法により償却する。

例8の解答　退職給付費用：46,340円

退職給付引当金：252,340円

〈解説〉

1．退職給付費用（期首の見積り）

（退職給付費用）	46,200	（退職給付引当金）	46,200

(1) 勤務費用：36,000円

(2) 利息費用：360,000円×４％＝14,400円

(3) 期待運用収益：140,000円×３％＝4,200円

∴(1)＋(2)－(3)＝46,200円

2．年金掛金の拠出

（退職給付引当金）	14,000	（現　　金）	14,000

3．数理計算上の差異の費用処理

（退職給付費用） 未認識数理計算上の差異の費用処理額	140	（退職給付引当金） 未認識数理計算上の差異	140

(1) 数理計算上の差異の当期発生額

140,000円×３％－140,000円×２％＝1,400円

(2) 当期費用処理額

1,400円÷10年＝140円

4．退職給付引当金

(1) 期首退職給付引当金

360,000円－140,000円＝220,000円

(2) 当期末退職給付引当金

220,000円＋46,200円－14,000円＋140円＝252,340円

5．退職給付費用（当期末）

46,200円＋140円＝46,340円

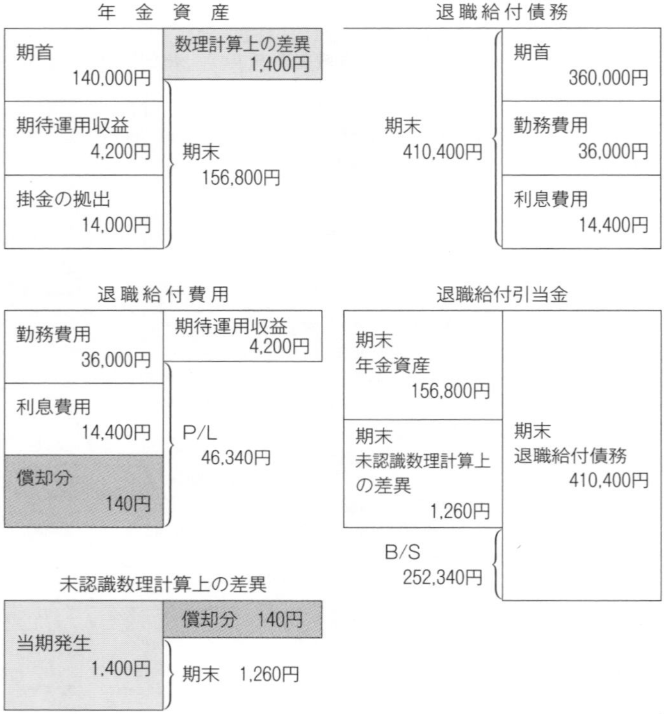

ひとこと

数理計算上の差異は、原則として定額法により費用処理しますが、定率法による費用処理も認められています。なお、いったん採用した費用処理方法は、正当な理由により変更する場合を除き、継続して適用しなければなりません。

Ⅱ 過去勤務費用

1 過去勤務費用とは

過去勤務費用とは、退職給付水準の改定などにともなって発生した退職給付債務の増減額のことで、退職金規定などの改定時点における改定前と改定後の規定にもとづいて算定した退職給付債務の差額のことです。

なお、過去勤務費用のうち、費用処理されていない部分を**未認識過去勤務費用**といい、退職給付引当金から控除します。

2 会計処理

過去勤務費用は、原則として、各期の発生額について平均残存勤務期間以内の一定の年数で毎期費用処理します。

ひとこと

数理計算上の差異の計算とほとんど同じですが、翌年度から費用処理する規定はありませんので注意しましょう。

例9 過去勤務費用

次の資料にもとづいて、当期の退職給付費用および当期末の退職給付引当金の金額を求めなさい。

[資　料]

(1) 期首における退職給付債務は280,000円、年金資産は120,000円である。
(2) 当期の勤務費用は28,000円である。
(3) 退職給付債務の算定に使用する割引率は4％、長期期待運用収益率は3％である。
(4) 期首の未認識過去勤務費用（借方）は11,000円であり、残存償却期間5年間で定額法により処理する。

例9の解答　退職給付費用：**37,800円**
退職給付引当金：**186,800円**

〈解説〉

1．退職給付費用（期首の見積り）

（退職給付費用）　37,800　（退職給付引当金）　37,800

(1) 勤務費用：28,000円
(2) 利息費用：280,000円×4％＝11,200円
(3) 期待運用収益：120,000円×3％＝3,600円
(4) 過去勤務費用の費用処理額：11,000円÷5年＝2,200円
∴(1)＋(2)－(3)＋(4)＝37,800円

2．退職給付引当金

(1) 期末退職給付債務：319,200円
(2) 期末年金資産：123,600円
(3) 期末未認識過去勤務費用：8,800円
∴(1)－(2)－(3)＝186,800円

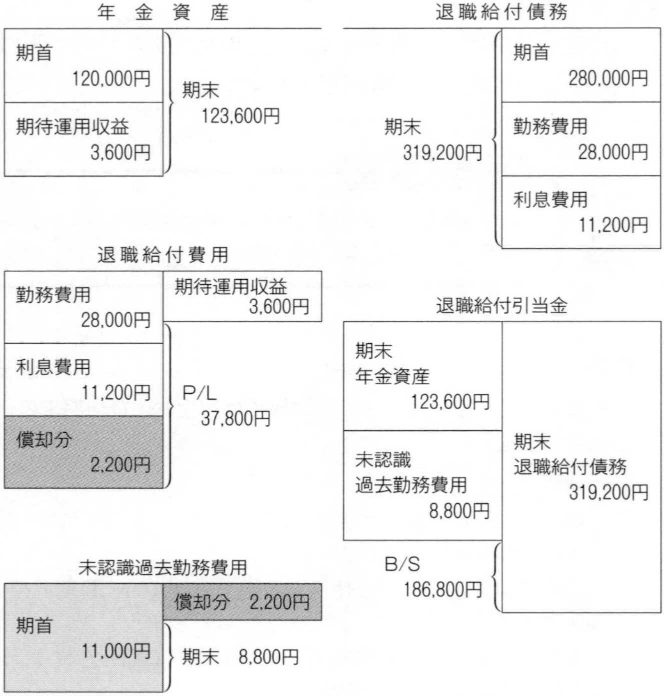
年　金　資　産
期首
120,000円
期待運用収益
3,600円
期末
123,600円
退職給付債務
期首
280,000円
勤務費用
28,000円
利息費用
11,200円
期末
319,200円
退職給付費用
勤務費用
28,000円
利息費用
11,200円
償却分
2,200円
期待運用収益
3,600円
P/L
37,800円
退職給付引当金
期末
年金資産
123,600円
未認識
過去勤務費用
8,800円
期末
退職給付債務
319,200円
B/S
186,800円
未認識過去勤務費用
期首
11,000円
償却分　2,200円
期末　8,800円

問1　退職給付会計①　答案用紙あり

次の資料にもとづいて、決算整理後残高試算表（一部）を作成しなさい。なお、会計期間は1年、当期は×2年4月1日から×3年3月31日までである。

［資料1］期首試算表（一部）

期首試算表
×2年4月1日　（単位：円）

退職給付引当金	（各自推定）

［資料2］その他の資料

(1)　前期末退職給付債務150,000円
(2)　前期末年金資産時価60,000円
(3)　割引率3％
(4)　長期期待運用収益率2％
(5)　当期勤務費用15,000円
(6)　当期年金掛金拠出額6,000円
(7)　当期退職給付支給額12,000円（退職一時金9,000円、年金からの支給3,000円）
(8)　数理計算上の差異等は生じていない。

問2　退職給付会計②　答案用紙あり

次の資料にもとづいて、決算整理後残高試算表（一部）を作成しなさい。なお、会計期間は1年、当期は×2年4月1日から×3年3月31日までである。

［資料1］期首試算表（一部）

期首試算表
×2年4月1日　（単位：円）

退職給付引当金	83,700

［資料2］その他の資料

(1)　前期末退職給付債務150,000円

⑵　前期末年金資産時価60,000円

⑶　割引率３％

⑷　前期末未認識数理計算上の差異1,800円（前期より10年で費用処理している）

⑸　前期末未認識過去勤務費用4,500円（前期より10年で費用処理している）

⑹　長期期待運用収益率２％

⑺　当期勤務費用15,000円

⑻　当期年金掛金拠出額6,000円

⑼　当期退職給付支給額12,000円（退職一時金9,000円、年金からの支給3,000円）

⑽　当期に発生した数理計算上の差異1,500円（退職給付債務の引当不足）は、当期から10年で費用処理する。

解答

問1　退職給付会計①

決算整理後残高試算表

×3年3月31日　　　　(単位：円)

退職給付費用 (18,300)	退職給付引当金 (93,300)

〈解説〉

1．期首退職給付引当金

150,000円－60,000円＝90,000円

2．退職給付費用の計上

(退職給付費用)	18,300*	(退職給付引当金)	18,300

＊　勤務費用：15,000円
　　利息費用：150,000円×３％＝4,500円
　　期待運用収益：60,000円×２％＝1,200円
　　∴15,000円＋4,500円－1,200円＝18,300円

3．年金掛金の拠出

(退職給付引当金)	6,000	(現金など)	6,000

4．退職給付の支給

(1)　退職一時金の支給

(退職給付引当金)	9,000	(現金など)	9,000

(2)　年金からの支給

仕訳なし

5．期末退職給付引当金

90,000円＋18,300円－6,000円－9,000円＝93,300円

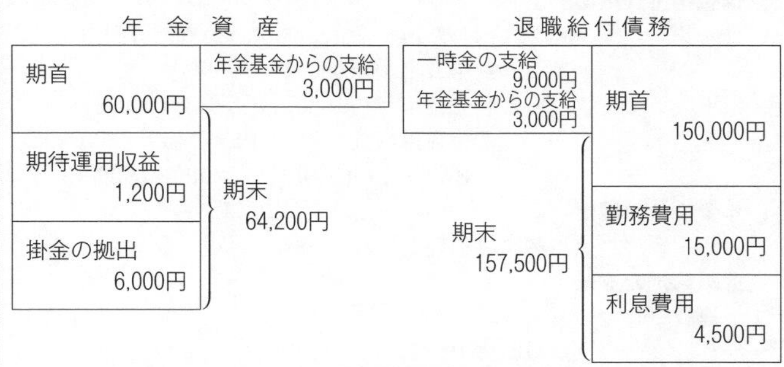

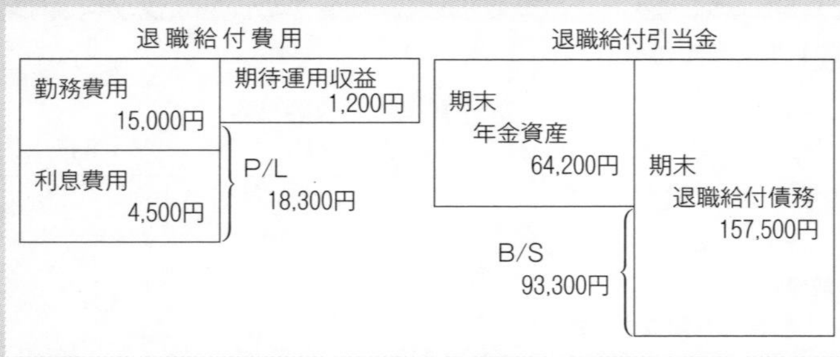

問２　退職給付会計②

決算整理後残高試算表

×3年３月31日　（単位：円）

退職給付費用	（ 19,150 ）	退職給付引当金	（ 87,850 ）

〈解説〉

１．前期末未認識の差異の費用処理

(1)　前期末未認識数理計算上の差異

（退職給付費用）	200＊1	（退職給付引当金）	200

＊１　1,800円÷(10年－１年)＝200円

(2)　前期末未認識過去勤務費用

（退職給付費用）	500＊2	（退職給付引当金）	500

＊２　4,500円÷(10年－１年)＝500円

２．退職給付費用の計上

（退職給付費用）	18,300＊3	（退職給付引当金）	18,300

＊３　勤務費用：15,000円
利息費用：150,000円×３％＝4,500円
期待運用収益：60,000円×２％＝1,200円
∴15,000円＋4,500円－1,200円＝18,300円

３．年金掛金の拠出

（退職給付引当金）	6,000	（現金など）	6,000

４．退職給付の支給

(1)　退職一時金の支給

（退職給付引当金）	9,000	（現金など）	9,000

(2)　年金からの支給

仕訳なし

５．当期発生数理計算上の差異

（退職給付費用）	150＊4	（退職給付引当金）	150

＊４　1,500円÷10年＝150円

6．**退職給付費用**

200円＋500円＋18,300円＋150円＝19,150円

7．**退職給付引当金**

83,700円＋200円＋500円＋18,300円－6,000円－9,000円＋150円＝87,850円

CHAPTER 09

社　債

◆社債に関する一連の処理を理解しよう

株式会社特有の資金調達方法には株式の発行と社債の発行があります。株式の発行と処理については2級で学習しました。ここでは、社債の発行と処理についてみていきましょう。両者の違いを明確に理解しつつ計算の処理方法をおさえましょう。

▶1級で学習する内容

社債の基礎	
2級までに学習済み	→ 1級で学習する内容
	発行から償還まで

償却原価法	
	定額法
	利息法

1 社債とは

Ⅰ 社債とは

株式会社が長期的な資金を調達する方法には、株式の発行のほか、社債の発行があります。

社債とは、一般の人（社債の購入者）から資金を調達するさいに発行する債券をいいます。

Ⅱ 株式と社債の違い

株式と社債は、どちらも株式会社が資金を調達するために発行するという点は同じですが、以下の点が異なります。

1 返済の必要性

株式の発行によって調達した資金は、あとで株主に返済する必要はありません。一方、社債の発行によって調達した資金は、一定期間（**償還期間**（しょうかんきかん））経過後に社債の所有者に返済する必要があります。

2 配当金と利息

株式の場合、会社の儲けに応じて、出資者である株主に配当金が支払われます。

一方、社債の場合には、儲けに関係なく、あらかじめ決められた利息（額面金額×利率）が支払われます。

図解 株式と社債の違い

株式	社債
・返済の必要なし	・返済の必要あり
・儲けに応じて配当金が支払われる（金額は変動）	・あらかじめ決められた利息が支払われる（儲けは関係なし）

Ⅲ 社債の発行形態

社債の発行形態には、次の3つがあります。

●社債の発行形態

◆平価発行（へいかはっこう）：額面金額で発行すること
◆割引発行（わりびきはっこう）：額面金額よりも低い金額で発行すること
◆打歩発行（うちぶはっこう）：額面金額よりも高い金額で発行すること
※　試験でよく出題されるのは割引発行です。

Ⅳ 用語の説明

社債の発行によって調達した資金を返済することを**償還**（しょうかん）、社債を償還する期日を**満期日**（まんきび）、社債の発行から満期日までの間（社債を発行している期間）を**償還期間**（しょうかんきかん）といいます。

図解 用語の説明

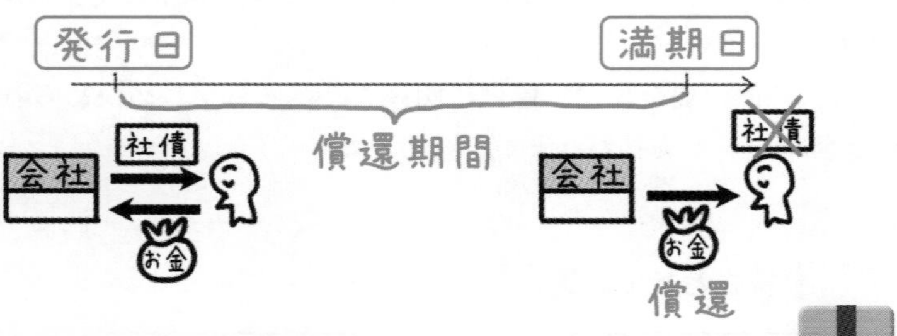

Ⅴ 社債の帳簿価額の調整

社債を額面金額よりも低い金額（または高い金額）で発行した場合に、額面金額と払込金額との差額が金利の調整と認められるとき、その差額である金利調整差額を**償却原価法**によって社債の帳簿価額に加減します。なお、相手科目は社債利息で処理します。

これならわかる!!

A社は社債（額面総額10,000円、償還期間５年）を年利率１％で発行しようとしていますが、他社（B社）は年利率２％（額面総額10,000円、償還期間５年）で発行していたとします。この場合、年利率２％の社債を買ったほうが得なので、A社社債よりもB社社債のほうが買い手が集まります。

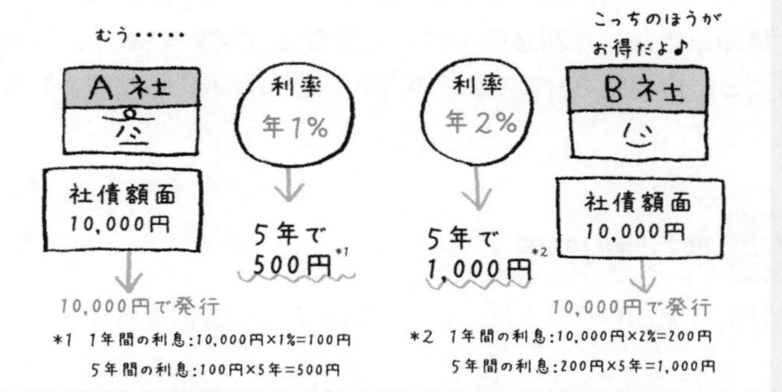

A社もB社と同様に年利率２％で発行できればいいのですが、毎年利息を支払うことを考えると１％でおさえたい…。

このようなとき、A社は額面金額よりも低い金額で社債を発行し、利息の不利感をなくすのです。

仮にA社が社債を9,500円で発行したとしましょう。社債は満期日に額面総額（10,000円）で償還するので、社債の購入者は、発行時に9,500円を支払い、満期日に10,000円を受け取ります。純額で500円のプラスということになりますね。

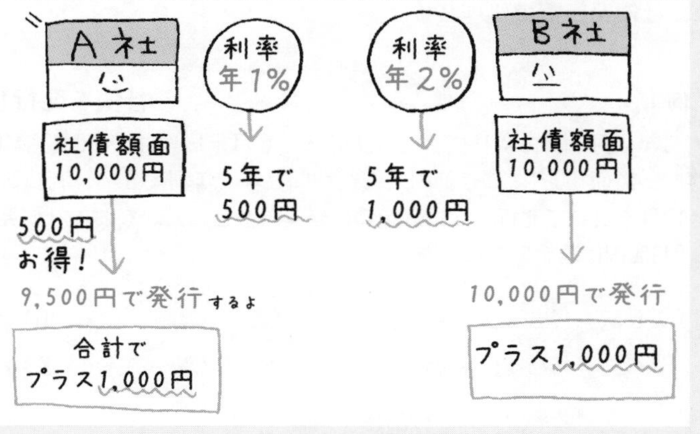

A社とB社の5年間の利息差は500円なので、A社が割引発行することによって実質的な金利差がなくなるのです。

このように、利率の差を調整するために生じた払込金額（9,500円）と額面総額（10,000円）の差額を**金利調整差額**といいます。

金利を**調整**するために生じた**差額**なので、決算において社債の帳簿価額に加算するさいには、相手科目を**社債利息**で処理するのです。

償却原価法には**利息法（原則）**と**定額法（容認）**があり、利息法では利払日ごとに償却額を計算し、定額法の場合には、決算整理として償却額を計算します。

2 発行時の処理

社債を発行したときは、払込金額をもって**社債**で処理します。

ひとこと

社債の発行によって調達した資金は、あとで社債の所有者に返済しなければなりません。社債の発行によって、「あとで返さなければならない義務」が生じるため、社債を発行したときは**社債**（負債）で処理するのです。

また、社債の発行にともなって生じた広告費や証券会社への手数料などは、**社債発行費**で処理します。

例1 ―――――――――――――――― **社債を発行したとき**

×1年7月1日　A株式会社（決算日は3月末日）は、額面総額10,000円の社債を、額面100円につき95円（償還期間5年、年利率3％、利払日は6月末日と12月末日）で発行し、払込金額は当座預金とした。なお、社債発行のための費用900円は現金で支払った。

例1の仕訳	（当座預金）	9,500	（社　　債）	9,500*
	（社債発行費）	900	（現　　金）	900

＊　$10,000円 \times \frac{95円}{100円} = 9,500円$

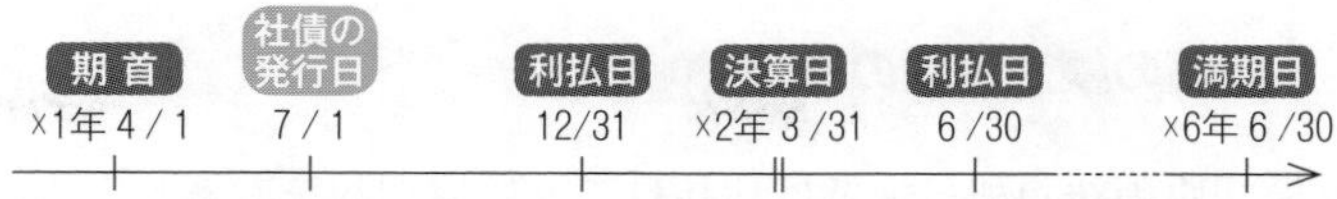

社債発行費は、原則として費用として処理しますが、繰延資産として処理することも認められています。

ひとこと

繰延資産について、忘れてしまった方は、CHAPTER 05を復習しましょう。

3 利払時の処理

I 利息の支払い

社債は借入れの一種なので、社債を発行している間は利息を払いますが、銀行などからの借入金に対する支払利息とは区別して、**社債利息**として処理します。

例2 ─ **利息を支払ったとき**

×1年９月30日　当期の４月１日に発行した社債（額面総額10,000円、償還期間３年、年利率６％、利払日は９月末日と３月末日）の利払日のため、利息を当座預金口座から支払った。

例２の仕訳	（社　債　利　息）	300*	（当　座　預　金）	300

* $10{,}000円 \times 6\% \times \frac{6か月}{12か月} = 300円$

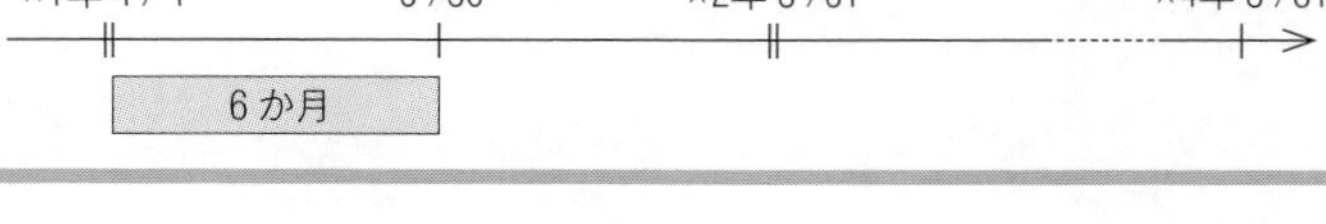

Ⅱ 社債の帳簿価額の調整（利息法）

償却原価法の利息法では利払日ごとに償却額を計算します。

●利息法における償還額算定の手順

① 利息配分額を算定：帳簿価額×実効利子率

② クーポン利息支払額の算定：額面金額×クーポン利子率

③ 金利調整差額の算定：①−②

ひとこと

利息法は満期保有目的債券で学習した内容と同じですので、忘れてしまった方は満期保有目的債券の復習をしておきましょう。

例3 ―――― **利払時の処理**

当社は、×1年4月1日（期首）に社債を次の条件で発行した。

×1年9月30日（利払日）と×2年3月31日（利払日＝決算日）における仕訳を示しなさい（円未満四捨五入）。

［条　件］

(1) 払 込 金 額： 9,400円

(2) 額 面 金 額：10,000円

(3) 満　期　日：×4年3月31日

(4) 実効利子率：年8.3%

(5) クーポン利子率（券面利子率）：年6％

(6) 利　払　日：毎年9月末日と3月末日の年2回（現金払い）

(7) 払込金額と額面金額の差額は、すべて金利調整差額と認められ、償却原価法（利息法）によって処理する。

例3の仕訳　×1年9月30日（利払日）

（社債利息）	300	（現金）	300*1
（社債利息）	90	（社債）	90*2

×2年3月31日（利払日、決算日）

（社債利息）	300	（現金）	300*3
（社債利息）	94	（社債）	94*4

＊1　$10{,}000円 \times 6\% \times \frac{6か月}{12か月} = 300円$

＊2　$9{,}400円 \times 8.3\% \times \frac{6か月}{12か月} ≒ 390円$

390円－300円＝90円

＊3　$10{,}000円 \times 6\% \times \frac{6か月}{12か月} = 300円$

＊4　$(9{,}400円 + 90円) \times 8.3\% \times \frac{6か月}{12か月} ≒ 394円$

394円－300円＝94円

年度	年月日	①帳簿価額（償却原価）	②利息配分額（①×8.3%×6か月/12か月）	③クーポン利息支払額	④金利調整差額の償却額（②－③）	⑤帳簿価額（償却原価）（①＋④）
×1年度	×1年4月1日	9,400円	―	―	―	9,400円
	×1年9月30日	9,400円	390円	300円	90円	9,490円
	×2年3月31日	9,490円	394円	300円	94円	9,584円
×2年度	×2年9月30日	9,584円	398円	300円	98円	9,682円
	×3年3月31日	9,682円	402円	300円	102円	9,784円
×3年度	×3年9月30日	9,784円	406円	300円	106円	9,890円
	×4年3月31日	9,890円	410円	300円	110円	10,000円
	合　計	―	2,400円	1,800円	600円	―

4 決算時の処理

Ⅰ 社債発行費の償却

社債発行費を繰延資産として計上した場合、利息法（原則）または定額法（容認）により、社債の償却期間にわたって償却し、償却額は**社債発行費償却**で処理します。

ひとこと

原則である利息法による償却は、出題可能性が低いので本書では省略します。

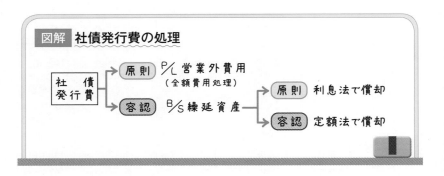

図解 社債発行費の処理

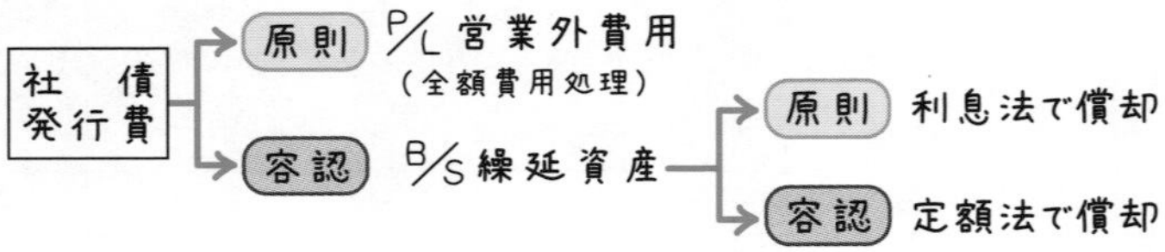

Ⅱ 社債利息の未払計上

決算日と利払日が異なる場合には、前回の利払日の翌日から決算日までの**社債利息**を未払計上します。

ひとこと

これは3級で学習した費用の未払いですね。

Ⅲ 社債の帳簿価額の調整（定額法）

定額法による償却原価法を採用している場合、決算において社債の額面金額と払込金額との差額（金利調整差額）を、償却期間にわたって月割償却します。

図解 社債の帳簿価額の調整

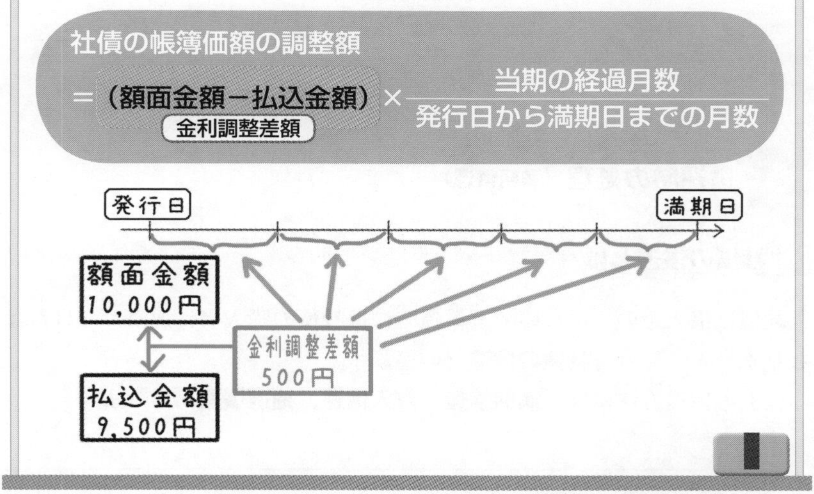

例4 　決算時の処理

×2年３月31日　決算につき、×1年７月１日に発行した社債（額面総額10,000円、払込金額9,400円、償還期間３年、クーポン利子率年６％、利払日は６月末日と12月末日）について、額面金額と払込金額との差額を償却原価法（定額法）によって償却する。また、社債発行費を発行日に500円支払っており、繰延資産として計上しているため、定額法によって償却する。

例４の仕訳	（社債発行費償却）	125	（社 債 発 行 費）	125*1
	（社　債　利　息）	150	（未払社債利息）	150*2
	（社　債　利　息）	150	（社　　　　債）	150*3

＊1　$500円 \times \frac{9か月}{36か月} = 125円$

＊2　$10{,}000円 \times 6\% \times \frac{3か月}{12か月} = 150円$

＊3　$(10{,}000円 - 9{,}400円) \times \frac{9か月}{36か月} = 150円$

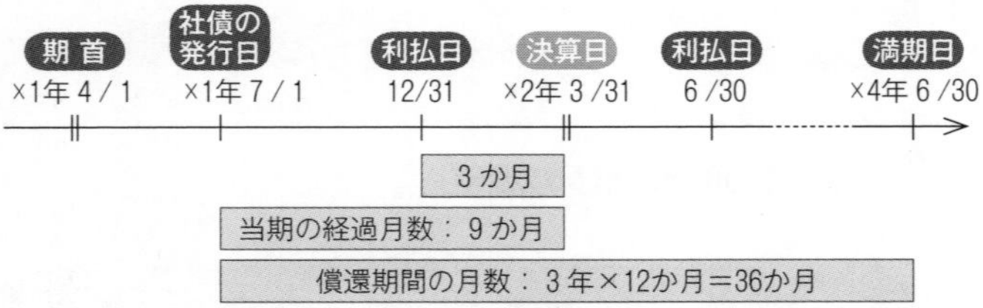

5　償還時の処理（満期償還）

Ⅰ　社債の償還とは

社債は借入金の一種なので、償還時には社債の購入者に返済しなければなりません。これを**社債の償還**といいます。

社債の償還方法には、**満期償還**、**買入償還**、**抽選償還**があります。

●**社債の償還の種類**

◆満期償還
◆買入償還
◆抽選償還

Ⅱ　満期償還時の会計処理

満期日に社債を償還することを**満期償還**といいます。

社債を満期償還したときは、期首から満期日までの金利調整差額の調整を行って、社債の帳簿価額を額面金額に一致させたあと、額面金額で社債を償還します。

例5　社債を償還したとき（満期償還）

×4年6月30日　×1年7月1日に発行した社債（額面総額：10,000円、前期末の帳簿価額：9,950円、利払日：毎年12月末日と6月末日、クーポン利子率：年6％、決算日：3月末日）が満期日を迎えたので、額面金額と最終回の利息を当座預金口座から支払った。なお、額面金額と払込金額（9,400円）との差額は償却原価法（定額法）によって処理しており、過年度における社債の処理は適正に行われている。

例5の仕訳

（社債利息）	50	（社　　債）	50*1
（社　　債）	10,000*2	（当座預金）	10,000
（社債利息）	300*3	（当座預金）	300

＊1　社債の帳簿価額の調整

$(10{,}000円-9{,}400円)\times\frac{3か月}{36か月}=50円$

＊2　社債の満期償還（額面金額で償還）

＊3　最後の社債利息の支払い

$10{,}000円\times 6\%\times\frac{6か月}{12か月}=300円$

〈参考〉

当期首：（未払社債利息）　150　（社債利息）　150*

＊　$10{,}000円\times 6\%\times\frac{3か月}{12か月}=150円$

当期首において、前期末の決算整理で未払計上（3か月分）した仕訳が洗替処理されています。したがって、6月末日に計上した6か月分のクーポン利息と差引きすると、当期の損益計算書には3か月のクーポン利息が反映されます。

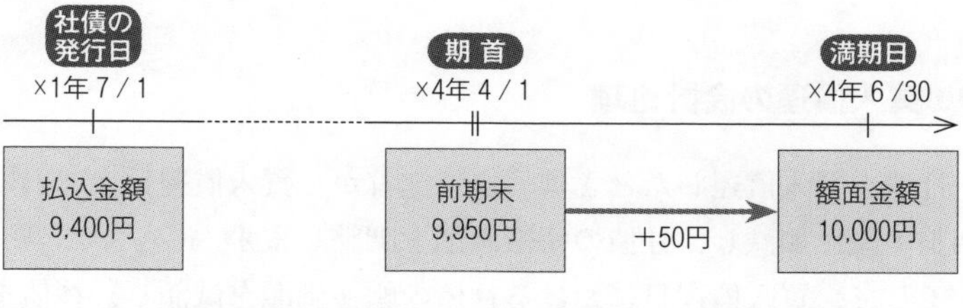

6 償還時の処理（買入償還）

Ⅰ 買入償還とは

社債の**買入償還**とは、満期日前に時価で市場から社債を買い入れることをいいます。

これならわかる!!

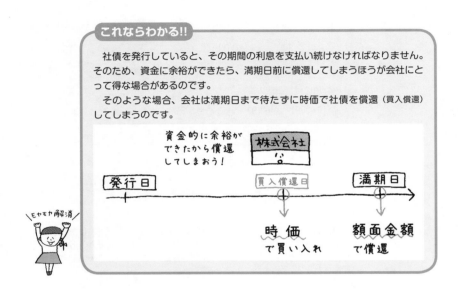

社債を発行していると、その期間の利息を支払い続けなければなりません。そのため、資金に余裕ができたら、満期日前に償還してしまうほうが会社にとって得な場合があるのです。

そのような場合、会社は満期日まで待たずに時価で社債を償還（買入償還）してしまうのです。

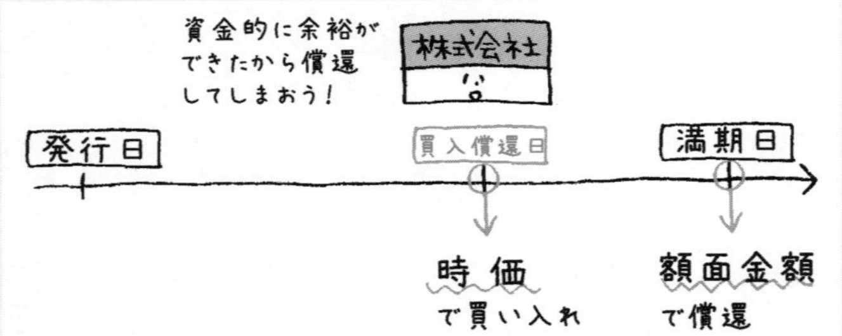

Ⅱ 買入償還の会計処理

社債を買入償還したときは、まず期首から買入償還日までの期間の金利調整差額を加減し、社債の帳簿価額を調整します。

そして、買入償還日における社債の帳簿価額を減額し、社債を償還します。

なお、減少する社債の帳簿価額と買入価額（時価）との差額は、**社債償還損**または**社債償還益**で処理します。

図解 買入償還をしたときの処理

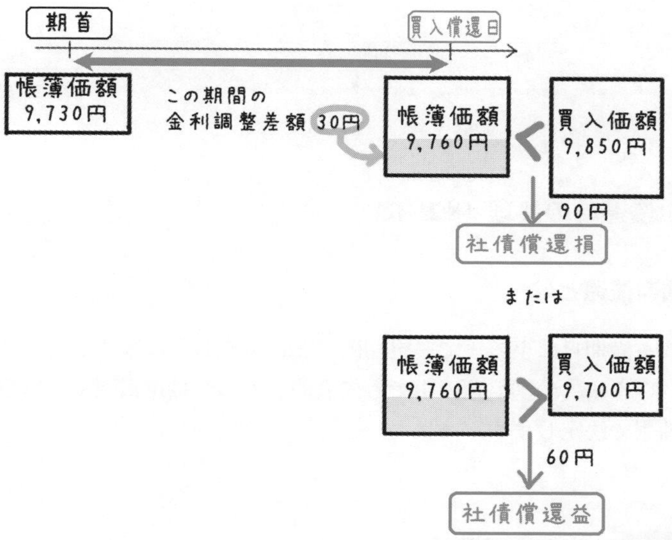

例6 買入償還の会計処理

×4年6月30日　×1年7月1日に発行した社債（額面総額10,000円、払込金額9,400円、前期末の帳簿価額9,730円、償還期間5年）を額面100円につき98.5円で買入償還し、代金は当座預金口座から支払った。なお、額面金額と払込金額との差額は償却原価法（定額法）によって償却している。決算日は3月31日である。

例6の仕訳

（社債利息）	30	（社債）	30*1
（社債）	9,760*2	（当座預金）	9,850*3
（社債償還損）	90*4		

＊1　(10,000円－9,400円)×$\frac{3\text{か月}}{60\text{か月}}$＝30円

＊2　社債の帳簿価額：9,730円＋30円＝9,760円

＊3　買入価額(時価)：10,000円×$\frac{98.5\text{円}}{100\text{円}}$＝9,850円

＊4　貸借差額 → 9,760円－9,850円＝△90円(償還損)

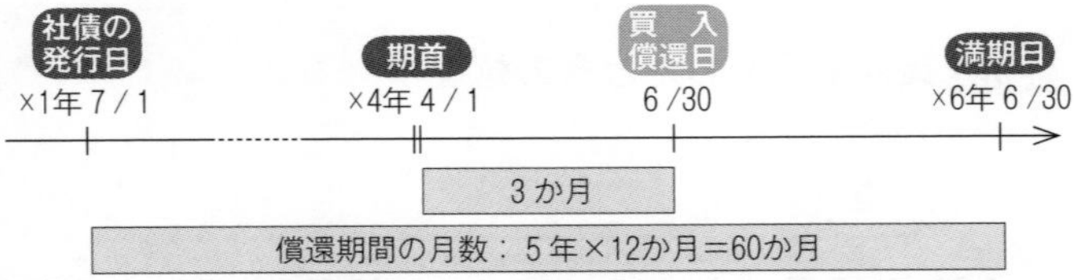

7 償還時の処理（抽選償還）

Ⅰ 抽選償還とは

社債を満期日に至るまで一定期間ごとに分割して償還する方法を分割償還といいます。分割償還の中でも代表的なものが**抽選償還**で、償還する社債を抽選で決定します。

図解 社債の抽選償還

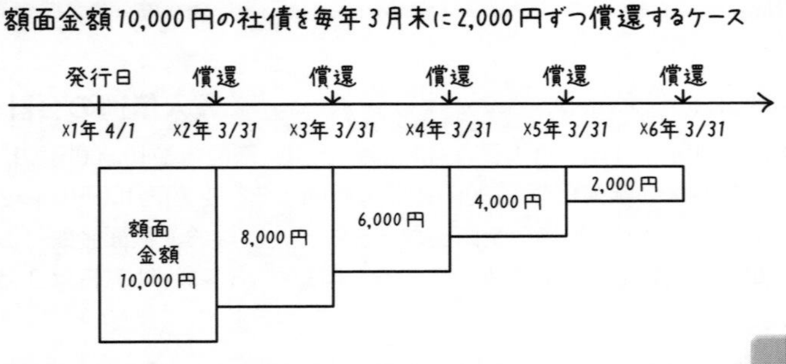

Ⅱ 抽選償還の会計処理

抽選償還は、次の例題をみながら説明していきます。

例7　　抽選償還の会計処理

当社は、社債を次の条件で発行した。

［条　件］
⑴　発　行　日：×1年4月1日
⑵　発行期間：5年
⑶　払込金額：9,400円（払込金額は当座預金とした）
⑷　額面金額：10,000円
⑸　償還方法：毎年3月末日に2,000円（額面金額）ずつ抽選償還
⑹　クーポン利子率（券面利子率）：年6％
⑺　利　払　日：毎年3月末日
⑻　取得価額と額面金額の差額は、すべて金利調整差額と認められる。金利調整差額は、社債の利用割合に応じて償却原価法（定額法）によって処理する。

1 発行時

社債を発行した時の処理は、これまでみてきた処理と同様に払込金額で社債を計上します。

×1年4/1：	（当座預金）	9,400	（社　　　債）	9,400

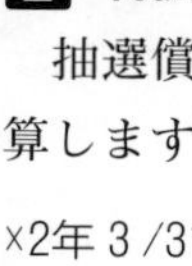

ひとこと

抽選償還においても金利調整差額の償却方法は利息法が原則になります。抽選償還の利息法は巻末の参考を参照してください。

2 利払時

抽選償還の場合は、残っている額面金額に年利率を掛けて社債利息を計算します。

×2年3/31：	（社債利息）	600	（現金など）	600*

* 10,000円×6％＝600円

ひとこと

翌期以降の利払時の仕訳は以下のようになります。抽選償還にともない、額面金額が減額していることに注意してください。

×3年3/31：	(社 債 利 息)	480	(現 金 な ど)	480*1
×4年3/31：	(社 債 利 息)	360	(現 金 な ど)	360*2
×5年3/31：	(社 債 利 息)	240	(現 金 な ど)	240*3
×6年3/31：	(社 債 利 息)	120	(現 金 な ど)	120*4

＊1　8,000円×6％＝480円
＊2　6,000円×6％＝360円
＊3　4,000円×6％＝240円
＊4　2,000円×6％＝120円

3 抽選償還時（×2年3月31日）

抽選償還は額面金額で行います。したがって、まず抽選償還する社債の帳簿価額を額面金額に調整してから、その分を償還します。

❶ 金利調整差額の計算

まず、金利調整差額を計算します。

額面金額10,000円から払込金額9,400円を差し引いた600円が金利調整差額となります。

❷ 金利調整差額の償却

条件より、社債の利用割合に応じて償却します。

本問では額面10,000円の社債を発行していますが、2,000円を償還するのは1年経過後ですから、最初の1年間の利用金額は10,000円となります。

そして、各期の利用金額を合計した金額が総利用金額となるので、1年目に償還される社債（2,000円）の金利調整差額の償却額は、次のようになります。

×2年3/31：	(社 債 利 息)	40	(社　　　債)	40*1

＊1　$600円 \times \frac{2,000円}{30,000円^{*2}} = 40円$

＊2　10,000円＋8,000円＋6,000円＋4,000円＋2,000円＝30,000円

ひとこと

2年目は1回目の償還がされたあとの金額8,000円（＝10,000円－2,000円）が、3年目は2年目からさらにもう1回償還されたあとの金額6,000円（＝8,000円－2,000円）が利用金額となります。

図解 利用割合に応じた金利調整差額の償却

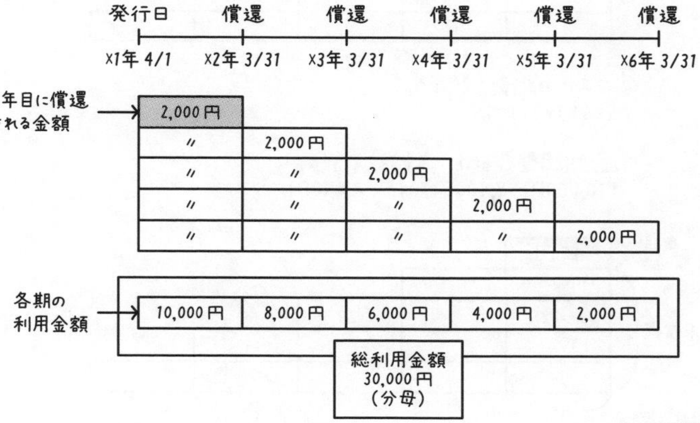

なお、実際に計算問題を解くときには、次のような手順で処理すると素早く解答することができます。

●抽選償還の解答手順

① ボックス図を作成する。
② マス目の総数を数える。
③ 金利調整差額をマス総数で割る（＝1マスあたりの調整差額）。
④ 当期分のマス数に③を乗じて、当期分償却額を出す。

図解 利用割合に応じた金利調整差額の償却

①ボックス図を作成する

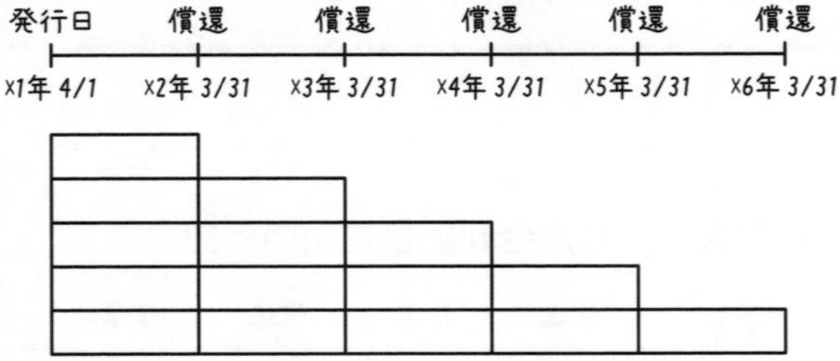

②マス目の総数を数える。
5+4+3+2+1=15

③金利調整差額をマス総数で割る。
(10,000円−9,400円)÷15マス=40円／マス

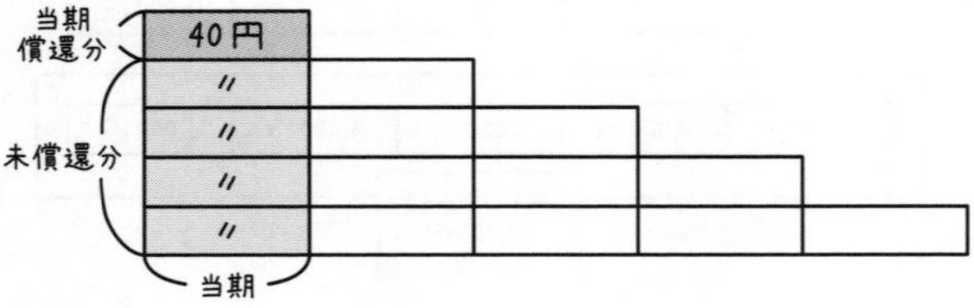

④当期分償却額を出す。
40円／マス×5マス=200円

内訳*
40円×1マス=40円（償還分）
40円×4マス=160円（未償還分）

＊ 正確には、償還分は期中処理として行い、未償還分は決算整理として行います。

これならわかる!!

額面10,000円の社債を、毎年2,000円ずつ５回に分けて償還していくということは、最初から償還期間の異なる５種類の社債を発行したのと同じことになります。

つまり、満期１年で額面2,000円の社債、満期２年で額面2,000円の社債、満期３年で額面2,000円の社債、満期４年で額面2,000円の社債、満期５年で額面2,000円の社債、以上５種類の社債を発行しているのと同じということです。図解すると以下のようになります。

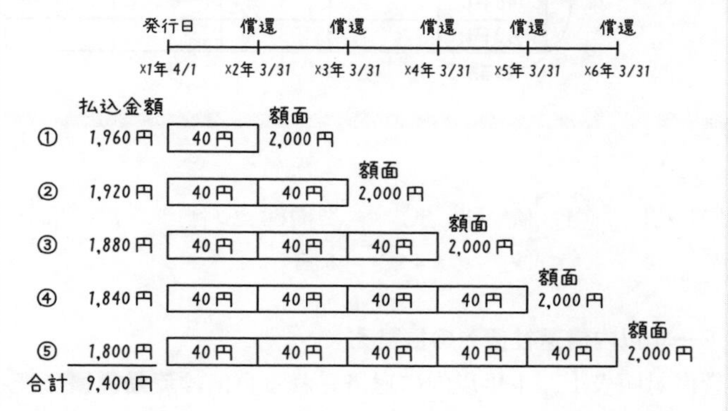

❸ 抽選償還の仕訳

抽選償還は額面金額で行います。❷の処理によって、抽選償還分の社債の帳簿価額は額面金額と一致することになります。

×2年３/31：	（社　　債）	2,000	（現 金 な ど）	2,000*

＊　1,960円＋40円＝2,000円

4 決算時

❶ 未償還分の金利調整差額の償却

決算において、未償還分の社債帳簿価額を調整します。

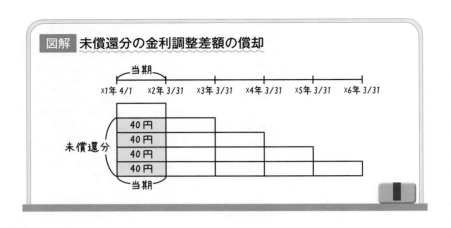

図解　未償還分の金利調整差額の償却

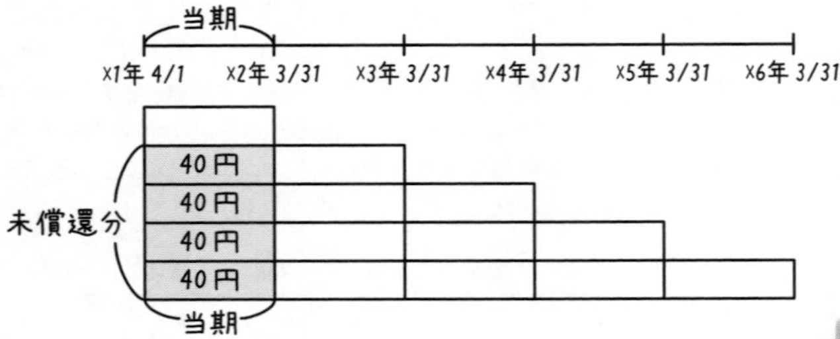

×2年３/31：（社　債　利　息）　160　（社　　　　債）　160*

＊　40円/マス×４マス＝160円

❷　一年以内償還社債への振替え

貸借対照表上、１年以内に返済される負債は**流動負債**に表示するため、当期末の社債残高のうち翌期中に償還予定のものを一年基準にしたがって分類して表示します。

ひとこと

本問では、×3年３月31日償還分を、社債（固定負債）から**一年以内償還社債**（流動負債）に振り替えます。

図解　一年以内償還社債への振替え

×2年３/31：	（社　　　　　債）	1,960	（一年以内償還社債）	1,960*

*　①　×3年３月31日に償還される社債の額面金額：2,000円
　　②　①のうち次期に償却される金利調整差額：40円/マス×１マス＝40円
　　③　①－②＝1,960円または、1,920円＋40円＝1,960円

問1　償却原価法（利息法、定額法）　答案用紙あり

次の資料にもとづいて、社債の償却原価法の処理を(1)利息法および(2)定額法で処理した場合の決算整理後残高試算表を作成しなさい。なお、会計期間は1年、当期は×1年4月1日から×2年3月31日までであり、当期のクーポン利息は適正に支払われている。また、計算上端数の生じる場合には、円未満を四捨五入すること。

[資　料]

1．発行日：×1年4月1日（当期首）
2．額面金額：50,000円
3．払込金額：48,000円
4．満期日：×5年3月31日
5．利払日：毎年9月末日と3月末日の年2回
6．クーポン利子率：年4.0%
7．実効利子率：年5.12%

問2　買入償還　答案用紙あり

次の資料にもとづいて、損益計算書および貸借対照表を作成しなさい。なお、会計期間は1年、当期は×5年4月1日から×6年3月31日までである。

[資料1] 決算整理前残高試算表

決算整理前残高試算表
×6年3月31日　　　　（単位：円）

自己社債	79,200	社債	295,950
社債利息	6,500		

[資料2] 決算整理事項等

1．社債は×2年7月1日に、額面金額300,000円を額面100円につき97円、期間5年、利率年3%（利払日は6月と12月の各末日）の条件で発行したものである。

2．自己社債は×5年12月31日に、額面総額80,000円の社債を額面100円につき99円（裸相場）で買入償還したときに処理したものである。
3．社債については、償却原価法（定額法）を適用している。

問3　抽選償還　答案用紙あり

次の資料にもとづいて、損益計算書および貸借対照表を作成しなさい。なお、当期は×6年３月31日を決算日とする１年である。

［資料１］決算整理前残高試算表

決算整理前残高試算表
×6年３月31日　（単位：円）

社債利息	19,200	社債	936,000

［資料２］決算整理事項等
1．社債は×4年４月１日に額面総額1,200,000円の社債を額面100円につき97円、期間５年（ただし毎年３月31日に240,000円ずつ抽選償還している）、利率年２％（利払日は３月と９月の各末日）の条件で発行したものである。
2．当期末に第２回目の抽選償還を行い、額面金額で償還し、代金は当座預金から支払ったが未処理である。
3．クーポン利息の処理は適正に行われている。
4．社債の償却原価法は、社債額面による社債資金の利用割合に応じて償却しており、過年度の処理はすべて適正に行われている。

解答

問1　償却原価法（利息法、定額法）

(1)　利息法で処理した場合

決算整理後残高試算表
×2年３月31日　（単位：円）

社債利息	(2,464)	社債	(48,464)

(2)　定額法で処理した場合

決算整理後残高試算表
×2年３月31日　（単位：円）

社債利息	(2,500)	社債	(48,500)

〈解説〉

(1)　利息法で処理した場合

①　社債発行時（×1年４月１日）

(現金など)	48,000	(社債)	48,000

②　クーポン利息支払時（×1年９月30日）

(社債利息)	1,000	(現金など)	1,000*1
(社債利息)	229	(社債)	229*2

＊1　$50{,}000円 \times 4\% \times \frac{6か月}{12か月} = 1{,}000円$

＊2　$48{,}000円 \times 5.12\% \times \frac{6か月}{12か月} \fallingdotseq 1{,}229円$

$1{,}229円 - 1{,}000円 = 229円$

③　決算時（×2年３月31日）

(社債利息)	1,000	(現金など)	1,000*3
(社債利息)	235	(社債)	235*4

＊3　$50{,}000円 \times 4\% \times \frac{6か月}{12か月} = 1{,}000円$

＊4　$48{,}000円 + 229円 = 48{,}229円$

$48{,}229円 \times 5.12\% \times \frac{6か月}{12か月} \fallingdotseq 1{,}235円$

$1{,}235円 - 1{,}000円 = 235円$

∴ 社　　債：48,000円＋229円＋235円＝48,464円

∴ 社債利息：1,000円＋229円＋1,000円＋235円＝2,464円

(2)　定額法で処理した場合

①　社債発行時（×1年４月１日）

(現金など)	48,000	(社債)	48,000

② **クーポン利息支払時**（×1年９月30日）

（社債利息）	1,000	（現金など）	1,000[*1]

＊1　$50{,}000円 \times 4\% \times \frac{6か月}{12か月} = 1{,}000円$

③ **決算時**（×2年３月31日）

（社債利息）	1,000	（現金など）	1,000[*2]
（社債利息）	500	（社債）	500[*3]

＊2　$50{,}000円 \times 4\% \times \frac{6か月}{12か月} = 1{,}000円$

＊3　$(50{,}000円 - 48{,}000円) \times \frac{12か月}{48か月} = 500円$

∴ 社　　債：48,000円＋500円＝48,500円
∴ 社債利息：1,000円＋1,000円＋500円＝2,500円

問２　買入償還

損　益　計　算　書
自×5年４月１日　至×6年３月31日　（単位：円）

Ⅴ　営業外費用	
1．社債利息	（　10,080　）
⋮	
Ⅵ　特別利益	
1．社債償還益	（　80　）

貸　借　対　照　表
×6年３月31日　（単位：円）

	Ⅰ　流動負債	
	1．未払金	（　250）
	2．未払費用	（　1,650）
	Ⅱ　固定負債	
	1．社債	（218,350）

〈解説〉

(1)　**社債の償却原価法**（定額法）

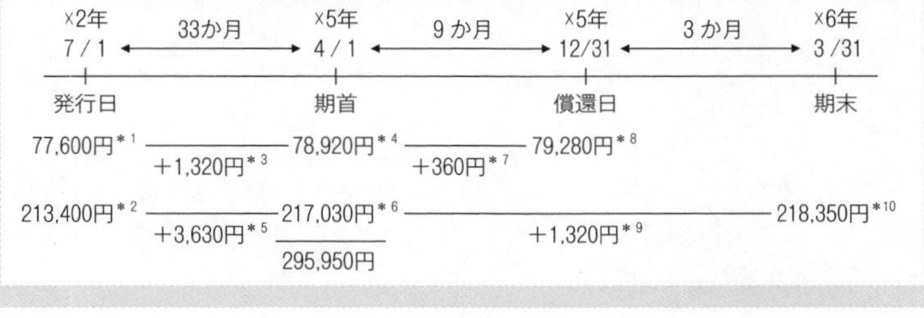

＊1　$80,000円 \times \frac{97円}{100円} = 77,600円$（償還社債の払込金額）

＊2　300,000円－80,000円＝220,000円（未償還社債）

$220,000円 \times \frac{97円}{100円} = 213,400円$（未償還社債の払込金額）

＊3　80,000円－77,600円（償還社債の払込金額）
＝2,400円（金利調整差額）

$2,400円 \times \frac{33か月}{60か月} = 1,320円$（過年度要償却額）

＊4　77,600円（払込金額）＋1,320円（過年度要償却額）
＝78,920円（償還社債の適正な期首償却原価）

＊5　220,000円－213,400円（未償還社債の払込金額）
＝6,600円（金利調整差額）

$6,600円 \times \frac{33か月}{60か月} = 3,630円$（過年度要償却額）

＊6　213,400円（払込金額）＋3,630円（過年度要償却額）
＝217,030円（未償還社債の適正な期首償却原価）

＊7　$2,400円（金利調整差額） \times \frac{9か月}{60か月}$
＝360円（償還社債の当期償却額＝社債利息）

＊8　78,920円（期首償却原価）＋360円（当期償却額）
＝79,280円（償還社債の償還時の償却原価）

＊9　$6,600円（金利調整差額） \times \frac{12か月}{60か月}$
＝1,320円（未償還社債の当期償却額＝社債利息）

＊10　217,030円（期首償却原価）＋1,320円（当期償却額）
＝218,350円（未償還社債の期末償却原価）

① 買入償還の処理

(a) 償還時（期中）の仕訳（誤った仕訳）

自社が発行した株式を取得した場合は、借方に「自己株式」を計上しますが、自社が発行した社債を取得した場合は、借方を自己社債とはせず、社債を直接取り崩します。

（自 己 社 債）	79,200	（現 金 な ど）	79,200

(b) 正しい仕訳

（社 債 利 息）	360＊7	（社　　　債）	360
（社　　　債）	79,280＊8	（現 金 な ど）	79,200
		（社 債 償 還 益）	80＊11

＊11　79,280円－79,200円＝＋80円（償還益）

(c) 修正仕訳

（社 債 利 息）	360	（社　　　債）	360
（社　　　債）	79,280	（自 己 社 債）	79,200
		（社 債 償 還 益）	80

② 当期の償却額（未償還分）

（社 債 利 息）	1,320	（社 債）	1,320*9

(2) **社債利息の計上**

社債利息の未払額のうち、決算日までに利払日が到来しているものは、未払金とし、利払日が未到来のものは、未払費用とします。

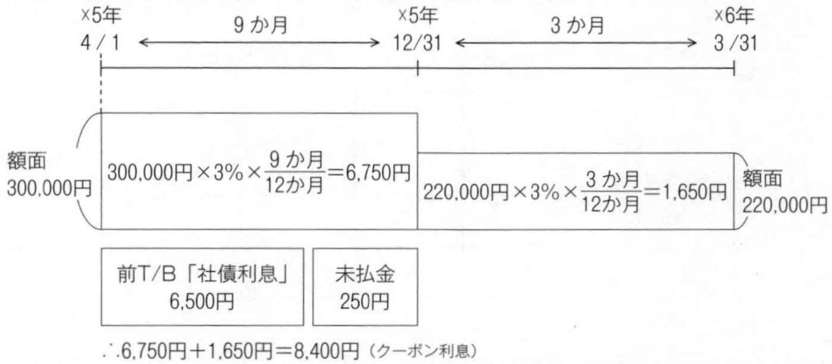

（社 債 利 息）	1,900	（未 払 金）	250
		（未 払 費 用）	1,650

∴ （360円＋1,320円）＋8,400円＝10,080円（P／L営業外費用：社債利息）
　　社債の償却額　　クーポン利息

問３ 抽選償還

(1) 損益計算書

損 益 計 算 書
自×5年４月１日 至×6年３月31日 （単位：円）

⋮

Ⅴ 営 業 外 費 用	
（社 債 利 息）	（ 28,800 ）

(2) 貸借対照表

貸 借 対 照 表
×6年３月31日 （単位：円）

	Ⅰ 流 動 負 債	
	一年以内償還社債	（ 237,600）
	Ⅱ 固 定 負 債	
	社 債	（ 468,000）

〈解説〉

1．償却額の計算

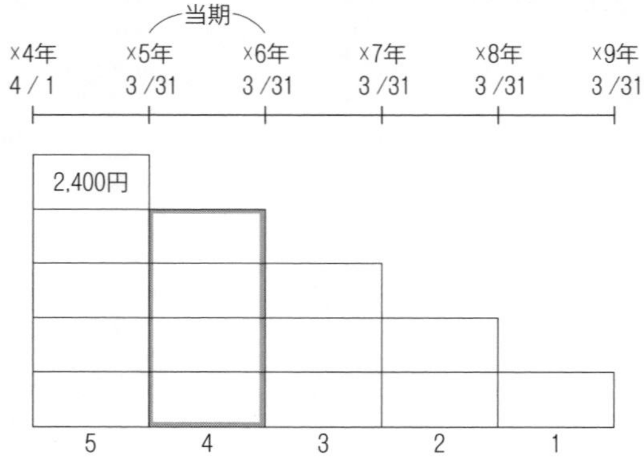

① マス目総数：15

② 金利調整差額をマス総数で割る（＝１マスあたりの調整差額）

$1{,}200{,}000円 \times \dfrac{97円}{100円} = 1{,}164{,}000円$（払込金額）

1,200,000円－1,164,000円＝36,000円（金利調整差額）

36,000円÷15マス＝2,400円/マス

③ 当期のマス数に2,400円を乗じて、当期償却額を出す。

2,400円/マス×４マス＝9,600円

（社　債　利　息）	9,600	（社　　　　債）	9,600＊1

＊1　2,400円/マス×４マス＝9,600円

∴ P／L社債利息：19,200円＋9,600円＝28,800円

2．第２回償還の仕訳

（社　　　　債）	240,000	（当　座　預　金）	240,000

3．一年以内償還社債の仕訳

（社　　　　債）	237,600＊2	（一年以内償還社債）	237,600

＊2　① ×7年３月31日に償還される社債の額面金額：240,000円

② ①のうち次期に償却される金利調整差額：2,400円/マス×１マス＝2,400円

③ ①－②＝237,600円

∴ B／S社債：936,000円＋9,600円－240,000円－237,600円＝468,000円

CHAPTER 10

純資産 I

◆自己株式は株主資本の控除項目

CHAPTER 10とCHAPTER 11で純資産の処理についてみていきます。

まず、ここでは、２級で学習した処理に加え、自己株式の処理について学習します。新株の発行、利益剰余金の配当に係る処理、および自己株式に関する処理は試験の頻出論点です。一つ一つ丁寧にマスターしていきましょう。

▶１級で学習する内容

純資産の会計処理

２級までに学習済み	➡ １級で学習する内容
設立時	設立時
増資時	増資時
剰余金の配当・処分	剰余金の配当・処分
株主資本の計数変動	株主資本の計数変動
	自己株式

1 純資産の部

Ⅰ 純資産とは

純資産とは、貸借対照表の資産の部と負債の部の差額のことです。この純資産の部は、次のように分類することができます。

●純資産の部

純資産の部は、さらに株主資本、評価・換算差額等、株式引受権、新株予約権に分かれます。

貸 借 対 照 表

<table>
<tr><td rowspan="7">資　　産</td><td colspan="3">負　債</td></tr>
<tr><td rowspan="6">純資産</td><td rowspan="3">株主資本</td><td>資 本 金</td></tr>
<tr><td>資本剰余金</td></tr>
<tr><td>利益剰余金</td></tr>
<tr><td colspan="2">評価・換算差額等</td></tr>
<tr><td colspan="2">株式引受権</td></tr>
<tr><td colspan="2">新株予約権</td></tr>
</table>

ひとこと

純資産は、基本的には株主からの出資金とその増加額を表しています（株主資本、自己資本）。しかし、現在では、資産・負債・資本（株主資本、自己資本）のいずれにも属さない項目（評価・換算差額等、株式引受権、新株予約権）が存在し、それを記載するための場所として、純資産の部に株主資本と区別して表示しています。なお、新株予約権はCHAPTER 11、株式引受権はCHAPTER 13で学習します。

Ⅱ 純資産の部

純資産の部は、さらに次のように区分して表示します。

●純資産の部

Ⅰ　株主資本❶		
1．資本金❷		×××
2．新株式申込証拠金❸		×××
3．資本剰余金❹		
(1)　資本準備金❺	×××	
(2)　その他資本剰余金❻	×××	×××
資本剰余金合計		×××
4．利益剰余金❼		
(1)　利益準備金❽		×××
(2)　その他利益剰余金❾		
任意積立金❿	×××	
繰越利益剰余金⓫	×××	×××
利益剰余金合計		×××
5．自己株式⓬		△×××
株主資本合計		×××
Ⅱ　評価・換算差額等⓭		
1．その他有価証券評価差額金	×××	
2．繰延ヘッジ損益	×××	×××
評価・換算差額等合計		×××
Ⅲ　株式引受権⓮		×××
Ⅳ　新株予約権⓯		×××
純資産合計		×××

❶ 株主資本：純資産のうち、株主に帰属する部分
❷ 資本金：株主からの払込金額で、会社法の規定で資本金とされる部分
❸ 新株式申込証拠金：新株発行の際に申込者から払い込まれた金額を一時的に処理する勘定科目
❹ 資本剰余金：資本取引から生じた剰余金で、払込資本のうち資本金としなかったもの
❺ 資本準備金：株主からの払込金額のうち資本金としなかった部分
❻ その他資本剰余金：資本準備金以外の資本剰余金
❼ 利益剰余金：損益取引から生じた剰余金
❽ 利益準備金：配当の際に積立てが強制される準備金
❾ その他利益剰余金：利益準備金以外の利益剰余金
❿ 任意積立金：株主総会等の決議により任意で積み立てられた金額
⓫ 繰越利益剰余金：利益準備金、任意積立金以外の利益剰余金
⓬ 自己株式：会社が保有する自社の株式
⓭ 評価・換算差額等：資産、負債を時価評価した際に生じる換算差額等
⓮ 株式引受権：取締役の報酬等として株式を無償交付する取引のうち、事後交付型に該当する場合の報酬費用に対応する金額
⓯ 新株予約権：当社が発行した新株予約権に対する払込額

2 新株の発行

会社設立後に新たに株式を発行することを、新株の発行といいます。新株発行には、一般公募、株主割当、第三者割当の3つの形態があります。

例1 **新株の発行**

次の取引について仕訳を示しなさい。

(1) 取締役会により、新株500株を一般公募により発行することを決議した。払込価額は1株あたり100円で募集し、申込期日までに800株の申込みがあった。払い込まれた全額を申込証拠金として受け入れ、別段預金とした。

(2) 割当日に、割当てにもれた申込証拠金を返還した。

(3) 払込期日に申込証拠金を資本金に振り替えるとともに、別段預金を当座預金とした。

例1の仕訳(1)	(別段預金)	80,000*1	(新株式申込証拠金)	80,000
(2)	(新株式申込証拠金)	30,000*2	(別段預金)	30,000
(3)	(新株式申込証拠金)	50,000*3	(資本金)	50,000
	(当座預金)	50,000	(別段預金)	50,000*3

＊1 @100円×800株＝80,000円
＊2 @100円×(800株－500株)＝30,000円
＊3 @100円×500株＝50,000円 または 80,000円－30,000円＝50,000円

ひとこと

新株を発行したときの払込金額は、原則として全額資本金として組み入れます。

原則…払込金額の全額を資本金として処理

容認…払込金額のうち最低2分の1を資本金とし、残りを資本準備金で処理

3 株主資本の計数の変動

会社は株主総会等の決議により、資本準備金を資本金に振り替えるなど、株主資本内で計数を変動させることができます。

ひとこと

ただし、会計上、資本取引と損益取引は区分する必要があるため、原則として資本取引（資本金と資本剰余金）と損益取引（利益剰余金）間での変動はできません。

図解 株主資本の計数の変動

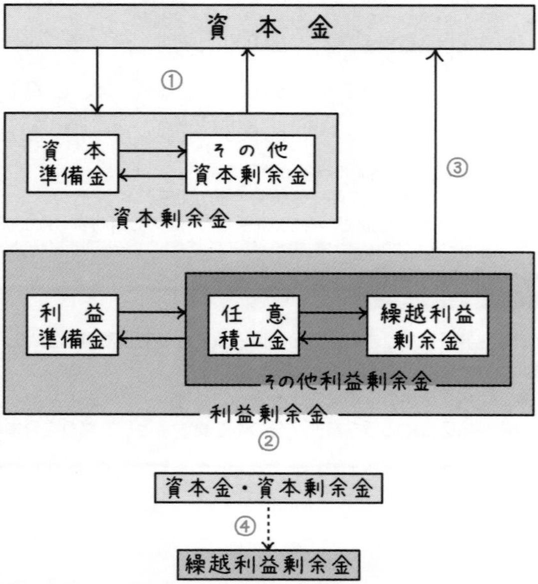

① 資本取引に関する項目内での振替え（資本金から資本剰余金への振替え、資本剰余金から資本金への振替え、資本剰余金内での振替え）
② 損益取引に関する項目内での振替え（利益剰余金内での振替え）
③ 利益剰余金から資本金への振替え
④ 欠損をてん補する場合における、資本金、資本剰余金から繰越利益剰余金への振替え

ひとこと

欠損とは、繰越利益剰余金がマイナスである状態をいいます。

4．利益剰余金		
(1) 利益準備金		×××
(2) その他利益剰余金		
任意積立金	×××	
繰越利益剰余金	△×××	×××
利益剰余金合計		×××

具体例で確認してみましょう。

例2 株主資本の計数の変動①

株主総会の決議により、資本準備金500円および利益準備金300円を資本金に組み入れた。

例2の仕訳				
	（資本準備金）	500	（資本金）	800
	（利益準備金）	300		

ひとこと

例2の取引は、図解の中の①と③の振替えになります。

例3 **株主資本の計数の変動②**

繰越利益剰余金△200円のてん補のため、その他資本剰余金200円を取り崩すことが株主総会で決議された。

例3の仕訳	（その他資本剰余金）	200	（繰越利益剰余金）	200

ひとこと

例3の取引は、図解の中の④の振替えになります。

4 自己株式

Ⅰ 自己株式とは

自社が発行した株式を自社が取得したときの株式のことを**自己株式**といいます。自己株式は、取得原価で純資産の部の株主資本の末尾に控除する形式で表示します。

●自己株式の表示

自己株式は、貸借対照表上、次のように表示されます。

	利益剰余金合計	×××
5.	自己株式	△×××
	株主資本合計	×××

Ⅱ 自己株式の取得

自己株式は、株主総会の決議により取得することができます。なお、取得にあたり付随費用が生じた場合は、取得原価に含めず**支払手数料**で処理します。

ひとこと

他社の有価証券を取得した場合にかかった付随費用は、有価証券の取得原価に含めましたが、自己株式を取得した場合の付随費用は取得原価に含めず、支払手数料として処理する点に注意しましょう。

例4　自己株式の取得

株主総会の決議により、発行済株式のうち10株を1株につき1,000円で取得した。代金は取得にかかった手数料500円とあわせて小切手を振り出して支払った。

例4の仕訳	（自　己　株　式）	10,000*	（当　座　預　金）	10,500
	（支 払 手 数 料）	500		

＊　@1,000円×10株＝10,000円

Ⅲ 自己株式の処分

自己株式は、新株発行の手続きを準用して処分（売却）することができます。

自己株式を処分したときの対価と処分した自己株式の帳簿価額に差額が生じる場合、その差額がプラスのときには**自己株式処分差益**、マイナスのときには**自己株式処分差損**として処理します。

自己株式処分差額＝自己株式の処分の対価－自己株式の帳簿価額
- →プラスのとき：自己株式処分差益
- →マイナスのとき：自己株式処分差損

ひとこと

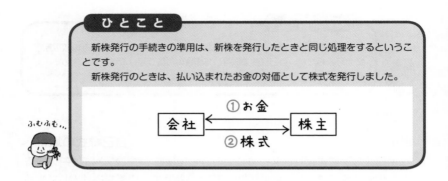

新株発行の手続きの準用は、新株を発行したときと同じ処理をするということです。

新株発行のときは、払い込まれたお金の対価として株式を発行しました。

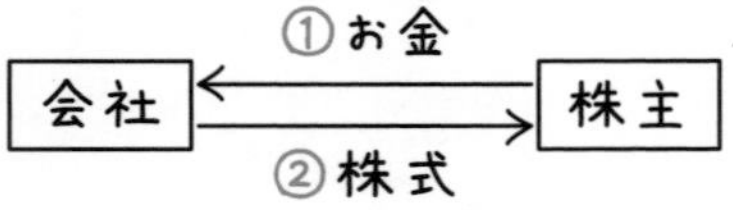

1 自己株式処分差額がプラス（自己株式の処分の対価>自己株式の帳簿価額）のとき

自己株式処分差額（自己株式処分差益）は**その他資本剰余金**の増加として処理します。なお、自己株式の処分にあたり付随費用が生じた場合は、**支払手数料**で処理します。

ひとこと

ただし、自己株式の処分のときには、株式交付費として繰延資産に計上することもできます。

例5　自己株式の処分①

保有する自己株式（帳簿価額@1,000円）のうち3株を1株につき1,500円で処分し、代金は当座預金口座に払い込まれた。また、処分にあたり手数料300円を小切手を振り出して支払った。

例5の仕訳	（当座預金）	4,500*1	（自己株式）	3,000*2
			（その他資本剰余金）	1,500*3
	（支払手数料）	300	（当座預金）	300

＊1　@1,500円×3株＝4,500円
＊2　@1,000円×3株＝3,000円
＊3　貸借差額

2 自己株式処分差額がマイナス(自己株式の処分の対価<自己株式の帳簿価額)のとき

自己株式処分差額（自己株式処分差損）は**その他資本剰余金**の減少として処理します。

例6 自己株式の処分②

保有する自己株式（帳簿価額@1,000円）のうち2株を1株につき750円で処分し、代金は当座預金口座に払い込まれた。また、処分にあたり手数料200円を小切手を振り出して支払った。

例6の仕訳	（当座預金）	1,500*1	（自己株式）	2,000*2
	（その他資本剰余金）	500*3		
	（支払手数料）	200	（当座預金）	200

＊1　@750円×2株＝1,500円
＊2　@1,000円×2株＝2,000円
＊3　貸借差額

さらに、決算時においてその他資本剰余金の残高が負の値（借方残高）になった場合は、その他資本剰余金をゼロにして、その負の値を**繰越利益剰余金**から減額します。

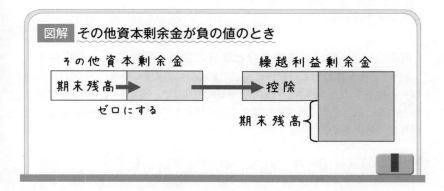

図解 その他資本剰余金が負の値のとき

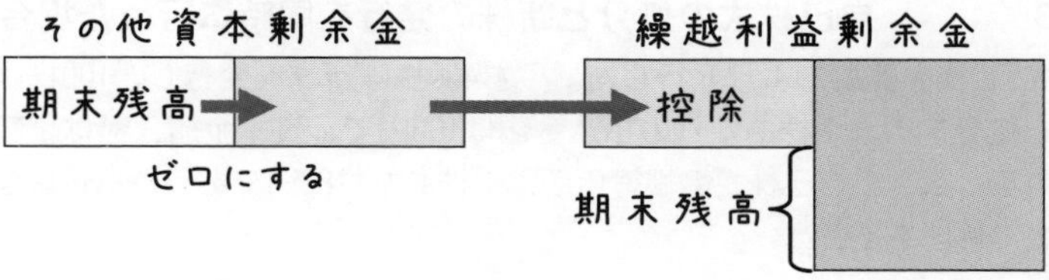

例7 ―― その他資本剰余金の期末残高が負のとき

決算時において、その他資本剰余金の期末残高が△500円であった。

例7の仕訳	(繰越利益剰余金)	500	(その他資本剰余金)	500

3 自己株式の処分と新株の発行を同時に行った場合

自己株式の処分と新株の発行が同時に行われた場合、払い込まれた金額を自己株式の処分にあたる部分と新株の発行にあたる部分に分けて、自己株式の処分の処理と新株の発行の処理を別々に行います。

$$\text{自己株式の処分の対価}=\text{払込金額}\times\frac{\text{自己株式数}}{\text{新株発行数}+\text{自己株式数}}$$

$$\text{新株に対する払込金額}=\text{払込金額}\times\frac{\text{新株発行数}}{\text{新株発行数}+\text{自己株式数}}$$

❶帳簿価額＜処分の対価の場合

処分差額が差益となる場合、その差益は**その他資本剰余金**の増加として処理します。

例8 ―― 自己株式の処分と新株の発行を同時に行った場合①

株式500株を募集により発行した。うち400株は新株を発行し、100株は自己株式を処分する。1株あたりの払込金額は100円で、資本金組入額は全額資本金とする。なお、自己株式の帳簿価額は1株あたり80円であり、払込金額は当座預金で処理すること。

例8の仕訳	(当座預金)	50,000*1	(資本金)	40,000
			(自己株式)	8,000*4
			(その他資本剰余金)	2,000*5

〈解説〉

① 新株の発行の処理：	(当座預金)	40,000*2	(資本金)	40,000
② 自己株式の処分の処理：	(当座預金)	10,000*3	(自己株式)	8,000*4
			(その他資本剰余金)	2,000*5

＊1　@100円×500株＝50,000円（払込金額）

＊2　$50{,}000円 \times \frac{400株}{500株} = 40{,}000円$（新株に対する払込金額）

＊3　$50{,}000円 \times \frac{100株}{500株} = 10{,}000円$（自己株式の処分の対価）

＊4　@80円×100株＝8,000円（自己株式の帳簿価額）

＊5　10,000円－8,000円＝2,000円（自己株式処分差益）

❷帳簿価額＞処分の対価の場合

処分差額が差損となる場合、新株に対する払込金額から自己株式処分差損相当額を控除した金額を増加する資本金等の金額とします。

ひとこと

❶帳簿価額＜処分の対価の場合 の反対の仕訳をするのではない点に注意しましょう。

例9 ―― 自己株式の処分と新株の発行を同時に行った場合②

株式500株を募集により発行した。うち400株は新株を発行し、100株は自己株式を処分する。１株あたりの払込金額は100円で、資本金組入額は全額資本金とする。なお、自己株式の帳簿価額は１株あたり120円であり、払込金額は当座預金で処理すること。

例９の仕訳	(当座預金)	50,000*1	(資本金)	38,000*6
			(自己株式)	12,000*4

〈解説〉

① 新株の発行の処理：（当 座 預 金）40,000*2 （資 本 金）~~40,000~~ 38,000

② 自己株式の処分の処理：（当 座 預 金）10,000*3 （自 己 株 式）12,000*4

~~（その他資本剰余金）2,000~~*5 相殺

＊1 @100円×500株＝50,000円（払込金額）

＊2 $50,000円\times\frac{400株}{500株}=40,000円$（新株に対する払込金額）

＊3 $50,000円\times\frac{100株}{500株}=10,000円$（自己株式の処分の対価）

＊4 @120円×100株＝12,000円（自己株式の帳簿価額）

＊5 10,000円－12,000円＝△2,000円（自己株式処分差損）

＊6 40,000円－2,000円＝38,000円（増加する資本金等の金額）

Ⅳ 自己株式の消却

取締役会等の決議により、保有する自己株式を消却することができます。自己株式を消却するときには、自己株式の帳簿価額を**その他資本剰余金**から減額します。

また、付随費用が生じた場合には、**支払手数料**などで処理します。

●自己株式に関する付随費用の扱い

	原則	容認
取得	支払手数料など（営業外費用）	ー
処分		株式交付費（繰延資産）
消却		ー

例10　　自己株式の消却

取締役会で自己株式5,000円を消却することが決議され、消却手続が完了した。

例10の仕訳	（その他資本剰余金）	5,000	（自 己 株 式）	5,000

これならわかる!!

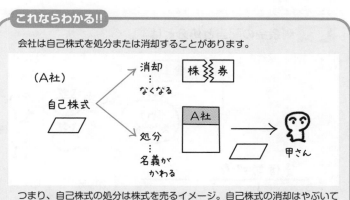

会社は自己株式を処分または消却することがあります。

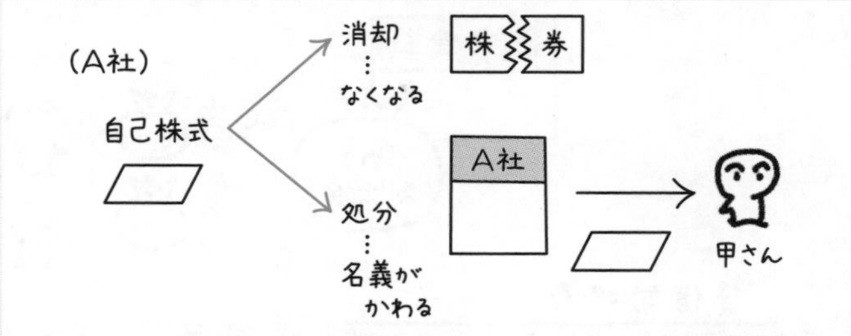

つまり、自己株式の処分は株式を売るイメージ。自己株式の消却はやぶいて捨てるイメージで考えるとわかりやすいでしょう。

5　剰余金の配当と処分

I　利益剰余金の配当と処分

利益剰余金とは、会社が獲得した利益のうち、使い道が確定していないものをいいます。

この剰余金は、株主からの出資により会社が活動し、その成果として獲得したものです。そこで、会社が獲得した利益のうち一部は株主に還元されます。これを**剰余金の配当**といいます。

ただし、剰余金の一部は会社内に留保することが会社法で定められています。このように剰余金を会社内に留保することを**剰余金の処分**といいます。

剰余金の処分には、利益準備金の積立てや任意積立金の積立てがあり、剰余金の配当や処分は株主総会決議によって行います。

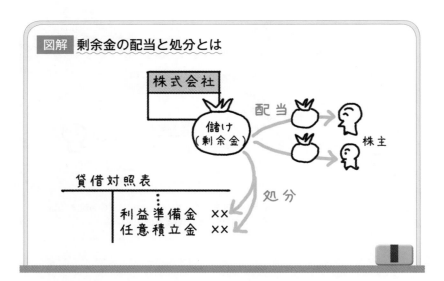

図解 剰余金の配当と処分とは

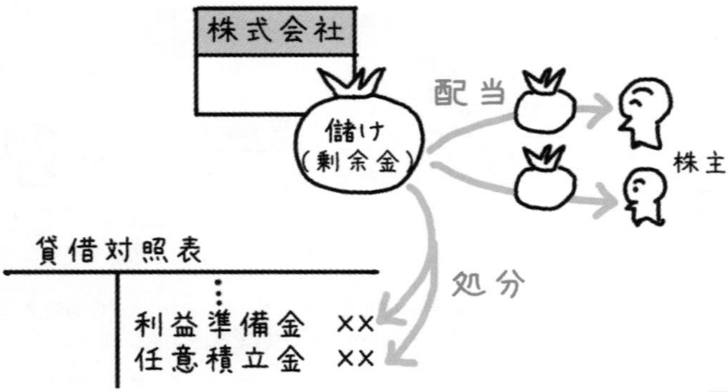

例11　剰余金の配当と処分

次の資料にもとづいて、各取引について仕訳を示しなさい。

なお、会計期間は1年（×1年4月1日～×2年3月31日）であり、下記以外に純資産の増減取引はなかった。

［資　料］

1．前期末の資本勘定
　資本金50,000円、資本準備金7,500円、利益準備金4,650円、
　繰越利益剰余金20,000円

2．期中取引
　(1)　×1年6月20日　定時株主総会において、次のとおり繰越利益剰余金を財源とした剰余金の配当および処分が決議された。
　　利益準備金？円（各自計算）、株主配当金4,000円、別途積立金800円
　(2)　×1年7月10日　株主配当金を当座預金から支払った。
　(3)　×2年3月31日　決算において15,000円の当期純利益を計上した。

例11の仕訳

×1年 6 /20	（繰越利益剰余金）	5,150	（利 益 準 備 金）	350*
			（未 払 配 当 金）	4,000
			（別 途 積 立 金）	800
×1年 7 /10	（未 払 配 当 金）	4,000	（当 座 預 金）	4,000
×2年 3 /31	（損 益）	15,000	（繰越利益剰余金）	15,000

＊ ① 4,000円（配当金）×$\frac{1}{10}$＝400円
② 50,000円×$\frac{1}{4}$－（7,500円＋4,650円）＝350円
③ ①＞②より350円

ひとこと

利益剰余金の配当を行う際の、利益準備金の積立額の計算に注意しましょう。

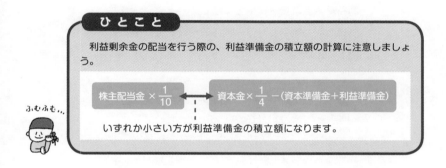

株主配当金 × $\frac{1}{10}$ ⟷ 資本金×$\frac{1}{4}$ －（資本準備金＋利益準備金）

いずれか小さい方が利益準備金の積立額になります。

Ⅱ 資本剰余金の配当と処分

繰越利益剰余金のほかに、その他資本剰余金を配当財源として配当することもできます。

その他資本剰余金を配当財源とする場合、利益準備金の積立ての基準と同様の基準によって資本準備金を積み立てます。

例12　資本剰余金の配当と処分

次の資料にもとづいて、剰余金の配当に関する仕訳を示しなさい。

[資　料]

(1)　×1年６月20日の株主総会

剰余金の配当15,000円（その他資本剰余金からの配当6,000円、繰越利益剰余金からの配当9,000円）が決議された。

(2)　×1年３月31日の貸借対照表

資本金50,000円、資本準備金7,000円、利益準備金2,500円

例12の仕訳　株主配当金の処理

(その他資本剰余金)	6,000	(未 払 配 当 金)	15,000
(繰越利益剰余金)	9,000		

利益準備金、資本準備金の積立て

(繰越利益剰余金)	900	(利 益 準 備 金)	900*
(その他資本剰余金)	600	(資 本 準 備 金)	600*

＊　①　$(6{,}000\text{円}+9{,}000\text{円})\times\frac{1}{10}=1{,}500\text{円}$

②　$50{,}000\text{円}\times\frac{1}{4}-(7{,}000\text{円}+2{,}500\text{円})=3{,}000\text{円}$

③　①<②より1,500円

④　③の積立額を配当財源の割合によって利益準備金と資本準備金に配分

利益準備金：$1{,}500\text{円}\times\frac{9{,}000\text{円}}{9{,}000\text{円}+6{,}000\text{円}}=900\text{円}$

資本準備金：$1{,}500\text{円}\times\frac{6{,}000\text{円}}{9{,}000\text{円}+6{,}000\text{円}}=600\text{円}$

問1　計数の変動

次の取引について仕訳を示しなさい。

［取　引］

株主総会の決議により、資本準備金60,000千円および利益準備金40,000千円を取り崩し、それぞれその他資本剰余金および繰越利益剰余金に振り替える。

問2　自己株式

次の各取引について仕訳を示しなさい。

⑴　取締役会の決議により、自社の発行済株式のうち1,000株を1株につき3,000円で取得し、支払手数料50,000円とともに小切手を振り出して支払った。なお、当期首におけるその他資本剰余金は350,000円であった。

⑵　上記の自己株式のうち400株を1株につき3,200円で処分し、代金は手数料70,000円が差し引かれた金額を現金で受け取った。

⑶　上記の自己株式のうち300株を1株につき2,500円で処分し、代金は手数料50,000円が差し引かれた金額を現金で受け取った。

⑷　上記の自己株式のうち100株を消却した。

⑸　決算につき、必要な仕訳がある場合には、仕訳を示すこと。

問3　剰余金の配当　答案用紙あり

次の各取引について、⑴仕訳を示すとともに、⑵当期末の貸借対照表に計上される利益準備金および繰越利益剰余金の金額を求めなさい。なお、当期は×2年3月31日を決算日とする1年であり、下記以外に純資産の増減に関する取引はなかった。

［資　料］

①　×1年6月25日　定時株主総会で、以下の利益剰余金の処分および配当が決議された。

配当金4,500円、新築積立金4,500円、利益準備金　？　円

前期末の資本金は150,000円、資本準備金は18,000円、利益準備金は7,500円、繰越利益剰余金は12,000円であった。

②　×1年7月10日　配当金4,500円が当座預金から支払われた。

③　×1年12月20日　取締役会の決議により、新築積立金の取崩しが決議された。

④　×2年３月31日　決算につき当期純利益12,950円が計算された。

解答

問1　計数の変動（単位：千円）

（資本準備金）	60,000	（その他資本剰余金）	60,000
（利益準備金）	40,000	（繰越利益剰余金）	40,000

問2　自己株式

(1)	（自己株式）	3,000,000*1	（当座預金）	3,050,000*2
	（支払手数料）	50,000		
(2)	（現金）	1,210,000*4	（自己株式）	1,200,000*3
	（支払手数料）	70,000	（その他資本剰余金）	80,000*5
(3)	（現金）	700,000*7	（自己株式）	900,000*6
	（その他資本剰余金）	150,000*8		
	（支払手数料）	50,000		
(4)	（その他資本剰余金）	300,000	（自己株式）	300,000*9
(5)	（繰越利益剰余金）	20,000	（その他資本剰余金）	20,000*10

＊1　@3,000円×1,000株＝3,000,000円（取得原価）
＊2　3,000,000円＋50,000円＝3,050,000円
＊3　@3,000円×400株＝1,200,000円（取得原価）
＊4　@3,200円×400株＝1,280,000円（処分の対価）
　　1,280,000円－70,000円＝1,210,000円
＊5　1,280,000円－1,200,000円＝80,000円（自己株式処分差益）
＊6　@3,000円×300株＝900,000円（取得原価）
＊7　@2,500円×300株＝750,000円（処分の対価）
　　750,000円－50,000円＝700,000円
＊8　750,000円－900,000円＝△150,000円（自己株式処分差損）
＊9　@3,000円×100株＝300,000円（取得原価）
＊10　決算日に、その他資本剰余金の残高が負の値（借方残高）の場合は、その他利益剰余金（繰越利益剰余金）から減額する。
　　350,000円＋80,000円－150,000円－300,000円＝△20,000円

問3　剰余金の配当

(1)　各取引の仕訳

	借方科目	金額	貸方科目	金額
①	(繰越利益剰余金)	9,450	(利 益 準 備 金)	450＊1
			(未 払 配 当 金)	4,500
			(新 築 積 立 金)	4,500
②	(未 払 配 当 金)	4,500	(当 座 預 金)	4,500
③	(新 築 積 立 金)	4,500	(繰越利益剰余金)	4,500
④	(損 益)	12,950	(繰越利益剰余金)	12,950

(2)　貸借対照表に計上される金額

利 益 準 備 金：7,950円＊2

繰越利益剰余金：20,000円＊3

＊1　①　$4{,}500円(配当金) \times \frac{1}{10} = 450円$

②　$150{,}000円 \times \frac{1}{4} - (18{,}000円 + 7{,}500円) = 12{,}000円$

③　①450円＜②12,000円　∴450円(積立額)

＊2

利益準備金

借方	金額	貸方	金額
次 期 繰 越	7,950	前 期 繰 越	7,500
		繰越利益剰余金	450

＊3

繰越利益剰余金

借方	金額	貸方	金額
利 益 準 備 金	450	前 期 繰 越	12,000
未 払 配 当 金	4,500		
新 築 積 立 金	4,500		
次 期 繰 越	20,000	新 築 積 立 金	4,500
		損 益	12,950

CHAPTER 11

純資産Ⅱ

◆新株予約権など株主資本以外のものを学習します

ここでは、新株予約権、新株予約権付社債、ストック・オプション、株主資本等変動計算書についてみていきます。ここで学習する内容は頻出論点ですので、時間がかかってもかまいませんから理解するまで丁寧に学習していきましょう。

▶1級で学習する内容

株主資本以外の項目	
2級までに学習済み	→ 1級で学習する内容
	新株予約権
	新株予約権付社債
	ストック・オプション

その他の内容
株主資本等変動計算書

1 新株予約権

Ⅰ 新株予約権とは

新株予約権とは、一定期間にあらかじめ決められた価額で株式を買うことができる権利をいいます。

ひとこと

新株予約権者は、権利を行使すれば、株式の時価にかかわらず、あらかじめ決められた価額で発行会社の株式を取得できます。したがって、発行会社の株価が上昇すれば、株式を時価よりも低い価額で取得し、これを市場で売却して利益を得ることができます。

また、経営陣に友好的な株主に新株予約権を与えることで、敵対的買収の防衛策として使われることもあります。

Ⅱ 会計処理（発行側）

1 発行時

新株予約権の発行時に払い込まれた金額を**新株予約権**として処理します。新株予約権は、権利行使されてはじめて資本金等が増加しますので、それまでは純資産の部の**新株予約権**に計上します。

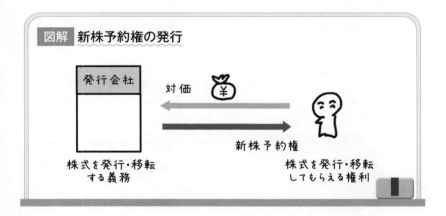

図解 新株予約権の発行

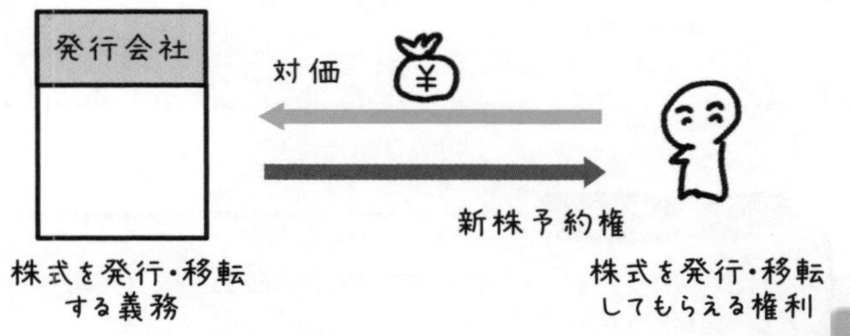

例1 ――― **新株予約権①**

×1年4月1日　次の条件で新株予約権を発行した。払込金額はただちに当座預金に預け入れた。

(1) 新株予約権の発行総数：10個（新株予約権1個につき20株）
(2) 新株予約権の払込金額：1個につき500円
(3) 行使価額：1株につき100円
(4) 行使期間：×1年8月1日から×1年12月31日

例1の仕訳	（当座預金）	5,000	（新株予約権）	5,000*

＊　@500円×10個＝5,000円

2 権利行使時

❶ 新株を発行する場合

行使された新株予約権の金額と、権利行使にともなう払込金額の合計を、発行した株式の払込金額とします。

例2（例1の続き）　新株予約権②

×1年8月1日　×1年4月1日に発行した新株予約権のうち4個について権利が行使され、払込みを受けたため、新株を発行した。なお、払込金額はただちに当座預金に預け入れ、会社法規定の最低限度額を資本金とした。

例2の仕訳	（新株予約権）	2,000*1	（資本金）	5,000*3
	（当座預金）	8,000*2	（資本準備金）	5,000*3

＊1　@500円×4個＝2,000円

＊2　@100円×4個×20株＝8,000円
（@100円：権利行使価額）

＊3　(2,000円＋8,000円)×$\frac{1}{2}$＝5,000円

ひとこと

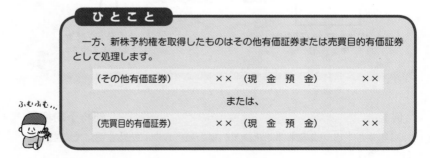

一方、新株予約権を取得したものはその他有価証券または売買目的有価証券として処理します。

（その他有価証券）	××	（現金預金）	××

または、

（売買目的有価証券）	××	（現金預金）	××

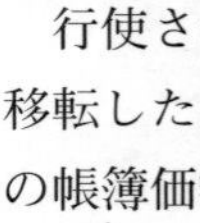

❷ 自己株式を処分する場合

行使された新株予約権の金額と、権利行使にともなう払込金額の合計を移転した自己株式の処分の対価とします。そして、この合計額と自己株式の帳簿価額の差額を**その他資本剰余金**で処理します。

例3（例2の続き） **新株予約権③**

×1年10月1日　×1年4月1日に発行した新株予約権のうち5個の権利が行使され、代金が当座預金に払い込まれた。発行者は自己株式（帳簿価額@90円）を移転した。

例3の仕訳	（新株予約権）	2,500*1	（自己株式）	9,000*3
	（当座預金）	10,000*2	（その他資本剰余金） 自己株式処分差益	3,500*4

＊1　@500円×5個＝2,500円
＊2　@100円×5個×20株＝10,000円
　　権利行使価額
＊3　@90円×5個×20株＝9,000円
＊4　貸借差額

3 権利行使期間満了時

新株予約権は予約権者に付与した権利であるため、行使しないこともできます。したがって、権利行使がないまま期間が満了した場合、新株予約権の帳簿価額を**新株予約権戻入益**に振り替えます。

例4（例3の続き） **新株予約権④**

×1年12月31日　×1年4月1日に発行した新株予約権の行使期限が到来した。

例4の仕訳	（新株予約権）	500*	（新株予約権戻入益）	500

＊　@500円×1個＝500円

ひとこと

一方、取得側が権利行使をすることなく権利行使期間が満了した場合、新株予約権未行使損で処理します。

（新株予約権未行使損）	××	（その他有価証券）	××

2 新株予約権付社債

Ⅰ 新株予約権付社債とは

新株予約権付社債とは、新株予約権を行使する権利が付いた社債のことをいいます。

ひとこと

新株予約権付社債は、社債のメリットと、新株予約権のメリットの両方を持つ債券です。社債のメリットとして取得者は利息を受け取ることができます。

また、権利行使期間が到来したときに、権利行使をして株式を取得するかどうかを選ぶことができます。株価が高ければ権利行使をして売却益を得ることができますし、株価が低ければ権利行使をせずに社債として保有し続けることもできます。

Ⅱ 新株予約権付社債の種類

新株予約権付社債は、権利行使時に社債による払込みがあらかじめ決められているかどうかで、**転換社債型新株予約権付社債**と**その他の新株予約権付社債**に分類されます。

●新株予約権付社債の種類

◆転換社債型新株予約権付社債

権利行使時に、現金等による払込みに代えて、社債の償還による払込み（代用払込）とすることがあらかじめ決められているもの。

◆その他の新株予約権付社債

権利行使時に、社債による払込みとすることがあらかじめ決められていないもの。つまり、権利行使時には金銭の払込みか、金銭の代わりに社債の償還による払込み（代用払込）を選択できるもの。

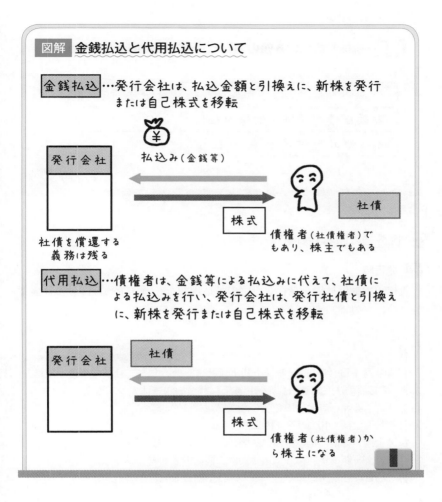

図解 金銭払込と代用払込について

金銭払込…発行会社は、払込金額と引換えに、新株を発行または自己株式を移転

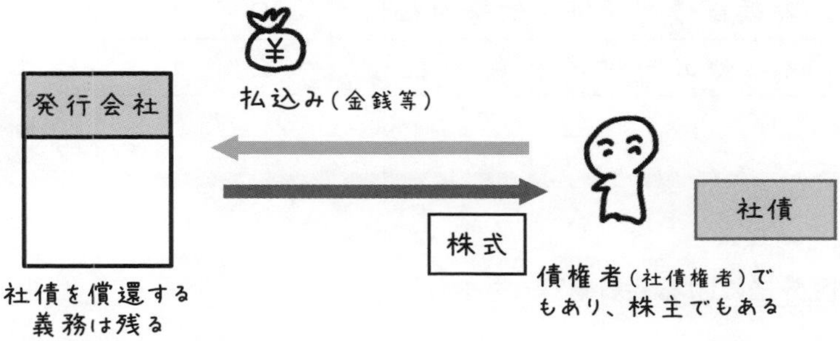

代用払込…債権者は、金銭等による払込みに代えて、社債による払込みを行い、発行会社は、発行社債と引換えに、新株を発行または自己株式を移転

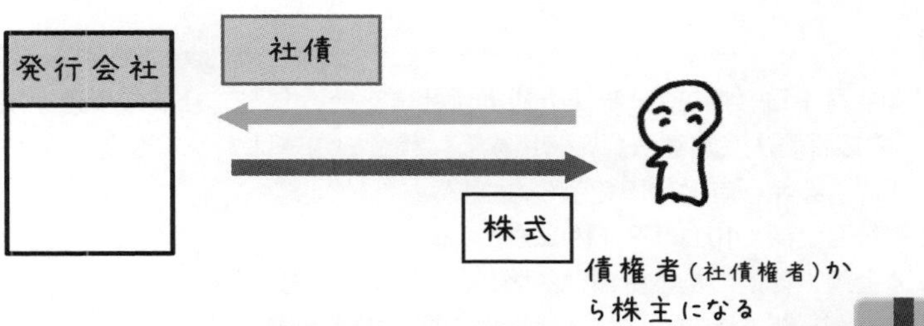

Ⅲ 区分法と一括法（発行側）

新株予約権付社債の処理方法には、区分法と一括法があります。

区分法とは、新株予約権と社債を分けて処理する方法です。一方、一括法とは新株予約権と社債を分けずに、まとめて社債で処理する方法です。

区分法、一括法と新株予約権付社債の関係は、次のようになっています。

図解 新株予約権付社債の種類と処理方法の関係（発行側）

	区分法	一括法
転換社債型新株予約権付社債	○	○
その他の新株予約権付社債	○	−

Ⅳ 区分法による会計処理（発行側）

1 発行時

新株予約権付社債を発行した際の払込価額を、新株予約権部分と社債部分に分けて処理します。

例5 **区分法①**

×1年４月１日（期首） 新株予約権付社債を発行した。社債の償還期限は５年で、償却原価法（定額法）を適用する。代金の決済はすべて当座預金とする。区分法による発行時の仕訳を示しなさい。

社債額面金額：10,000円（100口）
払込金額：社債の払込金額は額面100円につき95円
　　　　　新株予約権の払込金額は１個につき５円
付与割合：社債１口につき１個の新株予約権を発行
　　　　　（新株予約権１個につき２株）
行使価額：１株につき50円

例5の仕訳				
	（当座預金）	10,000*3	（社債）	9,500*1
			（新株予約権）	500*2

＊１　$10{,}000円 \times \frac{95円}{100円} = 9{,}500円$

＊２　@５円×（100口×１個）＝500円
　　　（100口×１個：新株予約権発行数）

＊３　貸方合計

2 権利行使時

❶ 金銭等による払込み

発行する株式数を求め、権利行使にともなう払込金額を計算するとともに、権利行使された分の新株予約権を減らします。この両者の合計が新株の払込金額となります。

ひとこと

金銭による払込みのため、社債自体は減少しません。

例6（例5の続き） **区分法②**

×4年4月1日　×1年4月1日に発行した新株予約権付社債の60%について権利行使を受け、新株を発行した。払込金額は全額を資本金としている。

区分法により金銭等による払込みを受けた権利行使時の仕訳を示しなさい。なお、社債の帳簿価額は期首時点で9,800円とする。

例6の仕訳	（新株予約権）	300*1	（資本金）	6,300
	（当座預金）	6,000*2		

＊1　@5円×100個×60%＝300円
＊2　@50円×(100口×1個×2株×60%)＝6,000円
（100口×1個×2株×60%：株式発行数）

❷ 代用払込

新株予約権と、社債の権利行使された分だけ帳簿価額を減らします。この合計額が新株の払込金額となります。

ひとこと

代用払込による社債の減少は、通常の社債の償還と同様に考えます。したがって、金利調整差額がある場合は、当期分の償却原価の調整を行ってから社債の帳簿価額を減らします。

例7　区分法③

例6において、区分法により社債による代用払込を受けたときの、権利行使時の仕訳を示しなさい。なお、社債の帳簿価額は期首時点で9,800円とする。

例7の仕訳	(新株予約権)	300*1	(資　本　金)	6,180
	(社　　　債)	5,880*2		

＊1　@5円×100個×60%＝300円
＊2　9,800円×60%＝5,880円
社債簿価(償却原価)

3 権利行使期間満了時

権利行使期間の満了時は、新株予約権の帳簿価額を**新株予約権戻入益**に振り替えます。

ひとこと

なお、新株予約権の権利行使期間が満了し、新株予約権が消滅しても、社債は償還日まで残りますので、社債部分はなんの処理も行いません。

例8 (例5の続き)　区分法④

×5年3月31日　権利行使期間が満了した。×1年4月1日に発行した新株予約権付社債のうち10%について、権利行使がなされなかった。

このとき、区分法により権利行使期間満了時の仕訳を示しなさい。

なお、社債の帳簿価額は9,900円であり、償還期限まで1年を残している。

例8の仕訳	(新株予約権)	50	(新株予約権戻入益)	50*

＊　@5円×100個×10%＝50円

V 一括法による会計処理 (発行側)

1 発行時

払込金額を新株予約権部分と社債部分に分けずに、全額**社債**として処理します。

例9　一括法①

×1年4月1日（期首）　新株予約権付社債を発行した。社債の償還期限は5年である。なお、代金の決済はすべて当座預金とする。一括法による発行時の仕訳を示しなさい。

社債額面金額：10,000円（100口）

払込金額：社債の払込金額は額面100円につき95円
　　　　　新株予約権の払込金額は1個につき5円

付与割合：社債1口につき1個の新株予約権を発行
　　　　　（新株予約権1個につき2株）

行使価額：1株につき50円

例9の仕訳	（当座預金）	10,000	（社　債）	10,000*

*　発行時の払込金額

2 権利行使時

一括法では転換社債型新株予約権付社債のみ認められています。したがって、代用払込による権利行使により処理します。

例10（例9の続き）　一括法②

×4年4月1日　×1年4月1日に発行した新株予約権付社債の60%について権利行使を受け、新株を発行した。払込金額は全額を資本金としている。

一括法により社債による代用払込を受けたときの、権利行使時の仕訳を示しなさい。

例10の仕訳	（社　債）	6,000*	（資本金）	6,000

*　10,000円×60%＝6,000円

ひとこと

転換社債型新株予約権付社債では、権利行使時には必ず代用払込が行われ、新株予約権とともに社債が減少します。したがって、新株予約権と社債を区分して計上する必要性が乏しいため、一括法による処理が認められています。

3 権利行使期間満了時

新株予約権と社債を区分せず、帳簿上はすべて社債として計上しているため、新株予約権が消滅してもなんの処理も行いません。

3 ストック・オプション

Ⅰ ストック・オプションとは

ストック・オプションとは、会社が従業員等に対して、労働の対価として付与する新株予約権をいいます。

ストック・オプションは、会社が権利を付与した段階（権利付与日）では、まだ権利行使できるかどうかは確定しておらず、一定の条件を満たした時点で権利が確定する（権利確定日）ことになります。

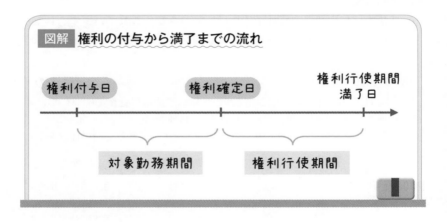

図解 権利の付与から満了までの流れ

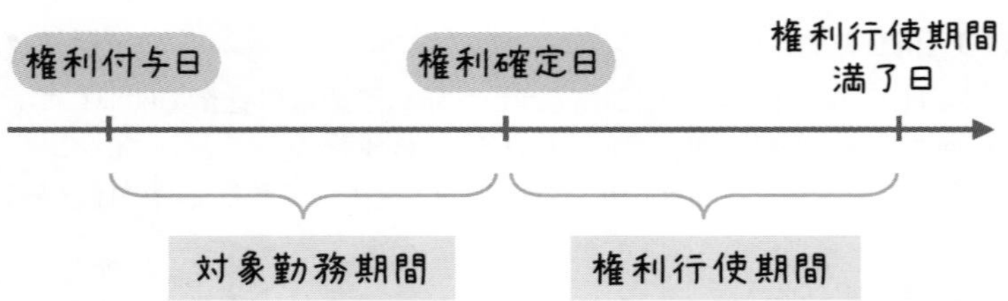

Ⅱ 会計処理

ストック・オプションは従業員の労働等に対して支払われる報酬としての意味をもちます。

したがって、従業員から受け取る労働等のサービスを**株式報酬費用**として計上するとともに、対応する金額を**新株予約権**として計上します。

1 ストック・オプションの付与時

ストック・オプションの付与時に付与したストック・オプションの公正な評価額を求め、公正な評価額のうち、当期に発生したと認められる額を**株式報酬費用**として計上します。

●各期の株式報酬費用の計算式

A．ストック・オプションの公正な評価額

＝ ストック・オプションの公正な評価単価 ×ストック・オプション数

B．当期末までの株式報酬費用

$$= A \times \frac{\text{権利付与日から当期末までの期間}}{\text{対象勤務期間}}$$

C．当期の株式報酬費用

＝ B－前期までに計上した金額

例11 ストック・オプション①

次の資料にもとづいて、×2年3月31日（期末）の仕訳を示しなさい。

［資　料］

(1) ×1年4月1日（期首）に、マネージャー以上の従業員に対して、100個のストック・オプションを付与した。

(2) 権利付与日における失効見積数は10個である。

(3) 権利確定日は×3年3月31日、権利行使期間満了日は×5年3月31日である。

(4) 権利付与日における公正な評価単価は@10円である。

(5) 各年度の費用計上額は、対象勤務期間を基礎に月割計算によって計算する。

例11の仕訳	(株式報酬費用)	450*	(新株予約権)	450

＊　ストック・オプションの公正な評価額：@10円×(100個－10個)＝900円
（10個：失効見積数）

当期末までの株式報酬費用：900円×$\frac{12か月}{24か月}$＝450円

当期の株式報酬費用：450円－0円＝450円
（0円：既計上額）

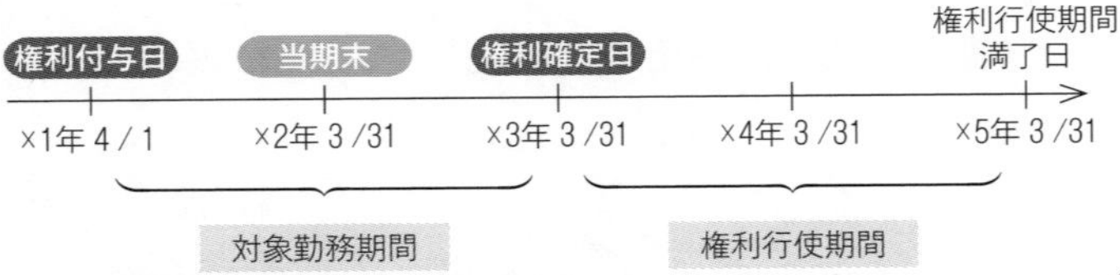

ひとこと

ストック・オプションの公正な評価額の計算においては、権利不確定による失効見積数を除いて計算します。失効見積数とは、付与したストック・オプションのうち、従業員の退職等により、権利確定日までに失効すると見積られる数です。

なお、権利確定日においては、実際の失効数が確定するので、これをストック・オプション数から除外します。

例12（例11の続き）――――ストック・オプション②

×3年3月31日（決算日）の仕訳を示しなさい。なお、×3年3月31日における実際の失効数は5個であった。

例12の仕訳	(株式報酬費用)	500*	(新株予約権)	500

＊　ストック・オプションの公正な評価額：@10円×(100個－5個)＝950円
（5個：実際失効数）

当期末までの株式報酬費用：950円×$\frac{24か月}{24か月}$＝950円

当期の株式報酬費用：950円－450円＝500円
（450円：既計上額）

2 権利確定日後の会計処理

権利確定日後は、通常の新株予約権となります。したがって、権利行使がなされた場合、または権利行使されずに権利行使期間が満了した場合について、新株予約権と同様の処理を行います。

例13（例11の続き）　ストック・オプション③

×5年3月31日（決算日）において、ストック・オプション90個の権利行使を受け、新株を発行した。次の資料にもとづいて権利行使および権利未行使に係る仕訳を示しなさい。

［資　料］

(1)　ストック・オプションの行使の際の払込金額は1個につき1,000円である。なお、払込代金はすべて当座預金とする。

(2)　ストック・オプションの行使による株式の資本金組入額は会社法の最低限度額とする。

(3)　残りのストック・オプションは権利未行使となった。

例13の仕訳				
	（当　座　預　金）	90,000 *1	（資　本　金）	45,450 *3
	（新 株 予 約 権）	900 *2	（資 本 準 備 金）	45,450 *3
	（新 株 予 約 権）	50 *4	（新株予約権戻入益）	50

＊1　@1,000円×90個＝90,000円

＊2　@10円×90個＝900円

＊3　(90,000円＋900円)×$\frac{1}{2}$＝45,450円

＊4　@10円×(95個－90個)＝50円

4 株主資本等変動計算書

Ⅰ 株主資本等変動計算書とは

株主資本等変動計算書とは、株主資本等（純資産）の変動を表す財務諸表のことです。

株主資本等変動計算書では、貸借対照表の純資産の部の表示区分にしたがい、項目ごとにその**当期首残高**、**当期変動額**および**当期末残高**を記載します。

なお、株主資本の各項目についての当期変動額は、個々の変動事由ごとに記載し、株主資本以外の各項目についての当期変動額は原則として純額で記載します。

ひとこと

貸借対照表では、純資産の期末残高が表示されるだけで、期中の変動額はわかりません。そこで、株主資本等変動計算書で期中の変動額を開示します。

しかし、純資産項目のなかでも、株主資本とそれ以外の項目では重要性が異なるため、株主資本の各項目については変動の内容を詳しく開示し、株主資本以外の項目については当期の変動額（期首と期末の差額）を一括で表記しています。

Ⅱ 株主資本等変動計算書の表示方法

株主資本等変動計算書の表示方法は、各項目の並べ方として、純資産の各項目を縦に並べる様式と横に並べる様式が認められています。

ひとこと

縦に並べる様式も、横に並べる様式も、もちろん本質的な違いはありません。

Ⅲ 株主資本等変動計算書の表示例

次に、株主資本等の増減について、会計処理と株主資本等変動計算書の表示の関係をみていきます。

[取引例]

① 新株式50,000円を発行し、会社法の規定による最低限度額を資本金に組み入れた。

(現金など)	50,000	(資本金)	25,000
		(資本準備金)	25,000

② 20,000円の株主配当を決定した。原資はその他資本剰余金10,000円、繰越利益剰余金10,000円とし、資本準備金と利益準備金をそれぞれ1,000円ずつ積み立てた。

(その他資本剰余金)	11,000	(未払配当金)	10,000
		(資本準備金)	1,000
(繰越利益剰余金)	11,000	(未払配当金)	10,000
		(利益準備金)	1,000

③ その他有価証券評価差額金の当期首残高は10,000円（貸方）、当期末残高は16,000円（貸方）であった。

(その他有価証券評価差額金)	10,000	(その他有価証券)	10,000
(その他有価証券)	16,000	(その他有価証券評価差額金)	16,000

④ 先物取引をヘッジ手段として用いており、ヘッジ会計を適用している。繰延ヘッジ損益の当期首残高は5,000円（貸方）、当期末残高は8,000円（貸方）であった。

(繰延ヘッジ損益)	5,000	(先物取引差金)	5,000
(先物取引差金)	8,000	(繰延ヘッジ損益)	8,000

⑤ 新株予約権を10個（1個につき払込金額500円）発行した。

(現金など)	5,000	(新株予約権)	5,000

⑥　当期において、自己株式1,800円を取得し、その後、自己株式のうち2,200円を2,100円で処分した。

（自　己　株　式）	1,800	（現　金　な　ど）	1,800
（現　金　な　ど）	2,100	（自　己　株　式）	2,200
（その他資本剰余金）	100		

⑦　当期純利益は25,000円であった。

（損　　　　　益）	25,000	（繰越利益剰余金）	25,000

1 横に並べる様式

株主資本等変動計算書

自×1年４月１日　至×2年３月31日

（単位：円）

	株主資本							評価・換算差額等			
	資本金	資本剰余金		利益剰余金			自己株式	その他有価証券評価差額金	繰延ヘッジ損益	新株予約権	純資産合計
		資本準備金	その他資本剰余金	利益準備金	その他利益剰余金						
					○○積立金	繰越利益剰余金					
当期首残高	500,000	50,000	20,000	50,000	20,000	100,000	△20,000	10,000	5,000	3,000	738,000
当期変動額											
新株の発行	25,000①	25,000①									50,000
剰余金の配当		1,000②	△11,000②	1,000②		△11,000②					△20,000
当期純利益						25,000⑦					25,000
自己株式の取得							△1,800⑥				△1,800
自己株式の処分			△100⑥				2,200⑥				2,100
株主資本以外の項目の当期変動額(純額)								6,000③	3,000④	5,000⑤	14,000
当期変動額合計	25,000	26,000	△11,100	1,000	0	14,000	400	6,000	3,000	5,000	69,300
当期末残高	525,000	76,000	8,900	51,000	20,000	114,000	△19,600	16,000	8,000	8,000	807,300

2 縦に並べる様式

株主資本等変動計算書

自×1年4月1日　至×2年3月31日　(単位：円)

株主資本		
資本金		
当期首残高	500,000	
当期変動額		
新株の発行	25,000	①
当期変動額合計	25,000	
当期末残高	525,000	
資本剰余金		
資本準備金		
当期首残高	50,000	
当期変動額		
新株の発行	25,000	①
剰余金の配当	1,000	②
当期変動額合計	26,000	
当期末残高	76,000	
その他資本剰余金		
当期首残高	20,000	
当期変動額		
剰余金の配当	△11,000	②
自己株式の処分	△ 100	⑥
当期変動額合計	△11,100	
当期末残高	8,900	
利益剰余金		
利益準備金		
当期首残高	50,000	
当期変動額		
剰余金の配当	1,000	②
当期変動額合計	1,000	
当期末残高	51,000	
その他利益剰余金		
○○積立金		
当期首残高	20,000	
当期末残高	20,000	
繰越利益剰余金		
当期首残高	100,000	
当期変動額		
剰余金の配当	△11,000	②
当期純利益	25,000	⑦
当期変動額合計	14,000	
当期末残高	114,000	
自己株式		
当期首残高	△20,000	
当期変動額		
自己株式の取得	△ 1,800	⑥
自己株式の処分	2,200	⑥
当期変動額合計	400	
当期末残高	△19,600	
株主資本合計		
当期首残高	720,000	
当期変動額		
新株の発行	50,000	
剰余金の配当	△20,000	
当期純利益	25,000	
自己株式の取得	△ 1,800	
自己株式の処分	2,100	
当期変動額合計	55,300	
当期末残高	775,300	
評価・換算差額等		
その他有価証券評価差額金		
当期首残高	10,000	
当期変動額		
株主資本以外の項目の当期変動額（純額）	6,000	③
当期変動額合計	6,000	
当期末残高	16,000	
繰延ヘッジ損益		
当期首残高	5,000	
当期変動額		
株主資本以外の項目の当期変動額（純額）	3,000	④
当期変動額合計	3,000	
当期末残高	8,000	
評価・換算差額等合計		
当期首残高	15,000	
当期変動額		
株主資本以外の項目の当期変動額（純額）	9,000	
当期変動額合計	9,000	
当期末残高	24,000	
新株予約権		
当期首残高	3,000	
当期変動額		
株主資本以外の項目の当期変動額（純額）	5,000	⑤
当期変動額合計	5,000	
当期末残高	8,000	
純資産合計		
当期首残高	738,000	
当期変動額		
新株の発行	50,000	
剰余金の配当	△20,000	
当期純利益	25,000	
自己株式の取得	△1,800	
自己株式の処分	2,100	
株主資本以外の項目の当期変動額（純額）	14,000	
当期変動額合計	69,300	
当期末残高	807,300	

(注) その他利益剰余金および評価・換算差額等は、内訳科目の記載に代えて合計額で記載し、科目ごとの金額を注記する方法によることができます。

また、各合計欄の記載は省略することができます。

なお、期中変動がない場合には、当期首・当期末残高のみを表示することができます。

問１　新株予約権（発行側）

次の１～４の取引の仕訳を示しなさい。なお、代金決済はすべて当座預金とする。

１．以下の条件で新株予約権を発行した。

⑴　新株予約権の目的たる株式の種類および数：
　　普通株式1,000株（新株予約権１個につき10株）

⑵　新株予約権の発行総数：100個

⑶　新株予約権の払込金額：１個につき1,000円（１株につき100円）

⑷　行使価額：１株につき500円

⑸　新株予約権行使による株式の資本金組入額：会社法規定の最低限度額

２．新株予約権のうち40個の権利が行使され、代金が払い込まれた。
　　なお、発行者は新株を発行した。

３．新株予約権のうち55個の権利が行使され、代金が払い込まれた。
　　なお、発行者は自己株式（帳簿価額@450円）を移転した。

４．新株予約権の行使期限が満了した。

問２　新株予約権付社債

次の条件で、当期首に新株予約権付社債を発行した。代金の決済はすべて当座預金とする。⑴発行時⑵権利行使時の仕訳を示しなさい。なお、区分法により処理する。

１．発行条件等

社債額面金額：5,000,000円（５口）

償還期限：発行から３年後

発行価額：社債の払込金額は額面1,000円につき1,000円（平価発行）
　　　　　新株予約権の払込金額は１個につき100,000円

付与割合：社債券１口につき１個の新株予約権証券を付す。
　　　　　（新株予約権１個につき100株）

行使価額：１株につき10,000円

代用払込：可

2．権利行使時の状況

発行から１年後の期首において、新株予約権付社債の40％について権利行使を受けた。会社は新株を発行し、払込金額は全額を資本金とした。権利行使時の仕訳は、以下のそれぞれのケースについて示すこと。

①金銭による払込みを受けた。

②社債による代用払込を受けた。

問３　ストック・オプション

以下の資料にもとづき、×2年３月31日（期末）、×3年３月31日（期末、権利確定日）の仕訳を示しなさい。

［資　料］

⑴　×1年４月１日（期首）　従業員に対して100個のストック・オプションを付与した。

⑵　権利付与日における失効見積数は20個である。

⑶　権利確定日は×3年３月31日、権利行使期間満了日は×5年３月31日である。

⑷　権利付与日における公正な評価単価は@500円である。

⑸　各年度の費用計上額は、対象勤務期間を基礎に月割計算によって均等配分する。

⑹　×3年３月31日　実際の失効数は25個で、権利確定数は75個であった。

解答

問１　新株予約権（発行側）

	借方	金額	貸方	金額
1.	（当座預金）	100,000	（新株予約権）	100,000＊1
2.	（新株予約権）	40,000＊2	（資本金）	120,000
	（当座預金）	200,000＊3	（資本準備金）	120,000
3.	（新株予約権）	55,000＊4	（自己株式）	247,500＊6
	（当座預金）	275,000＊5	（その他資本剰余金）	82,500＊7
4.	（新株予約権）	5,000	（新株予約権戻入益）	5,000＊8

＊1　@1,000円×100個＝100,000円
＊2　@1,000円×40個＝40,000円
＊3　@500円×40個×10株＝200,000円
＊4　@1,000円×55個＝55,000円
＊5　@500円×55個×10株＝275,000円
＊6　@450円×55個×10株＝247,500円
＊7　貸借差額
＊8　@1,000円×５個＝5,000円

問２　新株予約権付社債

⑴　発行時

借方	金額	貸方	金額
（当座預金）	5,500,000	（社債）	5,000,000
		（新株予約権）	500,000＊1

⑵　権利行使時

①金銭による払込み

借方	金額	貸方	金額
（新株予約権）	200,000＊2	（資本金）	2,200,000
（当座預金）	2,000,000＊3		

②社債による代用払込

借方	金額	貸方	金額
（新株予約権）	200,000＊2	（資本金）	2,200,000
（社債）	2,000,000		

＊1　@100,000円×５口×１個＝500,000円
＊2　@100,000円×５個×40％＝200,000円
＊3　@10,000円（行使価額）×５個×100株×40％＝2,000,000円

問3　ストック・オプション

(1)　×2年３月31日

(株式報酬費用)	20,000	(新株予約権)	20,000

(2)　×3年３月31日

(株式報酬費用)	17,500	(新株予約権)	17,500

〈解説〉

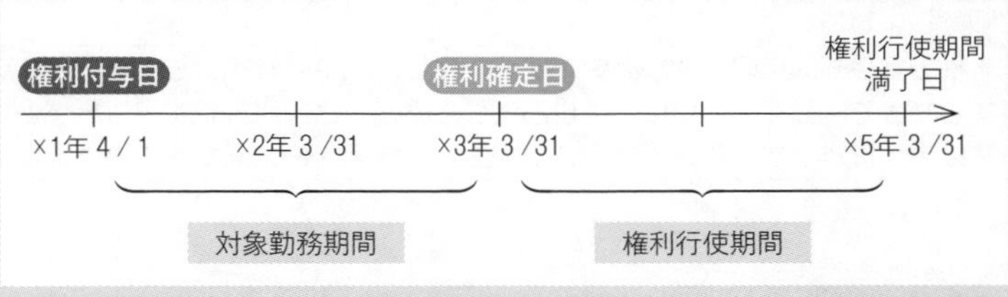

(1)　×2年３月31日

ストック・オプションの公正な評価額：@500円×(100個－20個(失効見積数))＝40,000円

当期末までの株式報酬費用：$40{,}000円 \times \dfrac{12か月}{24か月} = 20{,}000円$

当期の株式報酬費用：20,000円－0円(既計上額)＝20,000円

(2)　×3年３月31日

ストック・オプションの公正な評価額：@500円×(100個－25個(実際失効数))＝37,500円

当期末までの株式報酬費用：$37{,}500円 \times \dfrac{24か月}{24か月} = 37{,}500円$

当期の株式報酬費用：37,500円－20,000円(既計上額)＝17,500円

CHAPTER 12

税効果会計

◆まずは損金不算入項目から学習を

経過勘定の処理には費用として計上すべき金額と支払額にズレが生じるケースがありました。この場合、費用の未払いや前払いの処理を行って、計上する費用をあるべき金額に調整しました。

法人税の金額も同様の処理が必要です。ただし、税金は必ずしも経過時間に比例して発生するわけではなく、さらに、ズレが生じる原因もさまざまです。したがってその調整方法は少し複雑です。ここでは、ズレが生じる原因を一つ一つみていきましょう。

▶ 1級で学習する内容

税効果会計

2級までに学習済み	→ 1級で学習する内容
課税所得の算定	
	棚卸資産の評価損
貸倒引当金の繰入限度超過額	
減価償却費の償却限度超過額	
その他有価証券の評価差額	
	積立金方式による圧縮記帳

1 税効果会計

Ⅰ 税効果会計とは

税効果会計とは、会計上と税法上の一時的な差異を調整し、法人税等の金額と税引前当期純利益を対応させるための会計処理をいいます。

ひとこと

収益や費用は会計基準にしたがって計算しますが、法人税等の金額は税法にもとづいて計算するため、会計上、法人税等の金額が損益計算書の損益に対応しません。

そこで、その問題を解消するために税効果会計が適用されます。

Ⅱ 税法における利益

会計上の利益は、収益から費用を引いて求めたのに対し、税法上の課税所得は、益金から損金を引いて求めます。

図解 税法における利益

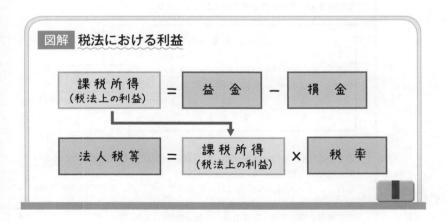

課税所得（税法上の利益） ＝ 益金 － 損金

法人税等 ＝ 課税所得（税法上の利益） × 税率

会計上の収益・費用と法人税法上の益金・損金の範囲はほぼ同じですが、それぞれの計算目的が違うため部分的に違いが生じます。

そのため、この違いを税効果会計で調整することによって、法人税等の金額と税引前当期純利益を対応させます。

ひとこと

会計上は、企業の実態の適切な開示を目的としているのに対して、税法上は課税の公平性を目的にしています。

これならわかる!!

当期の収益が10,000円、当期の費用が7,000円、当期の費用のうち税法上損金として認められない減価償却費が100円、実効税率が40%と仮定します。

このとき、会計上の利益と税法上の利益はどのようになるでしょうか。

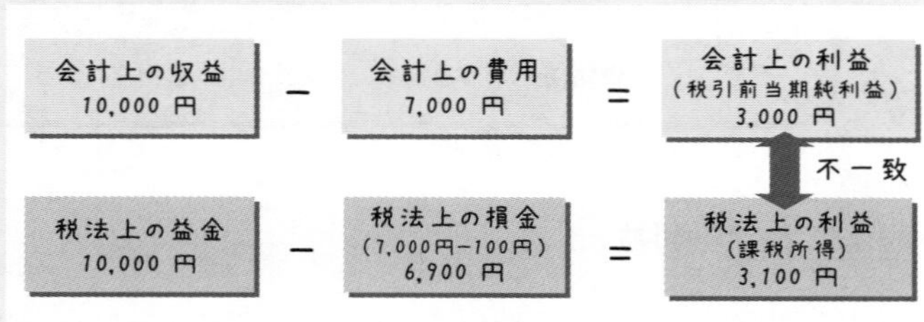

このように、会計上の利益が3,000円、税法上の利益が3,100円となり、一致しません。

このときの、損益計算書は次のようになります。

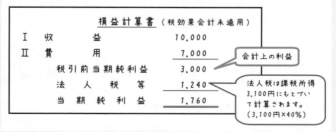

損益計算書（税効果会計未適用）

Ⅰ	収益	10,000
Ⅱ	費用	7,000
	税引前当期純利益	3,000
	法人税等	1,240
	当期純利益	1,760

会計上の利益

法人税は課税所得3,100円にもとづいて計算されます。（3,100円×40%）

会計上の利益（税引前当期純利益）は、3,000円なので、これに対応するあるべき法人税等は、3,000円×40%＝1,200円です。

しかし、法人税は課税所得に対して課税されるので、実際の法人税等は、3,100円×40%＝1,240円となります。

この差異を調整する一連の処理を税効果会計といいます。

Ⅲ 税効果会計の対象となる差異

1 税効果会計の対象となる差異

会計と税法の違いから生じる差異には、**一時差異**と**永久差異**があります。このうち、税効果会計の対象となるのは一時差異のみです。

●一時差異と永久差異

◆一時差異

会計上の「収益・費用」と税法上の「益金・損金」との認識時点の相違などによって生じた、企業会計上の「資産・負債」の金額と法人税法上の「資産・負債」の金額との差額です。この差異が生じている「資産・負債」が将来、売却・決済されることなどにより解消します。

一時差異はいずれ解消されるものなので、税効果会計を適用し、法人税等を適切に期間配分します。

◆永久差異（税効果会計の対象外）

会計上は「収益・費用」ですが、税法上は「益金・損金」として扱われないことから生じる差異であり、永久に解消しないものです。

これならわかる!!

たとえば、取得原価2,000円の機械について、税法上の耐用年数は５年で、会計上は耐用年数４年で減価償却を行っていたとします。この時、会計上の減価償却費が500円（=2,000円÷４年）であるのに対し、税法上損金算入できるのは400円（=2,000円÷５年）になります。つまり課税所得の計算上、100円は損金として認められません（損金不算入）。しかし、全期間を通じた減価償却費の総額は同じ2,000円です。つまり、一時差異は、いったん生じても解消されます。

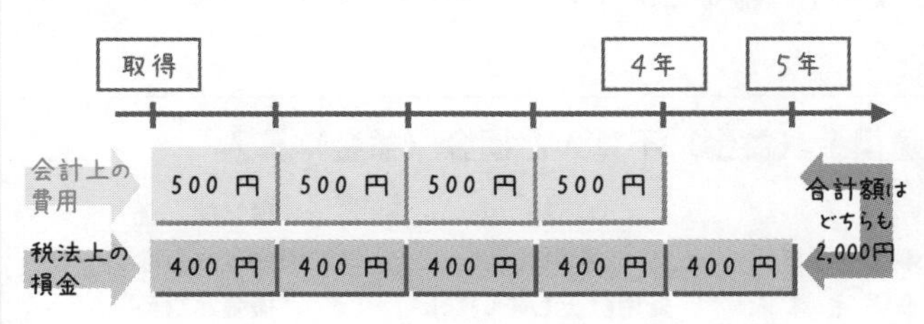

一期間ごとの減価償却費は会計上と税法上で異なりますが、全期間を通じた総額は同じです。

2 一時差異と永久差異の具体例

一時差異と永久差異は、具体的には次のようなものがあります。

●一時差異と永久差異の具体例

◆一時差異
- ・棚卸資産の評価損
- ・貸倒引当金の繰入限度超過額
- ・減価償却費の償却限度超過額
- ・その他有価証券の評価差額
- ・積立金方式による圧縮記帳の損金算入額
- ・退職給付引当金の損金算入限度超過額
- ・繰延ヘッジ損益

◆永久差異
- ・受取配当金の益金不算入額
- ・交際費の損金不算入額
- ・寄付金の損金不算入額

3 損金（益金）不算入と損金（益金）算入

損金不算入とは、会計上は費用計上しますが、税法上は損金に算入しないことです。反対に、**損金算入**とは、会計上は費用計上しませんが、税法上は損金に算入することです。

また、**益金不算入**とは、会計上は収益計上しますが、税法上は益金に算入しないことです。反対に、**益金算入**とは、会計上は収益計上しませんが、税法上は益金に算入することです。

●損金（益金）不算入と損金（益金）算入

	会　計　上	税　法　上
◆損金不算入：	費用計上	損金とならない
◆損 金 算 入：	費用計上していない	損金となる
◆益金不算入：	収益計上	益金とならない
◆益 金 算 入：	収益計上していない	益金となる

Ⅳ 法人税等の調整

1 会計処理

法人税等の納付額は税務上の処理ですでに確定しているため、法人税等を直接加減することはできません。

そこで、法人税等に減算する場合には、**法人税等調整額**という勘定科目を用いて間接的に減算し、相手科目は税金の前払いを意味する**繰延税金資産**で処理します。

例1 ―――― **法人税等の調整**

当期の収益が10,000円、当期の費用が7,000円、当期の費用のうち、税法上、損金として認められない減価償却費が100円あった。税効果会計の仕訳を示しなさい。

なお、法人税等の実効税率は40%とする。

例1の仕訳	（繰延税金資産）	40	（法人税等調整額）	40*

＊ 当期の課税所得：10,000円－(7,000円－100円)＝3,100円
会計上の利益：10,000円－7,000円＝3,000円
法人税等調整額：(3,100円－3,000円)×40%＝40円

ひとこと

例1とは逆に、法人税等に加算する場合には、法人税等調整額が借方にきて、相手科目は**繰延税金負債**となります。

2 損益計算書における「法人税等調整額」の表示

損益計算書上、法人税等のすぐ下に法人税等調整額を記載します。

損 益 計 算 書

Ⅰ 収　　益		10,000
Ⅱ 費　　用		7,000
税引前当期純利益		3,000
法　人　税　等	1,240	
法人税等調整額	**△　40**	1,200
当　期　純　利　益		1,800

ひとこと

税効果会計により、法人税等の金額が会計上あるべき額1,200円（＝3,000円×40%）に調整され、かつ、納付額1,240円も表示されます。

3 税効果会計の適用方法

税効果会計の方法には資産負債法と繰延法がありますが、制度上は**資産負債法**を採用しています。

ひとこと

制度上は資産負債法を採用していますが、実際に仕訳を考える際には、「収益・費用」と「益金・損金」の差額に着目する方法（繰延法）のほうが理解しやすいので、本書では繰延法で解説をしていきます。

●資産負債法と繰延法

	資産負債法	繰延法
特徴	会計と税法の差異を、貸借対照表の視点から認識しようとする方法	会計と税法の差異を、損益計算書の視点から認識しようとする方法
一時差異の定義	貸借対照表に計上されている資産・負債の額と法人税法上の資産・負債の額との差額	損益計算書に計上されている収益・費用の額と法人税法上の益金・損金の額との差額
税率	差異が解消する会計期間の税率	差異が発生する会計期間の税率
税率が変更された場合	過年度に計上された「繰延税金資産」「繰延税金負債」を新たな税率で再計算する	過年度に計上された「繰延税金資産」「繰延税金負債」の修正は行わず、一時差異の解消年度まで繰り越す

2 棚卸資産の評価損①

I 損金不算入と税効果会計

棚卸資産の評価損は、税法上、損金に算入することが認められない場合があります（損金不算入）。このとき、会計上の費用より税法上の損金のほうが少なくなるので、当期の納付額（税法上の金額）のほうが会計上の法人税等より多くなります。

したがって、会計上の法人税等に合わせるために、法人税等を減額調整します。

ひとこと

たとえば、商品評価損が100円だったとき、会計上の費用は100円、税法上の損金は0円となります。その差額分（100円－0円＝100円）だけ、税法上の利益（課税所得）が多くなるので調整します。

例2　損金不算入と税効果会計

第１期の決算において、商品（取得原価500円）について評価損100円を計上したが、その全額が税法上、損金不算入となった。税効果会計の仕訳を示しなさい。なお、法人税等の実効税率は40％である。

例２の仕訳	（繰延税金資産）	40	（法人税等調整額）	40

〈解説〉

税効果会計の処理を行うには、まず一時差異の原因となっている仕訳に注目します。

（商品評価損）	100	（繰越商品）	100

この仕訳の費用・収益の部分に着目し、その反対側に**法人税等調整額**を設定します。金額は実効税率40％を掛けた値になります。

（商品評価損）	100	（繰越商品）	100
（　　　　　）	40	（法人税等調整額）	40

そして、相手科目として、借方が空いていれば**繰延税金資産**、貸方が空いていれば**繰延税金負債**を記入します。

（繰延税金資産）	40	（法人税等調整額）	40

Ⅱ　差異が解消したとき

一時差異が解消したときは、一時差異が発生したときの反対仕訳をして繰延税金資産を取り消します。

例3　差異が解消したとき

例2の会計期間を終え、第２期になった。第１期末に評価損を計上し、一時差異が生じていた商品は販売された。この商品に係る税効果会計の仕訳を示しなさい。

例３の仕訳	（法人税等調整額）	40	（繰延税金資産）	40

これならわかる!!

例２（第１期）では、会計上の商品評価損（費用）が100円、商品が400円（＝500円－100円）、税法上の商品評価損（損金）は０円、商品は500円となります。

一方、**例３**（第２期）では、商品を販売しているので、会計上の売上原価（費用）は400円、税法上の売上原価（損金）は500円となります。

つまり、全体の期間で考えると、会計上の費用と税法上の損金が500円で一致します。第１期に損金不算入で生じた差異が第２期に商品を販売したときに解消しました。

差異が解消したので、発生したときの反対の仕訳を行って、繰延税金資産を取り消します。

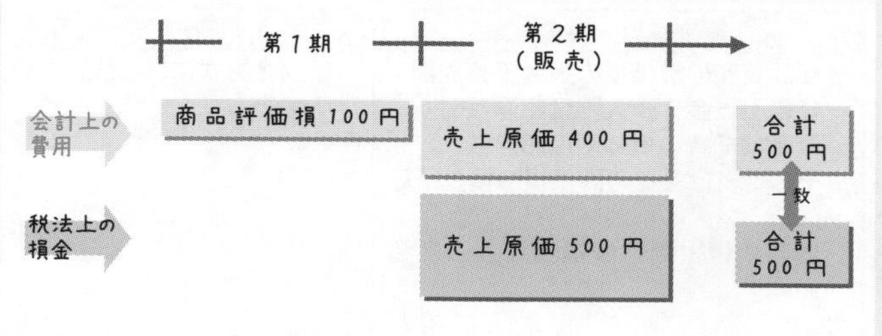

Ⅲ 将来減算一時差異と将来加算一時差異

一時差異が解消するときにその期の課税所得を減少させる効果のあるものを**将来減算一時差異**といいます。

反対に、一時差異が解消するときにその期の課税所得を増加させる効果のあるものを**将来加算一時差異**といいます。

先の**例２**・**例３**で説明すると、次のようになります。

●将来減算一時差異の処理の流れ

◆第１期：商品評価損が損金不算入（将来減算一時差異）
　→ 課税所得（税法上の利益）が多く計上された。

◆第２期：当該商品が販売され、差異が解消した
　→ 税法上、売上原価が多く計上され、課税所得（税法上の利益）が減少した。

また、将来減算一時差異と将来加算一時差異をまとめると、次のようになります。

●将来減算一時差異と将来加算一時差異

	B/S計上項目	左の科目の意味
将来減算一時差異	繰延税金資産	法人税等の前払い
将来加算一時差異	繰延税金負債	法人税等の未払い

将来減算一時差異	将来加算一時差異
・棚卸資産の評価損の損金不算入額 ・貸倒引当金の繰入限度超過額 ・減価償却費の償却限度超過額 ・その他有価証券の評価損の損金不算入額 ・退職給付引当金の損金算入限度超過額 など	・積立金方式による圧縮記帳の損金算入額 など
将来減算一時差異（評価差損）または将来加算一時差異（評価差益）	
・その他有価証券の評価差額	・繰延ヘッジ損益

3 棚卸資産の評価損②

Ⅰ 税効果会計の会計処理

法人税等は期末に計上するので、税効果会計における法人税等の調整も期末に行います。

したがって、前期に発生した差異の解消と当期に発生した差異に係る法人税等の調整は期末に一括して行います。

例4　**棚卸資産の評価損②**

前期の決算において商品評価損100円を計上していた（全額損金不算入）が、当該商品は当期中にすべて販売された。また、当期末において商品評価損150円を計上した（全額損金不算入）。当期の税効果に係る仕訳を示しなさい。なお、法人税等の実効税率は40%である。

例４の仕訳	（繰延税金資産）	20	（法人税等調整額）	20

〈解説〉

1．前期末の仕訳

（繰延税金資産）	40＊1	（法人税等調整額）	40

＊1　100円×40%＝40円

2．当期の仕訳

①　前期に発生した差異の解消（前期末の仕訳の反対仕訳）

（法人税等調整額）	40	（繰延税金資産）	40

②　商品評価損を計上したときの仕訳

（商品評価損）	150	（繰越商品）	150

③　当期に発生した差異

（繰延税金資産）	60＊2	（法人税等調整額）	60

＊2　150円×40%＝60円

④　解答（①＋③）

（繰延税金資産）	20	（法人税等調整額）	20

4　貸倒引当金の繰入限度超過額

貸倒引当金繰入のうち、税法上の繰入限度額を超える金額については、損金に算入することができません。

ひとこと

会計処理方法は棚卸資産とまったく同じです。設例で確認していきましょう。

例5　貸倒引当金の繰入限度超過額

以下の一連の取引について、税効果会計に係る仕訳を示しなさい。実効税率は40%とする。

(1)　第１期末において、貸倒引当金300円を繰り入れた。なお、税法上の繰入限度額は200円であった。

(2)　第２期末において、貸倒引当金400円を繰り入れた。なお、税法上の繰入限度額は200円であった。また、第１期に発生した売掛金が貸し倒れたため、前期末に設定した貸倒引当金300円全額を取り崩した。

例５の仕訳	(1)	（繰延税金資産）	40	（法人税等調整額）	40＊1
	(2)	（繰延税金資産）	40	（法人税等調整額）	40

〈解説〉

(1)　第１期

①　貸倒引当金を設定したときの仕訳

（貸倒引当金繰入）	300	（貸倒引当金）	300

②　解答

（繰延税金資産）	40	（法人税等調整額）	40＊1

＊1　(300円－200円)×40%＝40円
税法上の限度額超過分（損金不算入）

(2)　第２期

①　第１期に発生した差異の解消の仕訳

（法人税等調整額）	40	（繰延税金資産）	40

②　貸倒引当金を設定したときの仕訳

（貸倒引当金繰入）	400	（貸倒引当金）	400

③　第２期に発生した差異

（繰延税金資産）	80	（法人税等調整額）	80＊2

＊2　(400円－200円)×40%＝80円
税法上の限度額超過分（損金不算入）

④　解答（①＋③）

（繰延税金資産）	40	（法人税等調整額）	40

5 減価償却費の償却限度超過額

減価償却費のうち、税法上の減価償却費（限度額）を超える金額については、損金に算入することができません。

例6　　減価償却費の償却限度超過額

以下の一連の取引について、税効果会計に係る仕訳を示しなさい。
機械について、税法上の法定耐用年数は5年、実効税率は40%とする。
(1)　第1期において、機械5,000円について減価償却を行った（定額法、残存価額0円、耐用年数4年）。
(2)　第2期において、同様に減価償却を行った。

例6の仕訳(1)（繰延税金資産）　100　（法人税等調整額）　100*
(2)（繰延税金資産）　100　（法人税等調整額）　100*

〈解説〉
(1)　第1期
①　減価償却費を計上したときの仕訳
（減価償却費）　1,250　（機械減価償却累計額）　1,250

②　解答
（繰延税金資産）　100　（法人税等調整額）　100*

*　会計上の減価償却費：5,000円÷4年＝1,250円
税法上の減価償却費：5,000円÷5年＝1,000円
(1,250円－1,000円)×40%＝100円
税法上の限度額超過分
（損金不算入）

(2)　第2期
①　第1期に発生した差異の解消の仕訳
差異は解消していないので、仕訳なし。
②　第2期に発生した差異（定額法なので第1期と同様）
（繰延税金資産）　100　（法人税等調整額）　100*

6 その他有価証券の評価差額

その他有価証券は、会計上は期末に時価評価しますが、税法上は評価差額の計上は認められていません。そこで、税効果会計を適用することになります。

I 全部純資産直入法の場合

全部純資産直入法の場合、期末の時価差額である**その他有価証券評価差額金**は損益計算書を経由せず、直接純資産の部に計上されます。

したがって、税効果会計でも法人税等調整額で調整せず、**その他有価証券評価差額金**を使って調整します。

例7 ———— その他有価証券評価差額金（全部純資産直入法）

当期末において、その他有価証券（取得原価2,000円）を時価評価（時価1,700円）した。税効果に係る仕訳を示しなさい。

なお、全部純資産直入法を採用しており、実効税率は40%とする。

例7の仕訳	（繰延税金資産）	120	（その他有価証券評価差額金）	120*

〈解説〉

評価差額（差損）の計上

（その他有価証券評価差額金）	300	（その他有価証券）	300

税効果に係る仕訳

（繰延税金資産）	120	（その他有価証券評価差額金）	120*

＊　300円×40%＝120円

ひとこと

仮に、例7において、評価差額が評価差益300円であった場合には、相手科目は繰延税金負債になります。

(その他有価証券)	300	(その他有価証券評価差額金)	300
(その他有価証券評価差額金)	120	(繰延税金負債)	120

Ⅱ 部分純資産直入法の場合

部分純資産直入法の場合、評価差益のときは全部純資産直入法の会計処理と変わりません。

一方、評価差損の場合は**投資有価証券評価損**として損益計算書に計上されるので、その調整は同じ損益計算書項目である**法人税等調整額**で行います。

例8　その他有価証券評価差額金（部分純資産直入法）

例7について、部分純資産直入法を採用していた場合の税効果の仕訳を示しなさい。

例8の仕訳

(繰延税金資産)	120	(法人税等調整額)	120*

〈解説〉

評価損の計上

(投資有価証券評価損)	300	(その他有価証券)	300

税効果に係る仕訳

(繰延税金資産)	120	(法人税等調整額)	120*

＊　300円×40%＝120円

Ⅲ 翌期首の仕訳

その他有価証券の処理は洗替法によるため、翌期首には評価差額を振り戻します。この時、税効果仕訳の処理については次の違いがあります。

●その他有価証券の期首洗替時における税効果仕訳

◆全部純資産直入法：税効果の仕訳も一緒に振り戻す。
◆部分純資産直入法：税効果仕訳は振り戻さない。
（評価差損の場合）（ほかの税効果仕訳と同様、期末に処理する）

7 積立金方式による圧縮記帳

CHAPTER 01で学習しましたが、圧縮記帳の処理には次の２つがありました。

●圧縮記帳の会計処理

◆直接減額方式：固定資産の取得原価を直接減額する方法
◆積 立 金 方 式：固定資産の取得原価を減額せず、圧縮積立金を計上する方法

このうち**積立金方式**では、会計上は圧縮損を計上せず積立金として処理しましたが、税法上は圧縮損の計上が認められています。

したがって、会計上の費用の額と税法上の損金の額に差異が発生するため、税効果会計の適用対象となります。

例９ 積立金方式による圧縮記帳

以下の取引について仕訳を示しなさい。法人税等の実効税率は40%である。

(1) ×1年度末に、国庫補助金20,000円を現金で受け入れ、機械100,000円を現金で取得した。この機械は、補助金について、税効果相当額を控除後、積立金方式により圧縮記帳を行う。なお、税法上は国庫補助金収入相当額について全額損金算入が認められた。

(2) ×2年度末、減価償却を行う（定額法、残存価額０円、耐用年数５年）。圧縮積立金については、減価償却の割合に応じて取り崩す。

例9の仕訳 (1) 国庫補助金の受入時

(現　　　　金)	20,000	(国庫補助金収入)	20,000

機械の購入時

(機　　　　械)	100,000	(現　　　　金)	100,000

税効果の処理

(法人税等調整額)	8,000*1	**(繰延税金負債)**	8,000

圧縮積立金の積立て

(繰越利益剰余金)	12,000	(圧 縮 積 立 金)	12,000*2

(2) 減価償却費の計上

(減 価 償 却 費)	20,000*3	(機械減価償却累計額)	20,000

税効果の処理

(繰延税金負債)	1,600*4	**(法人税等調整額)**	1,600

圧縮積立金の取崩し

(圧 縮 積 立 金)	2,400	(繰越利益剰余金)	2,400

〈解説〉

(1) 決算時の処理（×1年度末）

① 税効果に係る仕訳

会計上の利益は20,000円（国庫補助金収入）であるのに対して、税法上の利益は０円（国庫補助金収入20,000円－固定資産圧縮損20,000円）です。したがって、差額の20,000円に対して、税効果会計を適用します。

(現　　　　金)	20,000	(国庫補助金収入)	20,000
(法人税等調整額)	8,000*1	(繰延税金負債)	8,000

＊1　20,000円×40%＝8,000円

② 圧縮積立金の積立て

決算時に繰越利益剰余金を減額して圧縮積立金を積み立てます。税効果会計を適用しているときは、税効果相当額を控除後の金額を積み立てます。

(繰越利益剰余金)	12,000	(圧 縮 積 立 金)	12,000*2

＊2　20,000円×(100%－40%)＝12,000円

(2) 決算時の処理（×2年度末）

① 減価償却費の計上の仕訳

×1年度末に機械を購入しているので、×2年度より減価償却を行います。

(減 価 償 却 費)	20,000*3	(機械減価償却累計額)	20,000

＊3　100,000円÷５年＝20,000円

② 税効果会計に係る仕訳

会計上は取得原価によって減価償却が行われます（20,000円）が、税法上は圧縮記帳が行われており、圧縮記帳後の80,000円で減価償却をする

ので、金額は16,000円となります。この会計上と税法上の差額4,000円は×1年度に生じた一時差異の解消分となるので、×1年度に計上した繰延税金負債を減額します。

（繰延税金負債）	1,600＊4	（法人税等調整額）	1,600

＊4　4,000円×40%＝1,600円

③　圧縮積立金の取崩し

×1年度末に積み立てた圧縮積立金のうち、会計上と税法上の減価償却費の差額4,000円から税効果相当額1,600円を控除した2,400円を取り崩します。

（圧縮積立金）	2,400	（繰越利益剰余金）	2,400

8　退職給付引当金の損金算入限度超過額

税法上は、退職給付費用は損金不算入であり、実際に支払った金額のみが損金算入されるため、会計上、退職給付費用を計上した場合は、将来減算一時差異が生じます。

したがって、将来減算一時差異に法定実効税率を掛けて税効果会計の仕訳を行います。

ひとこと

将来減算一時差異の原因となった退職給付費用は、退職一時金の支払いや年金基金の掛金の拠出などが行われたときに、税法上、損金算入されます。

例10　退職給付引当金の損金算入限度超過額

以下の一連の取引において、税効果会計に係る仕訳を示しなさい。なお、税効果会計を適用し、法定実効税率は40%である。

(1)　第１期において、退職給付費用4,000円を計上した。税法上の退職給付引当金の評価額はゼロであり、退職給付費用の損金算入は認められない。なお、期首において退職給付引当金は計上されていない。

(2)　第２期において、退職給付費用5,000円を計上した。また、退職一時金1,000円を従業員へ支払い、年金基金の掛金2,000円を拠出した。

例10の仕訳 (1) 第1期

(繰延税金資産)	1,600	(法人税等調整額)	1,600

(2) 第2期

(繰延税金資産)	800	(法人税等調整額)	800

〈解説〉

(1) 第1期

① 会計上の退職給付費用

(退職給付費用)	4,000	(退職給付引当金)	4,000

② 税効果会計

(繰延税金資産)	1,600*1	(法人税等調整額)	1,600

＊1 (4,000円(会計上の退職給付引当金)－0円(税法上の退職給付引当金))×40%＝1,600円

1,600円(期末繰延税金資産)－0円(期首繰延税金資産)＝1,600円

または、

(4,000円(会計上の退職給付費用)－0円(税法上の損金))×40%＝1,600円

(2) 第2期

① 会計上の退職給付費用

(退職給付費用)	5,000	(退職給付引当金)	5,000
(退職給付引当金)	3,000*2	(現金預金)	3,000

② 税効果会計

(繰延税金資産)	800*3	(法人税等調整額)	800

＊2 1,000円(退職一時金)＋2,000円(年金基金掛金)＝3,000円(税法上の損金)

＊3 4,000円(期首退職給付引当金)＋5,000円－3,000円＝6,000円(期末退職給付引当金)

(6,000円(会計上の退職給付引当金)－0円(税法上の退職給付引当金))×40%＝2,400円(期末繰延税金資産)

2,400円(期末繰延税金資産)－1,600円(期首繰延税金資産)＝800円

または、

(5,000円(会計上の退職給付費用)－3,000円(税法上の損金))×40%＝800円

9 貸借対照表上の表示

Ⅰ 貸借対照表上の表示区分

繰延税金資産は投資その他の資産の区分に表示し、繰延税金負債は固定負債の区分に表示します。

●繰延税金資産・繰延税金負債の表示区分

◆繰延税金資産 ――→ 投資その他の資産
◆繰延税金負債 ――→ 固定負債

ひとこと

商品は流動資産ですが、商品評価損の損金不算入により生じた繰延税金資産は投資その他の資産に計上します。差異が生じた資産・負債の表示区分と異なる場合があるため、注意しましょう。

Ⅱ 相殺表示

貸借対照表に表示される繰延税金資産と繰延税金負債は、相殺して純額で表示します。

●繰延税金資産・繰延税金負債の相殺表示

繰延税金資産 ←相殺→ 繰延税金負債

ひとこと

なお、異なる納税主体（親会社と子会社など）の繰延税金資産と繰延税金負債は、相殺せずに表示します。この点については、教科書３で学習します。

次の資料にもとづいて、(1)法人税等の計上に関する仕訳を示し、(2)税効果会計を適用した場合の決算整理後残高試算表（一部）を作成しなさい。

なお、当期は×2年度（決算日は×3年３月31日）である。

［資料１］

決算整理前残高試算表
×3年３月31日　（単位：円）

繰延税金資産	640	
仮払法人税等	1,200	

［資料２］税効果会計に関する取引等

1．前期末において、商品評価損1,000円を計上したが、法人税法上、全額が損金不算入となったが、当期にその商品を売却した。

2．前期末において、売掛金10,000円に対して200円の貸倒引当金を設定したが、法人税法上の繰入限度額は100円であったため、超過額100円は損金不算入となった。しかし、当期になって、実際にこの売掛金が貸し倒れたため、損金算入が認められた。

　また、当期末において売掛金15,000円に対して300円の貸倒引当金を設定したが、法人税法上の繰入限度額は100円であり、超過額200円が損金不算入となった。

3．前期末において、減価償却費の償却限度超過額は累計で500円であった（前期から償却開始）。当期において新たに償却限度超過額500円が損金不算入となったため、その当期末累計は1,000円になっている。

4．その他有価証券（取得原価1,000円）の時価は、前期末1,100円、当期末1,200円であった。

5．当期に計上した交際費150円は損金不算入である。

6．当期に計上した受取配当金50円は益金不算入である。

7．税引前当期純利益は5,300円であり、法人税等の実効税率は40％とする。

解答

(1)　法人税等の計上に関する仕訳

(法人税等)	2,000	(仮払法人税等)	1,200
		(未払法人税等)	800

(2)　決算整理後残高試算表

決算整理後残高試算表

×3年3月31日　(単位：円)

繰延税金資産	(480)	未払法人税等	(800)
法人税等調整額	(160)	繰延税金負債	(80)
		その他有価証券評価差額金	(120)

〈解説〉

1．法人税等の計算

税引前当期純利益	5,300円
商品評価損の損金不算入額の解消	△1,000円
貸倒引当金の繰入限度超過額の解消	△ 100円
貸倒引当金の繰入限度超過額の発生	+ 200円
減価償却費の繰入限度超過額の発生	+ 500円
交際費の損金不算入額の発生	+ 150円
受取配当金の益金不算入額の発生	△ 50円
課税所得	5,000円

法人税等：5,000円(課税所得)×40%(実効税率)＝2,000円

未払法人税等：2,000円－1,200円＝800円

2．税効果会計

(1)　×1年度

①　商品評価損（1,000円全額が損金不算入）

(商品評価損)	1,000	(繰越商品)	1,000
(繰延税金資産)	400	(法人税等調整額)	400

②　貸倒引当金（超過額は100円）

(貸倒引当金繰入)	200	(貸倒引当金)	200
(繰延税金資産)	40	(法人税等調整額)	40＊1

＊1　(200円－100円)(超過額)×40%＝40円

③　減価償却

(減価償却費)	×××	(減価償却累計額)	×××
(繰延税金資産)	200	(法人税等調整額)	200*2

＊2　500円×40％＝200円
（500円：超過額）

④　その他有価証券（評価差益）

(その他有価証券)	100	(その他有価証券評価差額金)	100
(その他有価証券評価差額金)	40*3	(繰延税金負債)	40

＊3　100円×40％＝40円

以上より、×1年度末の繰延税金資産・繰延税金負債は、
繰延税金資産：400円＋40円＋200円＝640円
繰延税金負債：40円

(2)　×2年度

①　商品評価損の差異が解消

(法人税等調整額)	400	(繰延税金資産)	400

②　前期に計上した貸倒引当金繰入超過額に係る差異が解消

(法人税等調整額)	40	(繰延税金資産)	40

当期に新たな差異が発生（超過額200円）

(貸倒引当金繰入)	300	(貸倒引当金)	300
(繰延税金資産)	80	(法人税等調整額)	80*4

＊4　(300円－100円)×40％＝80円
（(300円－100円)：超過額）

③　減価償却

(減価償却費)	×××	(減価償却累計額)	×××
(繰延税金資産)	200	(法人税等調整額)	200*5

＊5　500円×40％＝200円
（500円：超過額）

④　その他有価証券
期首洗替仕訳（処理済み）

(その他有価証券評価差額金)	100	(その他有価証券)	100
(繰延税金負債)	40	(その他有価証券評価差額金)	40

期末決算整理（時価と簿価の差額200円）

（その他有価証券）	200	（その他有価証券評価差額金）	200
（その他有価証券評価差額金）	80*6	（繰延税金負債）	80

＊6　200円×40％＝80円

以上より

繰延税金資産：640円（期首）＋（－400円－40円＋80円＋200円）（当期変動分）＝480円

繰延税金負債：40円（期首）＋（－40円（期首振替）＋80円）（当期変動分）＝80円

法人税等調整額：400円＋40円－80円－200円＝160円

その他有価証券評価差額金：200円（当期末評価差額）×（100％－40％）＝120円

※　5の交際費、6の受取配当金は永久差異なので、税効果会計の適用はありません。

CHAPTER 13

参　考

ここではCHAPTER 01からCHAPTER 12の内容のうち、発展的な内容のものについて説明します。

本試験での出題はあまりなく、また難易度が高い内容ですので、余裕がある人だけ読んでおいてください。

1 減耗償却、総合償却、取替法（関連テーマ…CHAPTER 01 有形固定資産）

I 減耗性資産と減耗償却

減耗性資産とは、鉱山業における埋蔵資源、林業における山林のように、採取されるにしたがって漸次減耗し枯渇する天然資源を表す資産です。

減耗性資産は**減耗償却**によって費用配分します。減耗償却は分類上、減価償却ではありませんが、手続上は生産高比例法と同様に処理します。

例1　減耗償却

鉱山を採掘用土地として10,000円で取得し、小切手を振り出した。資源の推定埋蔵量は500トン、残存価額は1,000円。当年度において50トンを採掘し、そのうち40トンを1,500円で販売した。代金は掛けとした。

例１の仕訳

取得時：	（採掘用土地）	10,000	（当座預金）	10,000
採掘時：	（商品）	900＊1	（採掘用土地）	900
販売時：	（売掛金）	1,500	（売上）	1,500
	（売上原価）	720＊2	（商品）	720

＊1　減耗償却費900円は、商品や原材料等、棚卸資産の勘定で処理します。

$$(10{,}000\text{円}-1{,}000\text{円})\times\frac{50\text{トン}}{500\text{トン}}=900\text{円}$$

＊2　減耗償却費のうち販売された部分が売上原価に振り替えられます。

$$900\text{円}\times\frac{40\text{トン}}{50\text{トン}}=720\text{円}$$

Ⅱ 総合償却

総合償却とは、複数の有形固定資産についてまとめて減価償却費の計算を行う方法です。耐用年数の異なる資産を一括して償却するため、**平均耐用年数**を用いて計算します。

●**平均耐用年数**

$$\frac{\text{各資産の要償却額合計}}{\text{各資産の1年分の減価償却費の合計（定額法による）}}$$

●**総合償却による減価償却費（定額法）**

（取得原価合計－残存価額合計）÷平均耐用年数

（取得原価合計－残存価額合計）＝要償却額合計

例2 総合償却

次の3台の機械について、総合償却（定額法）を行う。次の資料にもとづいて、平均耐用年数・減価償却費を求めなさい。なお、決算日は3月末とする。

［資　料］

種類	取得年月日	取得原価	耐用年数	残存価額
機械A	××年4月1日	20,000円	6年	2,000円
機械B	××年4月1日	30,000円	9年	3,000円
機械C	××年4月1日	50,000円	5年	5,000円

例2の解答　平均耐用年数：6年＊1

減価償却費：15,000円＊2

＊1　$\frac{90,000円}{15,000円}$＝6年

＊2　90,000円÷6年＝15,000円

	要償却額	1年分の減価償却費
機械A	20,000円－2,000円＝18,000円	18,000円÷6年＝3,000円
機械B	30,000円－3,000円＝27,000円	27,000円÷9年＝3,000円
機械C	50,000円－5,000円＝45,000円	45,000円÷5年＝9,000円
合計	90,000円	15,000円

Ⅲ 取替法

1 取替法とは

取替法とは、取替資産に適用される費用配分の方法です。

ここでいう取替資産とは、鉄道のレール、送電線のように同種の物品が多数集まって全体を構成し、老朽品の部分的取替えを繰り返すことにより、全体が維持される固定資産です。

2 会計処理

取替資産の簿価は、当初の取得原価のまま据え置いて償却は行いません。しかし一部を取り替えるつど、その支出額をその期の費用として計上します。

例3 **取替法**

以下の有形固定資産は取替法による費用配分を行っている。それぞれの時点における仕訳を示しなさい

(1) 構築物100,000円を取得し、代金は現金で支払った。

(2) 決算を迎えた。

(3) 構築物の一部が老朽化したため、一部を取り替え、代金5,000円を現金で支払った。老朽化した部分は売却し、代金500円を現金で受け取った。

例3の仕訳 (1) 取得時

(構　築　物)	100,000	(現　　金)	100,000

(2) 決算時

仕 訳 な し

(3) 取替時

(取　替　費)	5,000	(現　　金)	5,000
(現　　金)	500	(固定資産売却益)	500

2 不動産の証券化（関連テーマ…CHAPTER 01 有形固定資産）

I 不動産の証券化とは

不動産の証券化とは、SPC（Special Purpose Company：特別目的会社）等を通して不動産を証券化し、資金を調達することをいいます。

ひとこと

不動産の証券化（流動化）では、有価証券の発行によって、多くの投資家から広く、小口で資金を調達できるため、不動産を単に売却するよりも資金調達が容易です。また、証券を一部転売することによって、不動産が抱えているリスクの負担を減らすこともできます。

また、不動産売却による資産の減少、調達した資金による借入金の返済などによって、資産と負債を圧縮することができるため、財務内容を健全化することができます。

ふむふむ…

図解 不動産の証券化

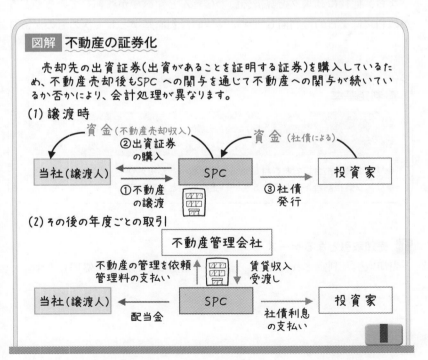

売却先の出資証券（出資があることを証明する証券）を購入しているため、不動産売却後もSPCへの関与を通じて不動産への関与が続いているか否かにより、会計処理が異なります。

(1) 譲渡時

(2) その後の年度ごとの取引

Ⅱ 経済的実態と会計処理

不動産の証券化は、譲渡不動産のリスクと経済価値のほとんどすべてが他者に移転していると認められるかどうかにより会計処理が異なります。

具体的には、譲渡不動産のリスクと経済価値のほとんどが他社に移転していると認められる場合は**売却取引**として処理します。

一方、他社に移転していると認められない場合は**金融取引**として処理します。

ひとこと

「リスク」とは経済価値の下落、「経済価値」とはその不動産を保有・使用・処分することにより生ずる経済的利益を得る権利のことです。

なお、他社にリスクと経済価値のほとんどすべてが移転しているかどうかの判定は実質的に判断します。具体的な判断基準として次のものがあります。

●判定基準

$$\text{リスク負担割合}=\frac{\text{リスク負担の金額（取得した証券の価額など）}}{\text{流動化（譲渡）する不動産の時価}}$$

◆リスク負担割合≦おおむね５％ → 売却取引として処理

◆リスク負担割合＞おおむね５％ → 金融取引として処理

1 売却取引となるケース

売却取引と判定された場合、通常の不動産取引と同様に処理します。

例4　不動産の証券化①

以下の取引について、売却取引か金融取引かの判定を行い、A社（譲渡人）の仕訳を示しなさい。

(1) 譲渡時の取引

① A社はB社（SPC）を設立し、B社に対して所有する土地3,500円を時価4,000円で売却して現金を受け取った。

② B社は優先出資証券200円と普通社債3,800円を発行し、A社から現金200円を受け取った。

(2) 年度ごとの取引

① B社は管理会社に賃貸原価300円を現金で支払い、賃貸収入700円を現金で受け取った。

② B社は配当金20円と社債利息380円を現金で支払った。

例4の解答　売却取引か金融取引かの判定：**売却取引**[*1]

土地の売却

（現　　金）	4,000	（土　　地）	3,500
		（固定資産売却益）	500

優先出資証券の取得

（有　価　証　券）[*2]	200	（現　　金）	200

賃貸原価・賃貸収入

仕　訳　な　し[*3]

配当金・社債利息

（現　　金）	20	（受　取　配　当　金）	20[*4]

＊1　$\frac{200円(優先出資証券)}{4,000円(土地の時価)}$＝5％≦5％　∴売却取引

＊2　優先出資証券（配当などを優先的に受け取ることができる証券）は保有目的などに応じ、適当な科目で処理します。

＊3　B社と不動産管理会社の取引であり、A社とは無関係なので処理しません。

＊4　社債利息の支払いはB社と社債権者との取引であり、A社とは無関係なので処理しません。したがって、配当金の受取りのみ処理します。

2 金融取引となるケース

金融取引と判定された場合、形式的には不動産の売却ですが、実態は資金の調達ということになるので、その実態を反映させるために特殊な会計

処理を行います。

具体的な処理方法について、設例で確認しましょう。

例5 **不動産の証券化②**

以下の取引について、売却取引か金融取引かの判定を行い、Ａ社（譲渡人）の仕訳を示しなさい。

(1) 譲渡時

① Ａ社はＢ社（SPC）を設立し、Ｂ社に対して所有する土地3,500円を時価4,000円で売却して現金を受け取った。

② Ｂ社は優先出資証券400円と普通社債3,600円を発行し、Ａ社から現金400円を受け取った。

(2) 年度ごとの取引

① Ｂ社は管理会社に賃貸原価300円を現金で支払い、賃貸収入700円を現金で受け取った。

② Ｂ社は配当金40円と社債利息360円を現金で支払った。

例５の解答　売却取引か金融取引かの判定：**金融取引**＊1

土地の売却

(現　　　金)	4,000	(借　入　金)＊2	4,000

優先出資証券の取得

(借　入　金)	400＊3	(現　　　金)	400

賃貸原価・賃貸収入

(賃 貸 原 価)	300	(賃 貸 収 入)	700＊4
(現　　　金)	400		

配当金・社債利息

(支 払 利 息)	360＊5	(現　　　金)	360

＊1　$\dfrac{400\text{円(優先出資証券)}}{4{,}000\text{円(土地の時価)}}=10\%>5\%$　∴金融取引

＊2　土地を担保に資金を借り入れたと考えます。

＊3　借入金の一部返済と解釈します。＊２と合わせて、Ｂ社経由で3,600円を借り入れたことになります。

＊4　賃貸原価の支払い、賃貸収入の受取りも、Ｂ社を経由してＡ社が行ったと解釈して処理します。

＊5　Ｂ社の社債利息の支払いも、Ａ社が借入金の利息を支払ったと解釈して処理します。また、(2)①賃貸原価・賃貸収入と(2)②社債利息を合わせて40円（＝700円－300円－360円）の利益（受取配当金に相当）をＡ社がすでに計上しているので、配当金の受取りは「仕訳なし」となります。

金融取引処理についてまとめると、次のようになります。

図解 不動産の証券化（金融取引処理）

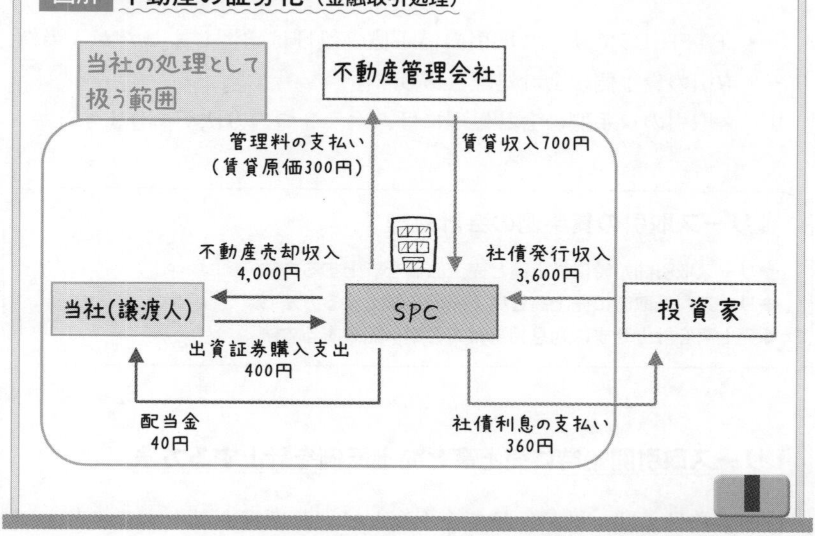

3 リース取引の貸手側の会計処理（関連テーマ…CHAPTER 03 リース会計）

Ⅰ リース取引の貸手側の処理方法

CHAPTER 03でリース取引の借手側の処理は学習しましたが、当然、リース取引の貸手側の会計処理もあります。

リース取引の貸手側の会計処理には、次の3つの方法があります。

●リース取引の貸手側の会計処理

◆リース取引開始時に売上高と売上原価を計上する方法
◆リース料受取時に売上高と売上原価を計上する方法
◆売上高を計上せずに利息相当額を各期へ配分する方法

Ⅱ リース取引開始時に売上高と売上原価を計上する方法

この方法は、リース料総額で売上高と**リース債権**を計上するとともに、リース物件の現金購入価額で売上原価と買掛金を計上し、リース料の受取時は**リース債権**を減額させます。

ひとこと

所有権移転ファイナンス・リース取引のときは**リース債権勘定**で処理しますが、所有権移転外ファイナンス・リース取引のときは**リース投資資産勘定**で処理します。

また、決算時には未回収のリース債権に含まれる利息分を**繰延リース利益**として繰り延べ、相手勘定は**繰延リース利益繰入**で処理します。

例6　貸手側の会計処理①

×1年4月1日、当社は下記の条件でC社に機械をリースする契約を結んだ。当該リース契約は所有権移転ファイナンス・リース取引に該当する。なお、当社の決算日は3月31日である。

計算上端数が生じる場合には、そのつど円未満を四捨五入すること。

[条　件]

1. リース契約の内容
   ①　リース期間　×1年4月1日から3年間
   ②　リース料年額10,000円　毎年3月31日払い（現金で後払い）
2. 当社はリース物件を27,232円で購入し、代金は掛けとした。計算利子率は5％で、×2年3月31日受取りのリース料のうち、利息相当額は1,362円である。

(1)　リース契約時の仕訳を示しなさい。
(2)　×2年3月31日のリース料受取時の仕訳を示しなさい。
(3)　×2年3月31日の決算整理仕訳を示しなさい。

例6の仕訳(1)	（リース債権）	30,000[*1]	（売上高）	30,000
	（売上原価）	27,232	（買掛金）	27,232
(2)	（現金）	10,000	（リース債権）	10,000
(3)	（繰延リース利益繰入）	1,406[*2]	（繰延リース利益）	1,406

＊1　10,000円（年間リース料）× 3 年＝30,000円
＊2　リース利益（利息相当額）総額：30,000円－27,232円＝2,768円
　　未実現のリース利益（繰延リース利益）：2,768円－1,362円＝1,406円

Ⅲ リース料受取時に売上高と売上原価を計上する方法

この方法は、リース物件の現金購入価額で**リース債権**を計上し、その後、リース料の受取時に受取額で売上高を計上するとともに、利息相当額を控除した価額で売上原価と**リース債権**を減額します。

なお、決算時は特になんの処理も行いません。

例7　　　貸手側の会計処理②

×1年4月1日、当社は下記の条件でC社に機械をリースする契約を結んだ。当該リース契約は所有権移転ファイナンス・リース取引に該当する。なお、当社の決算日は3月31日である。

計算上端数が生じる場合には、そのつど円未満を四捨五入すること。

[条　件]

1. リース契約の内容
   ① リース期間　×1年4月1日から3年間
   ② リース料年額10,000円　毎年3月31日払い（現金で後払い）
2. 当社はリース物件を27,232円で購入し、代金は掛けとした。計算利子率は5％で、×2年3月31日受取りのリース料のうち、利息相当額は1,362円である。

(1) リース契約時の仕訳を示しなさい。
(2) ×2年3月31日のリース料受取時の仕訳を示しなさい。
(3) ×2年3月31日の決算整理仕訳を示しなさい。

例7の仕訳(1)	(リース債権)	27,232*1	(買掛金)	27,232
(2)	(現金)	10,000	(売上高)	10,000
	(売上原価)	8,638*2	(リース債権)	8,638
(3)	仕訳なし			

＊1　リース物件の購入価額で計上します。
＊2　10,000円－1,362円＝8,638円

Ⅳ 売上高を計上せずに利息相当額を各期へ配分する方法

この方法は、売上高を計上せず、リース取引の純額でリース債権から得られる利息相当額の計上のみを行う方法です。

具体的には、受け取った額のうちの利息相当額を**受取利息**として計上するとともに、利息相当額を控除した金額で**リース債権**を減額します。

例8　貸手側の会計処理③

×1年4月1日、当社は下記の条件でC社に機械をリースする契約を結んだ。当該リース契約は所有権移転ファイナンス・リース取引に該当する。なお、当社の決算日は3月31日である。

計算上端数が生じる場合には、そのつど円未満を四捨五入すること。

[条　件]

1. リース契約の内容
   ① リース期間　×1年4月1日から3年間
   ② リース料年額10,000円　毎年3月31日払い（現金で後払い）
2. 当社はリース物件を27,232円で購入し、代金は掛けとした。計算利子率は5％で、×2年3月31日受取りのリース料のうち、利息相当額は1,362円である。

(1) リース契約時の仕訳を示しなさい。
(2) ×2年3月31日のリース料受取時の仕訳を示しなさい。
(3) ×2年3月31日の決算整理仕訳を示しなさい。

例8の仕訳

(1)	（リース債権）	27,232*1	（買掛金）	27,232
(2)	（現金）	10,000	（受取利息）	1,362
			（リース債権）	8,638*2
(3)	仕訳なし			

＊1　リース物件の購入価額で計上します。
＊2　10,000円－1,362円＝8,638円

V オペレーティング・リース取引の場合

オペレーティング・リース取引では、貸手側は通常の賃貸借取引に係る方法に準じて会計処理を行います。

具体的に、リース会社はリース開始時にリース物件を購入した場合、取得価額で固定資産に計上します。そして、リース料受取時に受け取ったリース料を受取リース料として計上します。

なお、固定資産に計上したリース物件は、決算時に減価償却を行い、減価償却費を計上します。

ひとこと

貸手のオペレーティング・リース取引における減価償却では、リース期間終了時の処分見積価額を残存価額として扱います。

例9　オペレーティング・リース取引

×1年4月1日、当社は下記の条件でC社に機械をリースする契約を結んだ。当該リース契約はオペレーティング・リース取引に該当する。なお、当社の決算日は3月31日である。

［条　件］

1．リース契約の内容

　① リース期間　×1年4月1日から3年間

　② リース料年額10,000円　毎年3月31日払い（現金で後払い）

2．当社はリース物件を27,000円で購入し、代金は掛けとした。

3．減価償却方法はリース期間にわたる定額法であり、リース期間終了時の処分見積価額は16,200円である。

(1) 物件購入時の仕訳を示しなさい。

(2) ×2年3月31日のリース料受取時の仕訳を示しなさい。

(3) ×2年3月31日の決算整理仕訳を示しなさい。

例9の仕訳(1)	（機　械）	27,000	（買　掛　金）	27,000
(2)	（現　金）	10,000	（受取リース料）	10,000
(3)	（減価償却費）	3,600*	（減価償却累計額）	3,600

*　(27,000円－16,200円)÷3年＝3,600円

4 中途解約（関連テーマ…CHAPTER 03 リース会計）

Ⅰ 中途解約とは

ファイナンス・リース取引は、基本的にはリース期間の途中で解約することはできません。しかし、借手側の事情により、リース契約を途中で解約することがあります。このことを、**中途解約**といいます。

ひとこと

たとえば、生産を増やすために、リース契約を行ったが、急激に業績が悪化し、生産を縮小する場合などにリース契約を解約することがあります。

Ⅱ 中途解約の会計処理

1 リース資産の返却

ファイナンス・リース取引に係るリース契約を中途で解約した場合、そのリース資産は返却しなければならないため除却処理が必要になります。

そこで、リース資産の未償却残高を**リース資産除却損**として処理します。

2 損害金の支払い

リース契約を中途解約する場合、貸手への中途解約による損害金（違約金）の支払いが必要になります。

この場合、リース債務の未払残高と損害金の差額を**リース債務解約損**として損失計上します。

例10 中途解約

×1年4月1日、当社は下記の条件でB社と機械のリース契約を結んだ。しかし、×3年3月31日をもって中途解約することとし、違約金10,500円を現金で支払った。なお、計算上端数がある場合には、そのつど円未満を四捨五入すること。

［条　件］

1．リース契約の内容

　① リース期間3年

　② リース料年額10,000円　毎年3月31日払い（後払い）

2．この取引は所有権移転外ファイナンス・リース取引に該当し、リース資産の計上価額は27,232円、計算利子率は5％である。

例10の仕訳

（減価償却累計額）	18,154*1	（リース資産）	27,232
（リース資産除却損）	9,078*2		
（リース債務）	9,524	（現金預金）	10,500
（リース債務解約損）	976*3		

＊1　27,232円÷3年≒9,077円
　　9,077円×2年＝18,154円

＊2　リース資産の未償却残高（貸借差額）

＊3　リース債務未払残高と損害金（違約金）との差額

	期首元本	リース料	支払利息（期首元本×利率）	元本返済額（リース料－支払利息）	リース債務残高（期首元本－返済額）
×1年4月1日	27,232円	—	—	—	27,232円
×2年3月31日	27,232円	10,000円	1,362円	8,638円	18,594円
×3年3月31日	18,594円	10,000円	930円	9,070円	9,524円

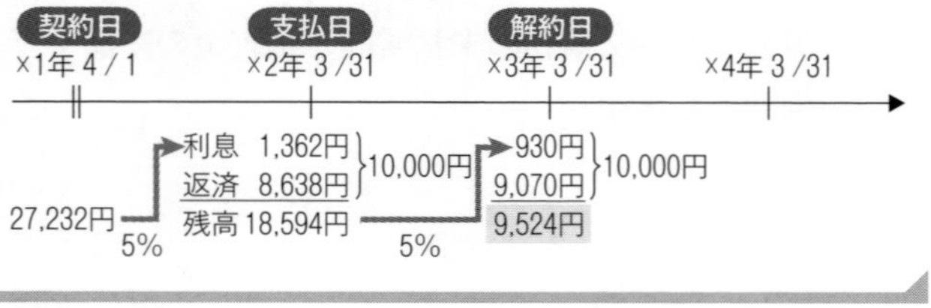

5 維持管理費用相当額（関連テーマ…CHAPTER 03 リース会計）

Ⅰ 維持管理費用相当額とは

維持管理費用相当額とは、リース物件の維持管理にともなって生じる諸費用です。

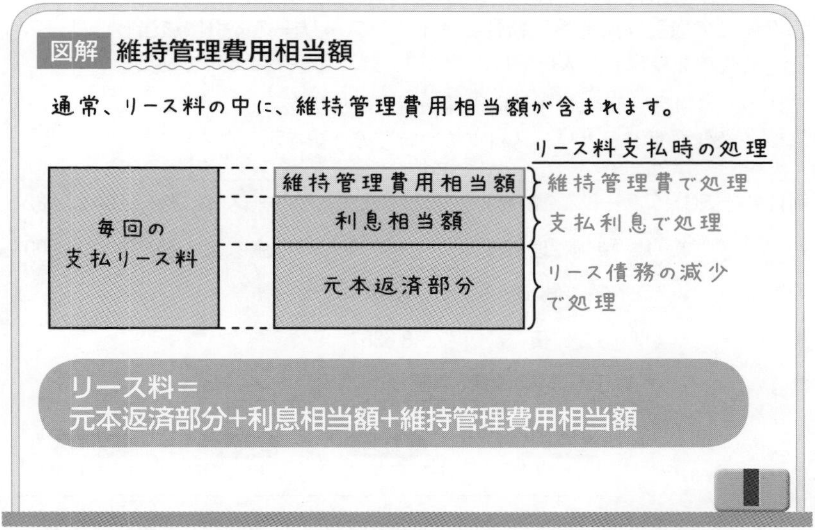

Ⅱ 維持管理費用相当額の会計処理

維持管理費用相当額は、リース資産の取得原価に含めません。したがって、リース料総額の割引現在価値の算定にあたり維持管理費用相当額をリース料相当額から控除します。

例11　維持管理費用相当額

×1年4月1日、当社は下記の条件でB社と機械のリース契約を結んだ。なお、計算上端数がある場合には、そのつど円未満を四捨五入する。

［条　件］

1．リース契約の内容

① リース期間3年

② リース料年額10,500円　毎年3月31日払い（後払い）

③ リース料に含まれる維持管理費用相当額は500円

2．この取引は所有権移転外ファイナンス・リース取引に該当し、リース物件の見積現金購入価額は28,000円、計算利子率は5％である。

(1) ×1年4月1日（リース取引開始時）の仕訳を示しなさい。

(2) ×2年3月31日（リース料支払い時）の仕訳を示しなさい。

例11の仕訳

	借方	金額	貸方	金額
(1)	（リース資産）	27,232	（リース債務）	27,232＊1
(2)	（維持管理費）	500＊2	（現金預金）	10,500
	（支払利息）	1,362＊3		
	（リース債務）	8,638＊4		

＊1　① 見積現金購入価額：28,000円

② リース料総額の割引現在価値：27,232円

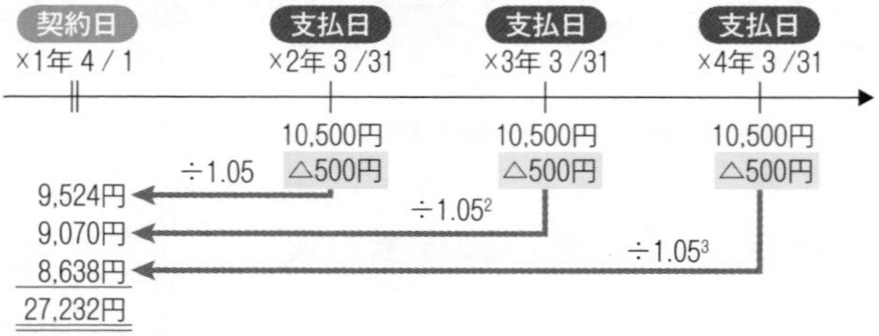

③ ①＞②　∴27,232円

＊2　維持管理費用相当額は維持管理費として費用処理を行う。

＊3　27,232円×5％≒1,362円

＊4　10,500円－500円－1,362円＝8,638円

	期首元本	リース料	維持管理費	支払利息（期首元本×利率）	元本返済額（リース料－維持管理費－支払利息）	リース債務残高（期首元本－返済額）
×1年4月1日	27,232円	—	—	—	—	27,232円
×2年3月31日	27,232円	10,500円	500円	1,362円	8,638円	18,594円
×3年3月31日	18,594円	10,500円	500円	930円	9,070円	9,524円
×4年3月31日	9,524円	10,500円	500円	476円	9,524円	—

6 残価保証（関連テーマ…CHAPTER 03 リース会計）

Ⅰ 残価保証とは

残価保証とは、リース期間終了時の処分価額が契約で決められた保証価額に満たない場合に、借手がその不足分を貸手に支払う義務をいいます。

Ⅱ 残価保証の会計処理

1 割引現在価値

割引現在価値を求める際に、残価保証額を**リース料総額**に含めて処理します。

2 減価償却

所有権移転外ファイナンス・リース取引について、減価償却の際に、残価保証額は**残存価額**として取り扱います。

3 リース物件の返却

残価保証額は、**その他流動資産**として計上しておきます。

4 残価保証支払額の確定時

❶ リース物件の処分価額が残価保証額を下回った場合

その他流動資産とリース債務を相殺し、不足額を**リース資産売却損**として処理します。

❷ リース物件の処分価額が残価保証額を上回った場合

その他流動資産とリース債務の相殺のみ行います。追加の支払義務は生じません。

例12 ──── 残価保証

×1年4月1日、当社は下記の条件でB社と機械のリース契約を結んだ。なお、当社の決算日は3月31日である。

計算上端数がある場合には、そのつど円未満を四捨五入すること。

[条　件]

1．リース契約の内容
① リース期間3年
② リース料年額10,000円　毎年3月31日払い（後払い）
③ このリース契約には、リース期間終了時に借手がリース物件の処分価額を1,000円まで保証する条項が付されている。

2．この取引は所有権移転外ファイナンス・リース取引に該当し、リース物件の見積現金購入価額は28,640円、計算利子率5％である。

3．×4年3月31日（リース期間終了時）に、リース物件は700円で処分され、残額の300円について請求を受けた。

(1) ×1年4月1日（リース開始時）の仕訳を示しなさい。
(2) ×2年3月31日（リース料支払い、決算整理時）の仕訳を示しなさい。
(3) ×4年3月31日（リース物件の返却時）の仕訳を示しなさい。
(4) 残価保証支払額の確定時の仕訳を示しなさい。

例12の仕訳(1)	(リース資産)	28,096	(リース債務)	28,096*1
(2)	(支払利息)	1,405*2	(現金預金)	10,000
	(リース債務)	8,595*3		
	(減価償却費)	9,032*4	(減価償却累計額)	9,032
(3)	(減価償却費)	9,032*5	(減価償却累計額)	9,032
	(減価償却累計額)	27,096	(リース資産)	28,096
	(その他流動資産)	1,000*6		
(4)	(リース債務)	1,000	(その他流動資産)	1,000
	(リース資産売却損)	300*7	(未払金)	300

＊1　①　見積現金購入価額：28,640円
　　②　リース料総額の現在価値：28,096円

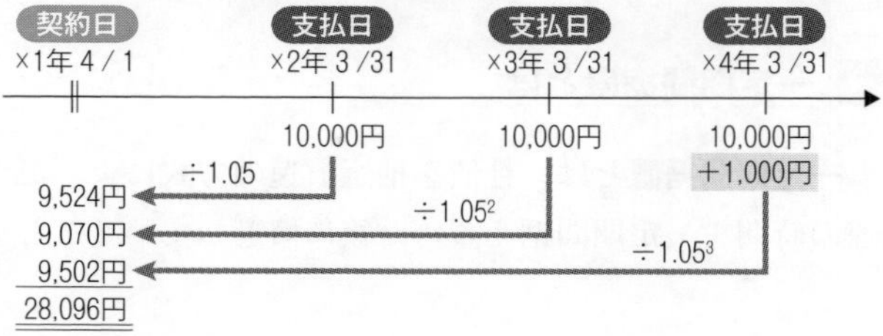

　　③　①＞②　∴28,096円

＊2　28,096円× 5 %≒1,405円
＊3　10,000円－1,405円＝8,595円
＊4　(28,096円－残価保証額1,000円)÷ 3 年＝9,032円
＊5　(28,096円－残価保証額1,000円)－9,032円× 2 年＝9,032円
＊6　残価保証額1,000円
＊7　残価保証額1,000円－処分価額700円＝不足額300円

	期首元本	リース料	支払利息 (期首元本×利率)	元本返済額 (リース料－支払利息)	残価保証	リース債務残高 (期首元本－返済額)
×1年 4月1日	28,096円	—	—	—	—	28,096円
×2年 3月31日	28,096円	10,000円	1,405円	8,595円	—	19,501円
×3年 3月31日	19,501円	10,000円	975円	9,025円	—	10,476円
×4年 3月31日	10,476円	10,000円	524円	9,476円	1,000円	—

7 抽選償還を一定期間据え置く場合（関連テーマ…CHAPTER 09 社債）

I 一定期間据置とは

一定期間据置とは、社債を抽選償還の方式によって発行した場合に、償還の時期を一定期間据え置いた後に償還していくことです。

II 会計処理

1 発行時

通常の社債の発行と同様に、払込金額で社債を計上します。

例13 **発行時**

×1年４月１日に、額面金額10,000円の社債を払込金額9,400円で発行し、払込金額は当座預金とした。当社の決算日は３月31日である。なお、当該社債は１年据置後、毎年３月末に2,000円（額面金額）ずつ抽選償還する。

例13の仕訳

×1年４/１	（当　座　預　金）	9,400	（社　　　　債）	9,400

2 決算時（×2年３月31日）

問題文の指示により社債を１年据え置くので、社債の償還をせず、金利調整差額の調整のみを行います。

例14 **決算時**

例13で発行した社債について、決算日（×2年３月31日）の仕訳を示しなさい。なお、払込金額と額面金額の差額は、すべて金利調整差額と認められる。金利調整差額は、社債の利用割合に応じて償却原価法（定額法）によって処理する。

例14の仕訳

×2年 3/31	（社 債 利 息）	150	（社 債）	150*1
	（社 債）	1,970	（一年以内償還社債）	1,970*2

＊1　30円/マス×５マス＝150円

＊2　×3年３月31日に償還される社債の帳簿価額（表示上の振替仕訳）
　　2,000円（額面金額）－30円＝1,970円
　　または、1,940円（払込金額）＋30円＝1,970円

図解　一定期間据置による抽選償還

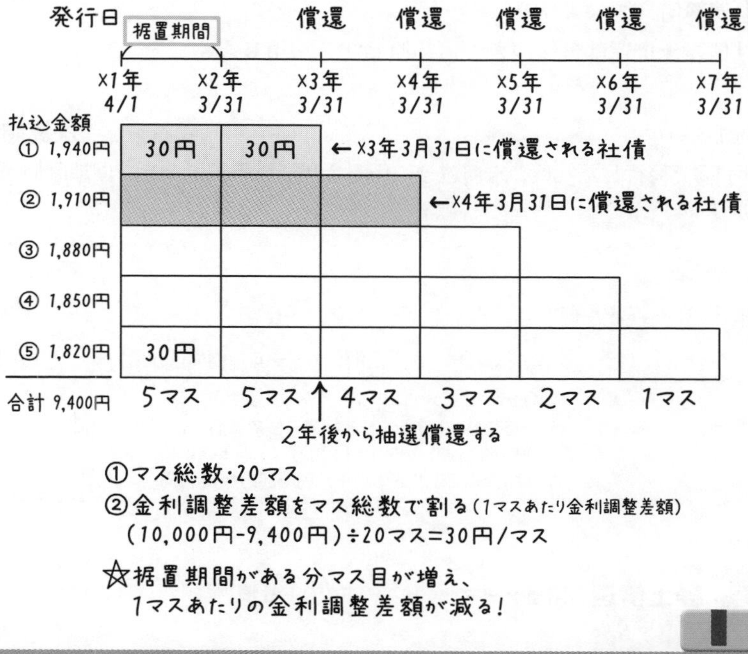

①マス総数：20マス
②金利調整差額をマス総数で割る（1マスあたり金利調整差額）
（10,000円−9,400円）÷20マス＝30円/マス

☆据置期間がある分マス目が増え、
1マスあたりの金利調整差額が減る！

3 抽選償還時（×3年３月31日）

抽選償還分の社債について、金利調整差額を調整後、額面金額で償還します。

例15 抽選償還時

例13で発行した社債について、第1回の抽選償還分2,000円について償還を行い、代金は当座預金口座から支払った。

例15の仕訳

×3年3/31	（社債利息）	30	（一年以内償還社債）	30＊1
	（一年以内償還社債）	2,000	（当座預金）	2,000＊2

＊1　30円/マス×1マス＝30円
＊2　1,970円＋30円＝2,000円

4 決算時（×3年3月31日）

社債の未償還部分につき、償却原価法を適用します。

例16 決算時

例13で発行した社債の未償還分に係る金利調整差額につき、償却原価法を適用する。

例16の仕訳

×3年3/31	（社債利息）	120	（社債）	120＊1
	（社債）	1,970	（一年以内償還社債）	1,970＊2

＊1　30円/マス×4マス＝120円
＊2　×4年3月31日に償還される社債の帳簿価額（表示上の振替仕訳）
2,000円(額面金額)－30円＝1,970円
または　1,910円(払込金額)＋30円＋30円＝1,970円

8 繰上償還（関連テーマ…CHAPTER 09 社債）

Ⅰ 繰上償還とは

繰上償還とは、社債の抽選償還において臨時に行う償還（買入償還）のことです。抽選償還の場合には、あらかじめ毎年償還される社債金額が決められていますが、発行会社の都合により当初予定した償還日より早く償還されることがあります。

Ⅱ 繰上償還時の会計処理

たとえば、×4年３月末日に償還予定分の社債を×3年３月末日に繰上償還する場合、×3年３月末日時点における帳簿価額を求め、帳簿価額と買入価額との差額を**社債償還損益**として処理します。

例17　繰上償還時

×1年４月１日に額面金額10,000円の社債を払込金額9,400円で発行した。償還方法は、毎年３月末日に2,000円（額面金額）ずつ抽選償還する。払込金額と額面金額の差額は、すべて金利調整差額と認められ、当該差額は、社債の利用割合に応じて償却原価法（定額法）によって処理する。なお、会計期間は３月末日を決算日とする１年である。

×3年３月31日に、×4年３月31日に償還予定の社債を額面100円につき99円で繰上償還し、代金は当座預金口座から支払った。

例17の仕訳　償却原価法（定額法）

×3年３/31	（社債利息）	160*1	（社　　債）	160
	当期償還分			
	（社　　債）	2,000	（当座預金）	2,000
	繰上償還分			
	（社　　債）	1,960*2	（当座預金）	1,980*3
	（社債償還損）	20		

＊1　40円/マス×４マス＝160円（当期の償却額の総額）

＊2　2,000円－40円＝1,960円　または　1,880円＋40円＋40円＝1,960円

＊3　$2,000円\times\frac{99円}{100円}=1,980円$

図解 繰上償還

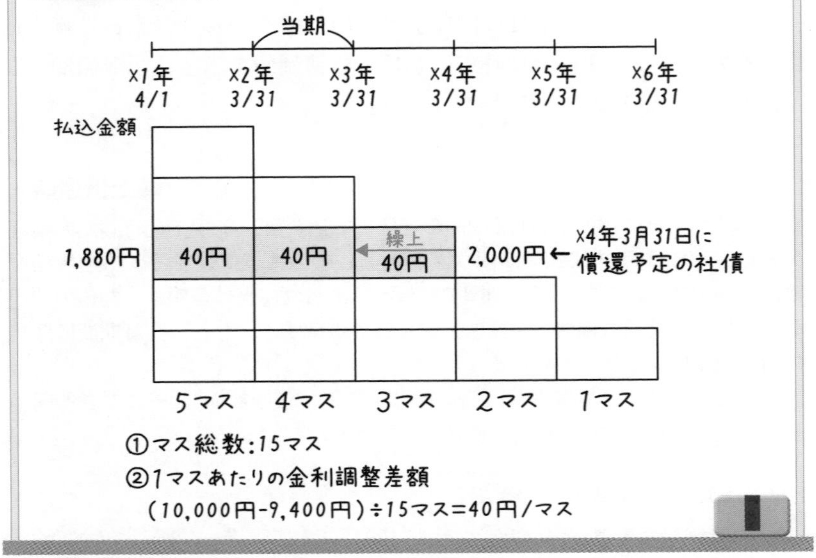

9 抽選償還(利息法)(関連テーマ…CHAPTER 09 社債)

Ⅰ 利息法による抽選償還

償却原価法は、原則として利息法で処理するため、抽選償還においても利息法が原則となります。

Ⅱ 会計処理

1 発行時、利息支払時

払込金額で社債を計上します。また、利息支払時に利息法にもとづき社債を増加させます。

例18　　発行時、利息支払時

×1年4月1日に、額面金額9,000円の社債を払込金額8,820円で発行し、払込金額は当座預金とした。償還方法は、毎年3月末日に3,000円（額面金額）ずつ抽選償還する。払込金額と額面金額の差額は、すべて金利調整差額と認められ、償却原価法（利息法）によって処理する。なお、実効利子率は年3.05%、クーポン利子率年2%（利払日：毎年9月末日と3月末日の年2回、現金払い）である。

①発行時と②利息支払時（×1年9月30日、×2年3月31日）の仕訳を示しなさい。計算上、端数が生じる場合には、そのつど円未満を四捨五入すること。

例18の仕訳　①　発行時

×1年4/1	（当座預金）	8,820	（社債）	8,820

②　利息支払時

×1年9/30	（社債利息）	90	（現金）	90*1
	（社債利息）	45	（社債）	45*2
×2年3/31	（社債利息）	90	（現金）	90*3
	（社債利息）	45	（社債）	45*4

＊1　9,000円×2%×$\frac{6か月}{12か月}$=90円

＊2　8,820円×3.05%×$\frac{6か月}{12か月}$≒135円

135円−90円=45円

＊3　9,000円×2%×$\frac{6か月}{12か月}$=90円

＊4　(8,820円+45円)×3.05%×$\frac{6か月}{12か月}$≒135円

135円−90円=45円

2 ×1年度末の抽選償還の処理

抽選償還分の社債について、金利調整差額を調整後、額面金額で償還します。

例19　　　　　　　　　　　　　　　　　　　**償還時（第1回目）**

例18で発行した社債につき、第1回目の抽選償還を行い、当座預金口座から支払った。

例19の仕訳

×2年3/31	（社　　債）	3,000*	（当　座　預　金）	3,000

＊　×2年3月31日に償還される社債

3 ×2年度の利息支払時の処理（金利調整差額、クーポン利息）

×1年度の利息支払時の会計処理と同様の処理を行います。

例20　　　　　　　　　　　　　　　　　　　**利払時**

例18で発行した社債につき、×2年9月末日、×3年3月末日にクーポン利息を現金で支払った。

例20の仕訳

×2年9/30	（社　債　利　息）	60	（現　　金）	60＊1
	（社　債　利　息）	30	（社　　債）	30＊2
×3年3/31	（社　債　利　息）	60	（現　　金）	60＊3
	（社　債　利　息）	31	（社　　債）	31＊4

＊1　$(9{,}000円-3{,}000円)\times 2\%\times\frac{6か月}{12か月}=60円$

＊2　$\underbrace{(8{,}820円+45円+45円-3{,}000円)}_{5{,}910円}\times 3.05\%\times\frac{6か月}{12か月}\fallingdotseq 90円$

90円－60円＝30円

＊3　$(9{,}000円-3{,}000円)\times 2\%\times\frac{6か月}{12か月}=60円$

＊4　$\underbrace{(8{,}820円+45円+45円-3{,}000円+30円)}_{5{,}940円}\times 3.05\%\times\frac{6か月}{12か月}\fallingdotseq 91円$

91円－60円＝31円

4 ×2年度末の抽選償還の処理

金利調整差額を調整後、額面金額で償還します。

例21 **償還時（第２回目）**

例18で発行した社債につき、第２回目の抽選償還を行い、当座預金口座から支払った。

例21の仕訳

×3年３/31	（社　　債）	3,000*	（当 座 預 金）	3,000

*　×3年３月31日に償還される社債

以上をタイムテーブルで示すと、次のようになります。

図解 抽選償還（利息法）のタイムテーブル

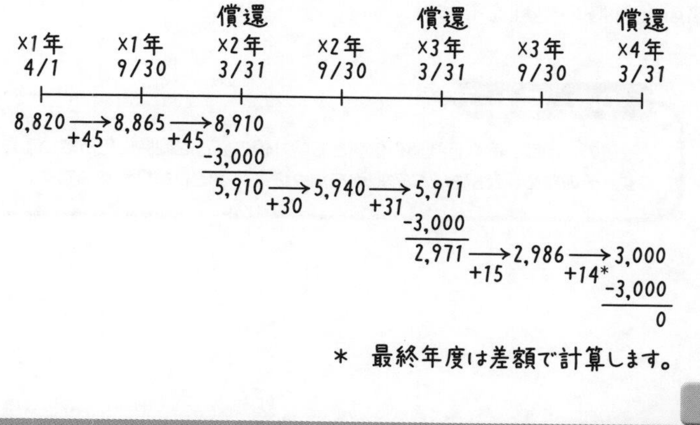

10 社債の借換（関連テーマ…CHAPTER 09 社債）

Ⅰ 社債の借換とは

社債の借換とは、すでに発行している社債を償還し、同時に新たな社債を発行することです。

ひとこと

たとえば、金利負担を軽くするために、利率の高い既発行の社債を償還し、利率の低い社債を新規に発行する場合に社債の借換が行われます。

Ⅱ 社債の借換の会計処理

社債の借換を行う場合、既発行の社債は償還処理を行い、新規発行の社債は通常の発行時の処理をします。

ひとこと

社債の借換は、既発行社債の償還と新規社債の発行を同時に行っているだけです。そのため、仕訳も2つの取引を別々に考えるとわかりやすいです。

例22 社債の借換

社債の借換にあたり、×6年6月30日に満期を迎えた社債の額面総額と最終回の利息の合計額を当座預金から支払って償還した。また、新たな社債を発行し、払込金は当座預金とした。なお、額面金額と払込金額との差額である金利調整差額の償却は、償却原価法（定額法）を適用する。決算日は3月末日である。

［発行条件］

(1) 既発行社債

×1年7月1日に発行した社債であり、額面総額：100,000円（額面100円につき94円、償還期間：5年）、利払日：6月末と12月末、利率：5％である。

(2) 新規発行

×6年6月30日に発行した社債であり、額面総額：100,000円（額面100円につき94円、償還期間：5年）、利払日：6月末と12月末、利率：3％である。

例22の仕訳

（社債利息）	300*1	（社債）	300
（社債）	100,000	（当座預金）	102,500
（社債利息）	2,500*2		
（当座預金）	94,000	（社債）	94,000*3

＊1　払込金額：94円×$\frac{\text{額面金額100,000円}}{\text{100円}}$(1,000口)＝94,000円

(額面金額100,000円－払込金額94,000円)×$\frac{\text{3か月(×6年4月1日～×6年6月30日)}}{\text{60か月(×1年7月1日～×6年6月30日)}}$＝300円

＊2　額面金額100,000円×5％×$\frac{\text{6か月}}{\text{12か月}}$＝2,500円

＊3　払込金額：94円×$\frac{\text{額面金額100,000円}}{\text{100円}}$(1,000口)＝94,000円

ひとこと

既発行社債の帳簿価額と買入価額との間に差額が生じている場合には、社債償還損（益）を計上します。

11 分配可能額（関連テーマ…CHAPTER 10 純資産Ⅰ）

Ⅰ 分配可能額とは

分配可能額とは、債権者を保護するために定められた、配当できる金額の上限の金額のことです。

株式会社は、株主総会の決議により株主に対して剰余金の配当を行うことができます。しかし、株主に対して無制限な配当を行うと会社の財産が社外に流出し、会社の財産的基礎を弱めることになるため、一定の上限を定めています。

図解 分配可能額

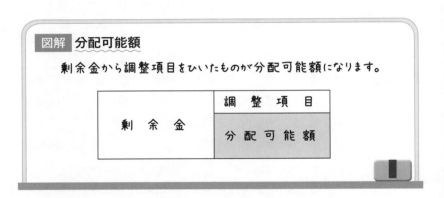

剰余金から調整項目をひいたものが分配可能額になります。

Ⅱ 剰余金の計算

分配の際に基準となる剰余金は、前期貸借対照表における剰余金に、期中における剰余金の変動を加味した剰余金、すなわち分配時の剰余金です。

1 前期末の剰余金の額

まずは、前期貸借対照表をもとに、前期末の剰余金の額を算定します。

剰余金＝株主資本＋自己株式－資本金－準備金
＝その他資本剰余金＋その他利益剰余金

ひとこと

会社法において、剰余金は「資産＋自己株式－(負債＋資本金＋準備金＋株主資本以外のその他の純資産項目)」と規定されていますが、この計算式と「その他資本剰余金＋その他利益剰余金」は一致します。

2 分配時の剰余金の額

分配時の剰余金は、前期末の「その他資本剰余金＋その他利益剰余金」を基準に、決算日後に変動した剰余金を加減して算定します。

例23 分配時の剰余金の額

以下の資料にもとづいて、×2年９月30日における剰余金の額を算定しなさい。なお、当期は×3年３月31日を決算日とする１年である。

［資料１］　前期末貸借対照表（一部）

前期末貸借対照表
×2年３月31日　（単位：円）

	資本金	3,500,000
	資本準備金	150,000
	その他資本剰余金	70,000
	利益準備金	48,000
	任意積立金	60,000
	繰越利益剰余金	90,000
	自己株式	△15,000

［資料２］　×2年９月30日までに行われた資本取引

(1)　株主総会により、資本準備金8,000円の剰余金への振替えが決議された。
(2)　株主総会により、繰越利益剰余金からの配当40,000円が決議された。
(3)　自己株式10,000円を12,000円で処分した。

例23の解答	186,000円

〈解説〉

(1) 準備金の剰余金への振替え

（資本準備金）	8,000	（その他資本剰余金）	8,000

(2) 配当

（繰越利益剰余金）	44,000	（利益準備金）	4,000*
		（未払配当金）	40,000

＊ ① 40,000円（配当金）×$\frac{1}{10}$＝4,000円

② 3,500,000円×$\frac{1}{4}$－{（150,000円－8,000円）＋48,000円}
＝685,000円

③ ①＜②より4,000円

(3) 自己株式の処分

（現金など）	12,000	（自己株式）	10,000
		（その他資本剰余金）	2,000

(4) 剰余金の算定

① ×2年３月31日における剰余金
70,000円（その他資本剰余金）＋60,000円（任意積立金）
＋90,000円（繰越利益剰余金）＝220,000円

② 決算日後に変動した剰余金
8,000円（その他資本剰余金）－44,000円（繰越利益剰余金）
＋2,000円（その他資本剰余金）＝△34,000円

③ ①＋②＝220,000円－34,000円＝186,000円

Ⅲ 分配可能額の計算

分配可能額は、分配時の剰余金から次の調整項目を控除した金額になります。

●分配可能額の調整項目

◆自己株式の帳簿価額
◆自己株式の処分の対価
◆剰余金から控除するのれん等調整額
◆その他有価証券評価差額金（借方残高のとき）

ひとこと

なお、純資産額が300万円未満のときや、配当の結果純資産額が300万円未満になるような配当をすることはできません。

例24 分配可能額の計算

以下の資料にもとづいて、×2年9月30日における分配可能額を算定しなさい。なお、当期は×3年3月31日を決算日とする1年である。

［資料1］ 前期末貸借対照表（一部）

前期末貸借対照表
×2年3月31日 （単位：円）

	資本金	3,500,000
	資本準備金	150,000
	その他資本剰余金	70,000
	利益準備金	48,000
	任意積立金	60,000
	繰越利益剰余金	90,000
	自己株式	△15,000

［資料2］ ×2年9月30日までに行われた資本取引

(1) 株主総会により、資本準備金8,000円の剰余金への振替えが決議された。
(2) 株主総会により、繰越利益剰余金からの配当40,000円が決議された。
(3) 自己株式10,000円を12,000円で処分した。
(4) 分配時の剰余金は186,000円である。

例24の解答 169,000円

〈解説〉
(1) 分配時の剰余金：186,000円
(2) 分配時の自己株式の帳簿価額
15,000円－10,000円＝5,000円
(3) 前期末から分配時までの自己株式の処分の対価：12,000円
∴分配可能額＝186,000円－5,000円－12,000円＝169,000円

Ⅳ のれん等調整額がある場合

1 のれん等調整額と資本等金額

のれん等調整額とは、資産の部に計上したのれんの2分の1と繰延資産の合計額をいい、前期貸借対照表にのれん等調整額に該当する項目がある場合、分配可能額算定上、剰余金の金額から減額します。

のれん等調整額を考慮して計算するパターンは、次の4パターンとなります。

●のれん等調整額の計算パターン

① のれん等調整額≦資本等金額のとき
② 資本等金額＜のれん等調整額≦資本等金額＋その他資本剰余金のとき
③ 資本等金額＋その他資本剰余金＜のれん等調整額のとき
　イ：のれん×$\frac{1}{2}$≦資本等金額＋その他資本剰余金のとき
　ロ：資本等金額＋その他資本剰余金＜のれん×$\frac{1}{2}$のとき

※　資本等金額とは、前期末における資本金、資本準備金、利益準備金の合計額のことです。

2 影響額の上限

この影響額は、その他資本剰余金と繰延資産の合計額が上限となり、この影響額はのれん等調整額と資本等金額の大小によって、次のように計算します。

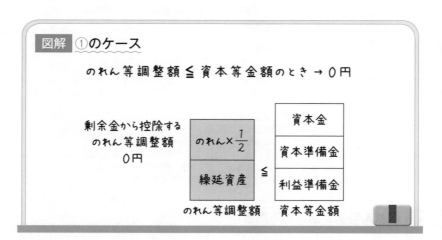

図解 ①のケース

のれん等調整額≦資本等金額のとき→0円

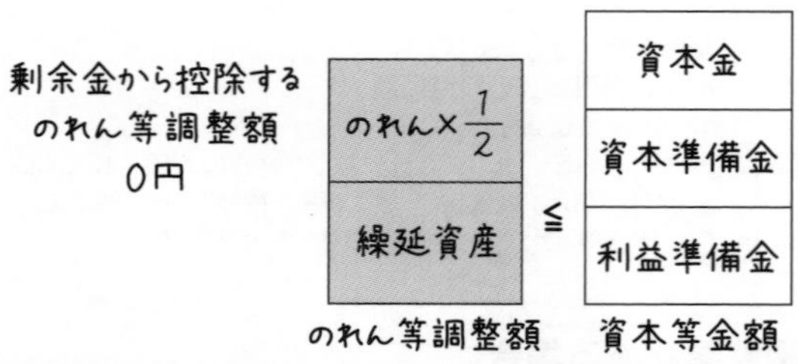

図解 ②のケース

資本等金額<のれん等調整額≦資本等金額+その他資本剰余金のとき

→のれん等調整額−資本等金額

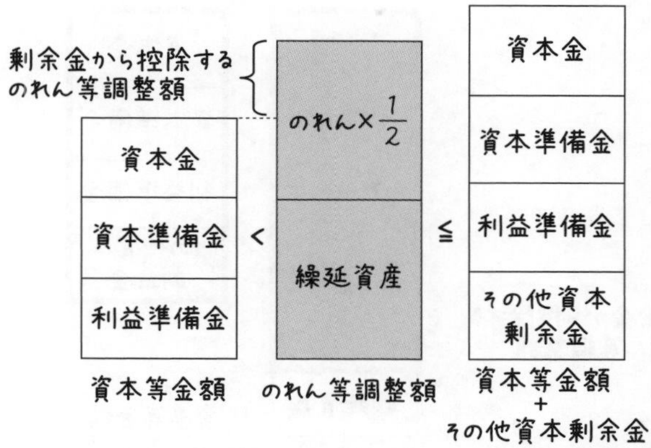

図解 ③のケース（イの場合）

のれん×$\frac{1}{2}$≦資本等金額+その他資本剰余金のとき

→のれん等調整額−資本等金額

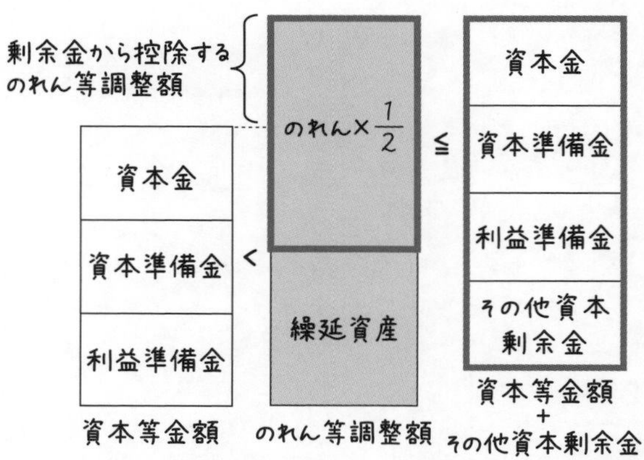

図解 ③のケース（ロの場合）

資本等金額＋その他資本剰余金＜のれん×$\frac{1}{2}$のとき

→その他資本剰余金＋繰延資産

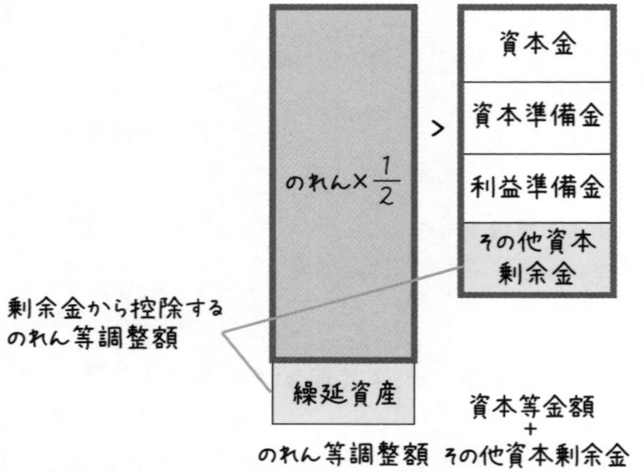

例25　分配可能額の算定

次の資料にもとづいて、のれんと繰延資産が①～④の場合における分配可能額を算定しなさい。なお、前期から株主資本項目に変動はなかった。

① のれん7,000,000円
② のれん7,350,000円、繰延資産45,000円
③ のれん7,500,000円、繰延資産45,000円
④ のれん7,600,000円、繰延資産45,000円

[資　料]

前期末貸借対照表
×2年３月31日　（単位：円）

	資本金	3,500,000
	資本準備金	150,000
	その他資本剰余金	70,000
	利益準備金	48,000
	任意積立金	60,000
	繰越利益剰余金	90,000

例25の解答　① 220,000円　② 198,000円　③ 123,000円　④ 105,000円

〈解説〉

(1) 剰余金の算定
70,000円（その他資本剰余金）＋60,000円（任意積立金）＋90,000円（繰越利益剰余金）＝220,000円

(2) 資本等金額の算定
3,500,000円（資本金）＋150,000円（資本準備金）＋48,000円（利益準備金）＝3,698,000円

(3) 資本等金額＋その他資本剰余金の算定
3,698,000円＋70,000円＝3,768,000円

(4) 分配可能額の算定

① のれん7,000,000円のとき

i) のれん等調整額：7,000,000円÷２＝3,500,000円

ii) 剰余金から控除するのれん等調整額（分配制限額）
3,500,000円（のれん等調整額）≦3,698,000円（資本等金額）
⇒ 分配制限額０円

iii) 分配可能額：220,000円（剰余金）

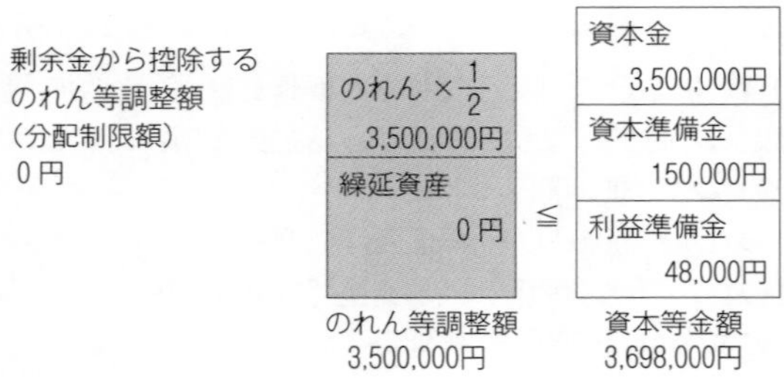

② のれん7,350,000円、繰延資産45,000円のとき

i) のれん等調整額：7,350,000円÷２＋45,000円＝3,720,000円

ii) 剰余金から控除するのれん等調整額（分配制限額）

3,698,000円（資本等金額）＜3,720,000円（のれん等調整額）≦3,768,000円

⇒ 3,720,000円（のれん等調整額）－3,698,000円（資本等金額）＝22,000円

iii) 分配可能額：220,000円（剰余金）－22,000円（分配制限額）＝198,000円

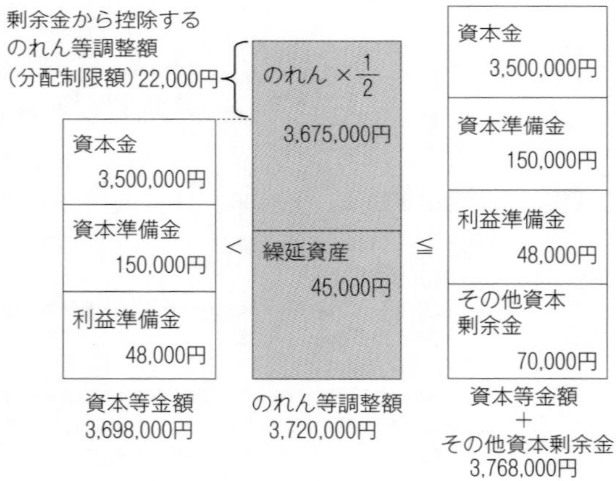

③ のれん7,500,000円、繰延資産45,000円のとき

i) のれん等調整額：7,500,000円÷２＋45,000円＝3,795,000円

ii) 剰余金から控除するのれん等調整額（分配制限額）

7,500,000円（のれん）÷２

＜3,698,000円（資本等金額）＋70,000円（その他資本剰余金）

⇒ 3,795,000円（のれん等調整額）－3,698,000円（資本等金額）＝97,000円

iii) 分配可能額：220,000円（剰余金）－97,000円（分配制限額）＝123,000円

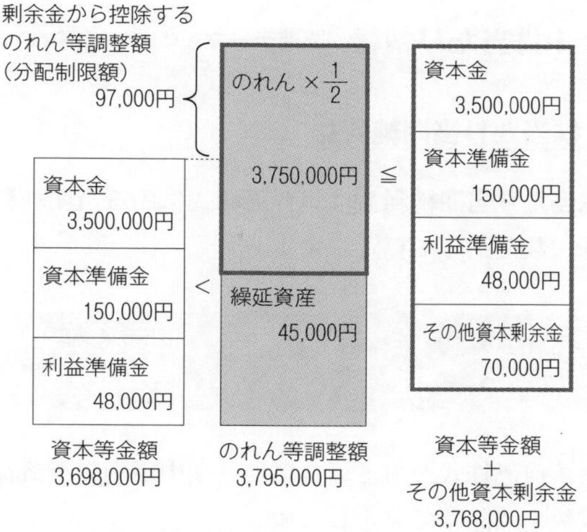

④　のれん7,600,000円、繰延資産45,000円のとき

i)　のれん等調整額：7,600,000円÷２＋45,000円＝3,845,000円

ii)　剰余金から控除するのれん等調整額（分配制限額）
3,698,000円（資本等金額）＋70,000円（その他資本剰余金）
＜7,600,000円（のれん）÷２
⇒ 70,000円（その他資本剰余金）＋45,000円（繰延資産）＝115,000円

iii)　分配可能額：220,000円（剰余金）－115,000円（分配制限額）＝105,000円

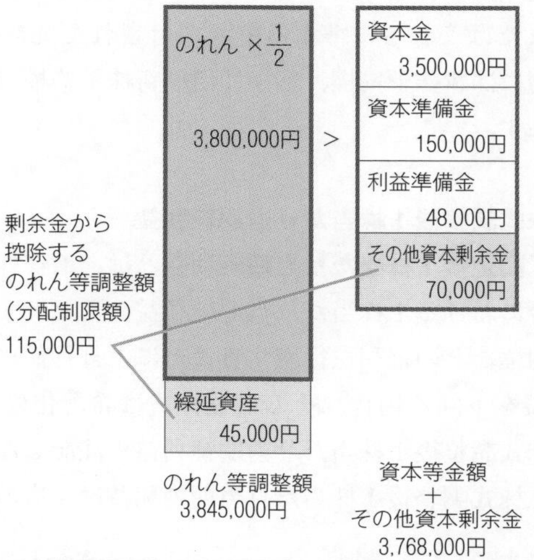

12 1株当たり情報（関連テーマ…CHAPTER 11 純資産Ⅱ）

Ⅰ 1株当たり当期純利益

1株当たり当期純利益は、普通株式に係る当期純利益を普通株式の期中平均株式数で割って算定します。

$$1株当たり当期純利益 = \frac{普通株式に係る当期純利益}{(普通株式の期首株式数+普通株式の期末株式数)\div 2}$$

なお、自己株式がある場合には、期中平均発行済株式数から期中平均自己株式数を控除して算定します。

Ⅱ 潜在株式調整後1株当たり当期純利益

1 潜在株式

潜在株式とは、普通株式を取得できる権利、もしくは普通株式への転換請求権、またはこれらに準ずる権利が付された証券または契約をいいます。具体的には新株予約権、転換社債型新株予約権付社債、株式引受権などがあります。

2 潜在株式調整後1株当たり当期純利益

潜在株式調整後1株当たり当期純利益とは、潜在株式を行使されたと仮定した場合における1株当たり当期純利益のことです。

新株予約権などの権利を行使することにより行使後の金額が1株当たり当期純利益を下回る場合、その潜在株式は希薄化効果を有するものとされ、潜在株式調整後1株当たり当期純利益も注記しなければなりません。

この潜在株式調整後1株当たり当期純利益は、次のように計算します。

$$潜在株式調整後1株当たり当期純利益 = \frac{普通株式に係る当期純利益+当期純利益調整額}{普通株式の期中平均株式数+普通株式増加数}$$

ひとこと

当期純利益調整額は、潜在株式に係る支払利息、社債の償却額などの費用から、これらの費用に課税されたと仮定した場合の税額相当額を控除した金額のことです。

具体的には、法人税等の実効税率を40%とすると、該当する費用の額×（100%－実効税率）が当期純利益調整額になります。

また、普通株式増加数は、たとえば、期首に転換社債型新株予約権付社債が存在した場合には、期首においてすべて転換されたと仮定して算定します。

例26　　1株当たり当期純利益

次の資料にもとづいて、1株当たり当期純利益および潜在株式調整後1株当たり当期純利益を求めなさい。

［資　料］

(1)　当期純利益は4,240,000円である。

(2)　普通株式の発行済株式数は、期首75,000株、期末85,000株である。

(3)　当期首において、転換社債型新株予約権付社債があり、すべて転換されたとすると、発行される普通株式数は20,000株と想定される。なお、当期の社債利息は100,000円であった。

(4)　法人税等の法定実効税率は40%である。

例26の解答　1株当たり当期純利益：**53円**＊1

潜在株式調整後1株当たり当期純利益：**43円**＊2

＊1　期中平均株式数：（75,000株＋85,000株）÷2＝80,000株

1株当たり当期純利益：$\frac{4,240,000円}{80,000株}$＝53円

＊2　増加株式数：20,000株

当期純利益調整額：100,000円×（100%－40%）＝60,000円

潜在株式調整後1株当たり当期純利益：$\frac{4,240,000円＋60,000円}{80,000株＋20,000株}$＝43円

Ⅲ　1株当たり純資産額

1株当たり純資産額は、普通株式に係る期末の純資産額を、期末の普通株式の発行済株式数から自己株式数を控除した株式数で割って算定します。

$$\text{1株当たり純資産額} = \frac{\text{普通株式に係る期末の純資産額}}{\text{期末の普通株式の発行済株式数} - \text{期末の普通株式の自己株式数}}$$

ひとこと

普通株式に係る純資産額は、貸借対照表の純資産の部の合計額から、新株式申込証拠金、自己株式申込証拠金、資本金や資本剰余金のうち優先株式の払込金額に相当するもの、剰余金の配当であって普通株主に関連しない金額、新株予約権、株式引受権など、期末の普通株式に帰属しない額を控除して算定します。

また、分子が一定時点（期末）の純資産額なので、分母も期末時点の株式数を使います。

例27　1株当たり純資産額

次の資料にもとづいて、1株当たり純資産額を求めなさい。

［資　料］

(1)　当期末の普通株式の発行済株式数は11,000株、そのうち自己株式は1,000株である。なお、当社が発行している株式は普通株式のみである。

(2)　貸借対照表の純資産の部は以下のとおりである。

資本金	1,500,000円
新株式申込証拠金	80,000円
資本準備金	100,000円
利益準備金	50,000円
繰越利益剰余金	300,000円
自己株式	△150,000円
その他有価証券評価差額金	200,000円
新株予約権	30,000円
合計	2,110,000円

例27の解答　1株当たり純資産額：200円*

*　普通株式に係る純資産額：2,110,000円（純資産合計）－80,000円（新株式申込証拠金）－30,000円（新株予約権）＝2,000,000円

$$\text{1株当たり純資産額：}\frac{2{,}000{,}000\text{円}}{11{,}000\text{株} - 1{,}000\text{株(自己株式)}} = 200\text{円}$$

13 株式引受権（関連テーマ…CHAPTER 11 純資産Ⅱ）

Ⅰ 株式引受権とは

株式引受権とは、取締役の報酬等として株式を無償交付する取引のうち、**事後交付型**に該当する場合の報酬費用に対応するものをいいます。

●事前交付型と事後交付型

企業会計基準委員会が公表した「取締役の報酬等として株式を無償交付する取引に関する取扱い」によれば、取締役の報酬等として株式を無償交付する取引は「事前交付型」と「事後交付型」があります。

事前交付型	取締役の報酬等として株式を無償交付する取引のうち、対象勤務期間の開始後速やかに、契約上の譲渡制限が付された株式の発行等が行われ、権利確定条件が達成された場合には譲渡制限が解除されるが、権利確定条件が達成されない場合には企業が無償で株式を取得する取引をいいます。
事後交付型	取締役の報酬等として株式を無償交付する取引のうち、契約上、株式の発行等について権利確定条件が付されており、権利確定条件が達成された場合に株式の発行等が行われる取引をいいます。

ひとこと

本書では出題可能性のある事後交付型の会計処理について学習します。

Ⅱ 取締役の報酬等として株式を無償交付する取引の会計処理

取締役の報酬等として株式を無償交付する際は、交付される株式の公正な評価額を求め、公正な評価額のうち、当期に発生したと認められる額を**報酬費用**として計上します。なお、公正な評価額は、公正な評価単位に交付が見込まれる株式数を掛けて求めます。

ひとこと

ストック・オプションにおける各期の株式報酬費用の計算と同じです。

Ⅲ 事後交付型の仕訳

1 付与時（取締役との契約開始）

取締役と契約を結んだ時点では、費用計上されていないため、特に仕訳は行いません。

ひとこと

なお、株式の公正な評価額については付与日に算定し、原則としてその後、見直しません。

2 決算時（または権利確定時）

各会計期間における費用計上額として、当期に発生した費用を**報酬費用**として計上します。また、株式の発行等が行われるまでの間、貸借対照表の純資産の部に**株式引受権**として計上します。

例28 **株式引受権①**

当社は、取締役6名に対する報酬として、一定の条件を達成した場合に新株の発行を行うこととする契約を締結している。割り当てる株式の数は取締役1人あたり100株であり、割当ての条件は、×1年4月1日から×3年3月31日までの間、取締役として業務を行うことである。付与日は×1年4月1日（取締役との契約締結日）であり、付与日における株式の公正な評価単価は1株あたり20円であった。なお、条件を達成できなかった場合、契約は失効し、付与時点において×2年3月31日までに1名の退任をともなう失効を見込んでいる。

×2年3月31日（決算時）における仕訳を示しなさい。

例28の仕訳	（報酬費用）	5,000*	（株式引受権）	5,000

$$* \quad 20円 \times \underbrace{(6名 - 1名) \times 100株}_{交付が見込まれる株式数} \times \frac{12か月}{24か月} = 5,000円$$

3 割当日

❶新株を発行する場合

株式引受権勘定として計上した額を**資本金**または**資本準備金**に振り替えます。

例29　　株式引受権②

一定の条件を達成したため、取締役への報酬として権利が確定したすべての株式について新株を発行した。新株の発行にともない増加する払込資本は全額資本金とする。なお、割当日における株式引受権は10,000円である。

例29の仕訳	（株 式 引 受 権）	10,000	（資　　本　　金）	10,000

❷自己株式を処分する場合

自己株式の取得原価と、株式引受権の帳簿価額との差額を、自己株式処分差額として**その他資本剰余金**で処理します。

例30　　株式引受権③

一定の条件を達成したため、取締役への報酬として権利が確定したすべての株式について自己株式100株（帳簿価額7,000円）を処分した。なお、割当日における株式引受権は10,000円である。

例30の仕訳	（株 式 引 受 権）	10,000	（自　己　株　式）	7,000
			（その他資本剰余金）	3,000

ひとこと

権利確定条件が達成できなかった場合は、取締役等には株式が交付されません（失効）。

14 繰延税金資産の回収可能性（関連テーマ…CHAPTER 12 税効果会計）

Ⅰ 繰延税金資産の回収可能性とは

繰延税金資産の回収可能性とは、繰延税金資産が将来の税金負担額を減額する効果を有しているかどうかということです。

Ⅱ 繰延税金資産の回収可能性が見込まれない場合

繰延税金資産の回収可能性が見込まれない部分については、将来減算一時差異が生じていても繰延税金資産を計上することはできません。

図解 繰延税金資産の回収可能性

たとえば、当期に将来減算一時差異600円（実効税率40%）が生じたが、そのうち400円しか回収が見込めないと判明した場合…

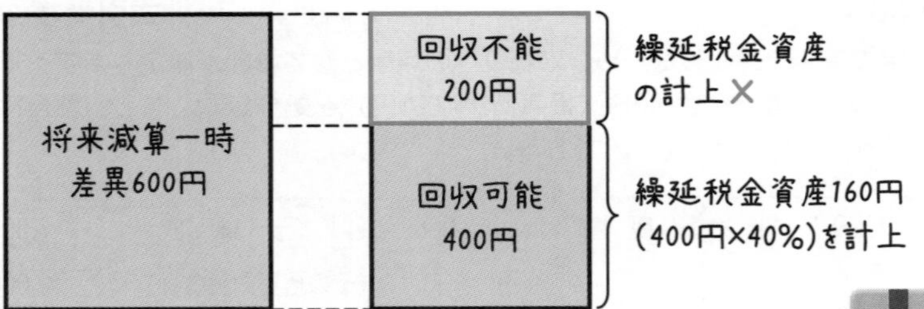

ひとこと

繰延税金資産は、将来の税金負担額を減額することができる範囲内でしか計上が認められません。そのため、回収可能性が見込まれない（将来の税金負担額を減額する効果がない）部分については、繰延税金資産を計上することはできません。

例31 ―――― 繰延税金資産の回収可能性が見込まれない場合

当期に発生した将来減算一時差異3,000円について回収可能性を検討したところ、900円について将来の課税所得での回収が困難であると判断した（実効税率40%）。

例31の仕訳	（繰延税金資産）	840*	（法人税等調整額）	840

* 将来減算一時差異3,000円のうち900円は回収不能なので繰延税金資産は計上できません。したがって、回収可能な2,100円に対応する分だけ繰延税金資産を計上します。
（3,000円－900円）×40%＝840円

Ⅲ 回収可能性の判断要件

繰延税金資産の回収可能性については、次の要件で判断します。

●回収可能性の判断要件

回収可能性の判断要件	軽減できる税金（イメージ）
①収益力にもとづく課税所得の十分性	事業で儲かることにより発生する予定の税金
②タックスプランニングの存在	土地売却などの計画により発生する予定の税金
③将来加算一時差異の十分性	税務上の利益が遅れて認識されることにより発生する予定の税金

ひとこと

①②③のいずれかの要件を満たせば、将来、課税所得が発生し、税金負担額を減額できる見込みがあるといえます。

Ⅳ 繰延税金資産の回収可能性の見直し

繰延税金資産については、将来の回収の見込み（回収可能性）について毎期見直しを行います。

図解 回収可能性の見直し

回収可能性	会計処理
見直しの結果、満たすことになった場合	回収されると見込まれる金額まで新たに繰延税金資産を計上する
見直しの結果、満たさなくなった場合	すでに計上している繰延税金資産のうち過大となる金額を取り崩す

1 繰延税金資産の修正差額(1)

回収可能性を見直した結果生じた繰延税金資産の修正差額は、見直しを行った年度における損益計算書上の法人税等調整額に加減します。

例32 繰延税金資産の修正差額①

前期（**例31**）において、将来の課税所得での回収が困難と判断した将来減算一時差異900円について、当期においては新事業が好調に推移しており、将来の課税所得による回収が可能であると判断した場合における仕訳をしなさい（実効税率40%）。なお、当期に解消された将来減算一時差異はない。

例32の仕訳	（繰延税金資産）	360*	（法人税等調整額）	360

＊　900円×40%＝360円

ひとこと

前期に過大な繰延税金資産として控除されていた部分が、業績回復により回収可能と見直されたため、新たに繰延税金資産の計上を行います。

例33 繰延税金資産の修正差額②

当期においては業績がさらに悪化し、前期（**例31**）に繰延税金資産として繰り越された将来減算一時差異2,100円のうち、400円について将来の課税所得による回収が困難であると判断した場合における仕訳をしなさい（実効税率40%）。なお、当期に解消された将来減算一時差異はない。

例33の仕訳	（法人税等調整額）	160*	（繰延税金資産）	160

＊　400円×40%＝160円

ひとこと

前期に繰延税金資産として計上した部分のうち、回収可能性の見直しの結果、回収が困難と判断された場合には、過大な部分を取り崩します。

2 繰延税金資産の修正差額(2)

その他有価証券の税効果のように、資産または負債の評価替えにより生じた評価差額が純資産の部に直接計上されている場合は、評価差額に加減します。

例34 ―― 繰延税金資産の修正差額③

次の一連の取引について期首の振戻時および決算時の仕訳を示しなさい。

(1) 前期に繰延税金資産として計上したL社株式（その他有価証券、取得原価1,500円、前期末時価1,200円、当期末時価1,140円）に係る将来減算一時差異について、回収可能性を検討したところ、その全額について将来の課税所得での回収が困難であると判断した（実効税率40%）。

(2) (1)の翌期において新事業が順調に推移しており、L社株式（その他有価証券、取得原価1,500円、前期末時価1,140円、当期末時価1,050円）の将来減算一時差異について、将来の課税所得での回収が可能であると判断した（実効税率40%）。

例34(1)の仕訳

期首振戻：	（投資有価証券）	300	（繰延税金資産）	120 *1
			（その他有価証券評価差額金）	180 *2
決算整理：	（その他有価証券評価差額金）	360 *3	（投資有価証券）	360

＊1 （1,500円－1,200円）×40%＝120円
＊2 （1,500円－1,200円）×（100%－40%）＝180円
＊3 1,500円－1,140円＝360円

例34(2)の仕訳

期首振戻：	（投資有価証券）	360 *1	（その他有価証券評価差額金）	360
決算整理：	（繰延税金資産）	180 *2	（投資有価証券）	450
	（その他有価証券評価差額金）	270 *3		

＊1 1,500円－1,140円＝360円
＊2 （1,500円－1,050円）×40%＝180円
＊3 （1,500円－1,050円）×（100%－40%）＝270円

ひとこと

純資産の部に直接計上される評価差額に対する繰延税金資産なので、修正差額は法人税等調整額ではなくその他有価証券評価差額金で処理します。

V 評価性引当額

1 評価性引当額とは

評価性引当額とは、繰延税金資産の算定にあたり控除される金額がある場合におけるその金額のことをいいます。

ひとこと

要するに回収可能性が認められないために繰延税金資産として計上できない部分の金額のことです。

2 税効果会計の注記

税効果会計に関する注記には、繰延税金資産および繰延税金負債の発生の主な原因を記載します。なお、回収可能性が認められない繰延税金資産の金額は評価性引当額の欄に記載します。

図解 税効果会計の注記

繰延税金資産および繰延税金負債の発生原因別の主な内訳

（単位：円）

繰延税金資産	
貸倒引当金	10,000
賞与引当金	2,000
有形固定資産	15,000
繰延税金資産小計	27,000
評価性引当額	△4,000
繰延税金資産合計	23,000
繰延税金負債	
その他有価証券評価差額金	5,000
繰延税金負債合計	5,000
繰延税金資産の純額	18,000

例35　評価性引当額

次の資料にもとづいて、評価性引当額の金額を答えなさい。

［資　料］繰延税金資産および繰延税金負債の当期末残高の内訳

繰延税金資産	貸倒引当金	100円
	商品評価損	150円
	減損損失	500円
繰延税金負債	その他有価証券評価差額金	450円

（注）減損損失に係る繰延税金資産については、全額回収可能性がないものとする。なお、その他の繰延税金資産は回収可能性があるものと判断する。

例35の解答　500円

〈解説〉

全額回収可能性がない減損損失に関する繰延税金資産の金額が評価性引当額となります。

15 税率の変更（関連テーマ…CHAPTER 12 税効果会計）

Ⅰ 税率の変更とは

制度上、税効果会計は資産負債法を採用しているため、繰延税金資産および繰延税金負債の金額は、一時差異が解消する期の税率にもとづいて計算されます。

そのため、法人税等について**税率の変更**があった場合には、過年度に計上された繰延税金資産および繰延税金負債を新たな税率にもとづいて再計算する必要があります。

Ⅱ 税率の変更による修正差額

税率の変更が行われた結果生じた繰延税金資産および繰延税金負債の**修正差額**は、損益計算書上、税率の変更が行われた年度の法人税等調整額に加減して処理します。

ただし、評価差額が損益計算書を経由せずに直接純資産の部に計上される場合においては、当該評価差額に係る繰延税金資産および繰延税金負債の金額の修正差額は評価差額に加減して処理します。

ひとこと

評価差額が損益計算書を経由せずに直接純資産の部に計上される場合とは、その他有価証券評価差額金が生じる場合などの法人税等調整額を計上しない処理のことです。

例36 ——— 税率の変更（法人税等調整額が計上される場合）

次の資料にもとづいて、(1)×1年度、(2)×2年度の税効果会計に係る仕訳を答えなさい。法人税等の実効税率は×1年度は30%、×2年度は35%である。なお、×1年度から税効果会計を適用するものとし、これ以前の状況を考慮する必要はない。

［資　料］一時差異計算表　　（単位：円）

	×1年度	×2年度
将来減算一時差異		
減価償却費の損金算入限度超過額	3,000	4,000

例36の仕訳　(1)　×1年度末（決算整理）

（繰延税金資産）	900*1	（法人税等調整額）	900

(2)　×2年度末（決算整理）

（繰延税金資産）	500*2	（法人税等調整額）	500

＊1　3,000円×30%＝900円

＊2　変更後の税率にもとづいて×2年度末の繰延税金資産の金額を求め、×1年度末の計上額との不足分を追加的に計上します。

①　×1年度末の繰延税金資産：3,000円×30%＝900円

②　×2年度末の繰延税金資産：4,000円×35%（変更後の税率）＝1,400円

③　②－①＝500円

例37 —— 税率の変更（評価差額が直接純資産の部に計上される場合）

次の資料にもとづいて、(1)×1年度、(2)×2年度の税効果会計に係る仕訳を答えなさい。法人税等の実効税率は×1年度は30%、×2年度は35%である。なお、×1年度から税効果会計を適用するものとし、これ以前の状況を考慮する必要はない。

［資　料］一時差異計算表　（単位：円）

	×1年度	×2年度
将来加算一時差異		
その他有価証券評価差額金	500	600

例37の仕訳　(1)　×1年度末（決算整理）

（その他有価証券）	500	（繰延税金負債）	150*1
		（その他有価証券評価差額金）	350*2

(2)　①　×2年度期首（振戻処理）

（繰延税金負債）	150	（その他有価証券）	500
（その他有価証券評価差額金）	350		

②　×2年度末（決算整理）

（その他有価証券）	600	（繰延税金負債）	210*3
		（その他有価証券評価差額金）	390*4

＊1　繰延税金負債が生じていることから、評価差益であることがわかります。
500円×30%＝150円
＊2　500円－150円＝350円
＊3　600円×35%（変更後の税率）＝210円
＊4　600円－210円＝390円

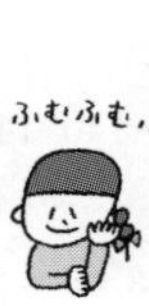

ひとこと

その他有価証券は、期首に振戻処理を行っているため、前期末に計上した繰延税金負債も評価差額といっしょに振り戻されている点に注意しましょう。

索　引

あ行

か行

さ行

た行

な行

は行

ま行

や行

ら行

わ行

これで全部のモヤモヤが
解消したー♪

MEMO

●イラスト：matsu（マツモト ナオコ）

みんなが欲しかったシリーズ

みんなが欲しかった！
簿記の教科書 日商1級 商業簿記・会計学2
資産会計・負債会計・純資産会計編 第9版

2013年1月10日 初 版 第1刷発行
2021年11月24日 第9版 第1刷発行
2024年8月30日 第5刷発行

監 修 滝 澤 ななみ
著 者 TAC出版 開発グループ
発行者 多 田 敏 男
発行所 TAC株式会社 出版事業部
(TAC出版)

〒101-8383
東京都千代田区神田三崎町3-2-18
電 話 03(5276)9492(営業)
FAX 03(5276)9674
https://shuppan.tac-school.co.jp

組 版 有限会社 マーリンクレイン
印 刷 株式会社 ワ コ ー
製 本 東京美術紙工協業組合

ISBN 978-4-8132-9910-3
N.D.C. 336

乱丁・落丁による交換，および正誤のお問合せ対応は，該当書籍の改訂版刊行月末日までといたします。なお，交換につきましては，書籍の在庫状況等により，お受けできない場合もございます。
また，各種本試験の実施の延期，中止を理由とした本書の返品はお受けいたしません。返金もいたしかねますので，あらかじめご了承くださいますようお願い申し上げます。

簿記検定講座

お手持ちの教材がそのまま使用可能！

【テキストなしコース】のご案内

TAC簿記検定講座のカリキュラムは市販の教材を使用しておりますので、こちらのテキストを使ってそのまま受講することができます。独学では分かりにくかった論点や本試験対策も、TAC講師の詳しい解説で理解度も120％UP！ 本試験合格に必要なアウトプット力が身につきます。独学との差を体感してください。

左記の各メディアが【テキストなしコース】でお得に受講可能！

こんな人にオススメ！

- テキストにした書き込みをそのまま活かしたい！
- これ以上テキストを増やしたくない！
- とにかく受講料を安く抑えたい！

※お申込前に必ずお手持ちのバージョンをご確認ください。場合によっては最新のものに買い直していただくことがございます。詳細はお問い合わせください。

お手持ちの教材をフル活用!!

合格テキスト

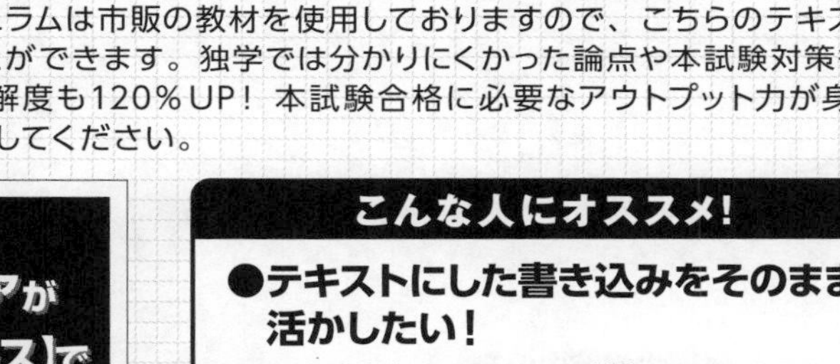

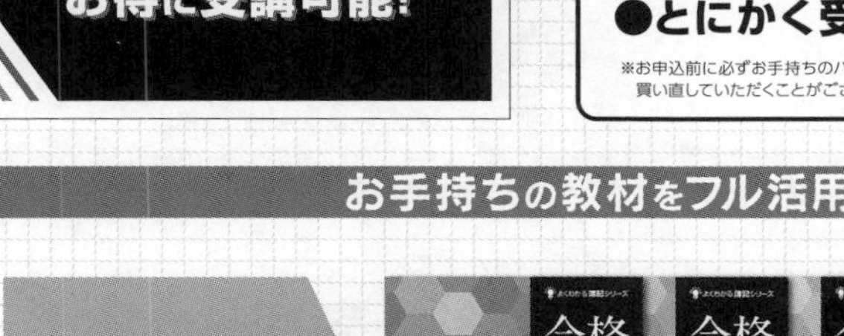

合格トレーニング

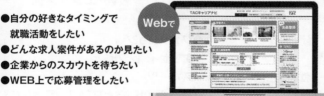

TAC出版 書籍のご案内

TAC出版では、資格の学校TAC各講座の定評ある執筆陣による資格試験の参考書をはじめ、資格取得者の開業法や仕事術、実務書、ビジネス書、一般書などを発行しています！

TAC出版の書籍

＊一部書籍は、早稲田経営出版のブランドにて刊行しております。

資格・検定試験の受験対策書籍

- 日商簿記検定
- 建設業経理士
- 全経簿記上級
- 税　理　士
- 公認会計士
- 社会保険労務士
- 中小企業診断士
- 証券アナリスト
- ファイナンシャルプランナー(FP)
- 証券外務員
- 貸金業務取扱主任者
- 不動産鑑定士
- 宅地建物取引士
- 賃貸不動産経営管理士
- マンション管理士
- 管理業務主任者
- 司法書士
- 行政書士
- 司法試験
- 弁理士
- 公務員試験(大卒程度・高卒者)
- 情報処理試験
- 介護福祉士
- ケアマネジャー
- 電験三種　ほか

実務書・ビジネス書

- 会計実務、税法、税務、経理
- 総務、労務、人事
- ビジネススキル、マナー、就職、自己啓発
- 資格取得者の開業法、仕事術、営業術

一般書・エンタメ書

- ファッション
- エッセイ、レシピ
- スポーツ
- 旅行ガイド（おとな旅プレミアム/旅コン）

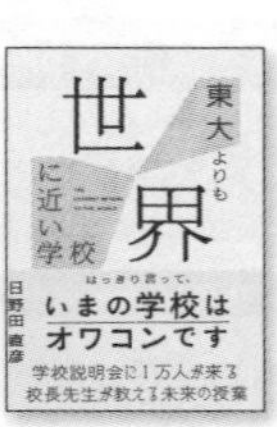

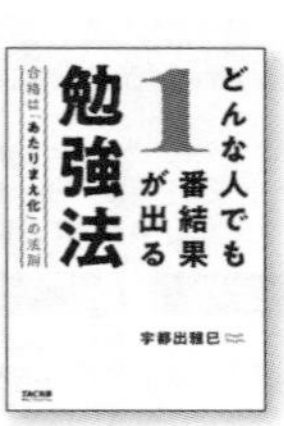

(2024年2月現在)

書籍のご購入は

1 全国の書店、大学生協、ネット書店で

2 TAC各校の書籍コーナーで

資格の学校TACの校舎は全国に展開!
校舎のご確認はホームページにて

資格の学校TAC ホームページ
https://www.tac-school.co.jp

3 TAC出版書籍販売サイトで

CYBER BOOK STORE TAC出版書籍販売サイト

24時間 ご注文 受付中

TAC 出版 で 検索

https://bookstore.tac-school.co.jp/

新刊情報を いち早くチェック!

たっぷり読める 立ち読み機能

学習お役立ちの 特設ページも充実!

TAC出版書籍販売サイト「サイバーブックストア」では、TAC出版および早稲田経営出版から刊行されている、すべての最新書籍をお取り扱いしています。

また、会員登録(無料)をしていただくことで、会員様限定キャンペーンのほか、送料無料サービス、メールマガジン配信サービス、マイページのご利用など、うれしい特典がたくさん受けられます。

サイバーブックストア会員は、特典がいっぱい!(一部抜粋)

通常、1万円(税込)未満のご注文につきましては、送料・手数料として500円(全国一律・税込)頂戴しておりますが、1冊から無料となります。

専用の「マイページ」は、「購入履歴・配送状況の確認」のほか、「ほしいものリスト」や「マイフォルダ」など、便利な機能が満載です。

メールマガジンでは、キャンペーンやおすすめ書籍、新刊情報のほか、「電子ブック版 TACNEWS(ダイジェスト版)」をお届けします。

書籍の発売を、販売開始当日にメールにてお知らせします。これなら買い忘れの心配もありません。

日商簿記検定試験対策書籍のご案内

TAC出版の日商簿記検定試験対策書籍は、学習の各段階に対応していますので、あなたのステップに応じて、合格に向けてご活用ください!

3タイプのインプット教材

①

簿記を専門的な知識にしていきたい方向け

● 満点合格を目指し 次の級への土台を築く

「合格テキスト」

「合格トレーニング」

- 大判のB5判、3級～1級累計300万部超の、信頼の定番テキスト&トレーニング! TACの教室でも使用している公式テキストです。3級のみオールカラー。
- 出題論点はすべて網羅しているので、簿記をきちんと学んでいきたい方にぴったりです!

◆3級　□2級 商簿、2級 工簿　■1級 商・会 各3点、1級 工・原 各3点

②

スタンダードにメリハリつけて学びたい方向け

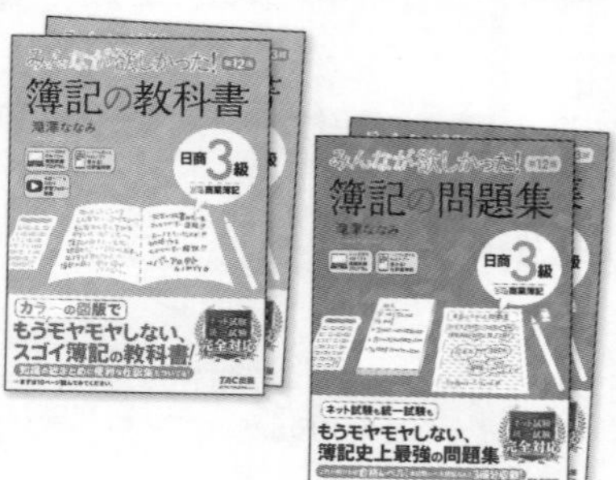

● 教室講義のような わかりやすさでしっかり学べる

「簿記の教科書」

「簿記の問題集」

滝澤 ななみ 著

- A5判、4色オールカラーのテキスト(2級・3級のみ)&模擬試験つき問題集!
- 豊富な図解と実例つきのわかりやすい説明で、もうモヤモヤしない!!

◆3級　□2級 商簿、2級 工簿　■1級 商・会 各3点、1級 工・原 各3点

③

気軽に始めて、早く全体像をつかみたい方向け

● 初学者でも楽しく続けられる!

「スッキリわかる」

テキスト/問題集一体型

滝澤 ななみ 著 (1級は商・会のみ)

- 小型のA5判(4色オールカラー)によるテキスト/問題集一体型。これ一冊でOKの、圧倒的に人気の教材です。
- 豊富なイラストとわかりやすいレイアウト! かわいいキャラの「ゴエモン」と一緒に楽しく学べます。

◆3級　□2級 商簿、2級 工簿

■1級 商・会 4点、1級 工・原 4点

「スッキリうかる本試験予想問題集」

滝澤 ななみ 監修　TAC出版開発グループ 編著

- 本試験タイプの予想問題9回分を掲載

◆3級　□2級

コンセプト問題集

● 得点力をつける!

『みんなが欲しかった! やさしすぎる解き方の本』

B5判　滝澤 ななみ 著

● 授業で解き方を教わっているような新感覚問題集。再受験にも有効。

◆3級　□2級

本試験対策問題集

● 本試験タイプの問題集

『合格するための本試験問題集』
(1級は過去問題集)

B5判

● 12回分(1級は14回分)の問題を収載。ていねいな「解答への道」、各問対策が充実

● 年2回刊行。

◆3級　□2級　■1級

● 知識のヌケをなくす!

『まるっと完全予想問題集』
(1級は網羅型完全予想問題集)

A4判

● オリジナル予想問題(3級10回分、2級12回分、1級8回分)で本試験の重要出題パターンを網羅。

● 実力養成にも直前の本試験対策にも有効。

◆3級　□2級　■1級

直前予想

『○年度試験をあてるTAC予想模試＋解き方テキスト○～○月試験対応』
(1級は第○回試験をあてるTAC直前予想模試)

A4判

● TAC講師陣による4回分の予想問題で最終仕上げ。

● 2級・3級は、第1部解き方テキスト編、第2部予想模試編の2部構成。

● 年3回(1級は年2回)、各試験に向けて発行します。

◆3級　□2級　■1級

あなたに合った合格メソッドをもう一冊!

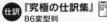

仕訳 **『究極の仕訳集』**
B6変型判
● 悩む仕訳をスッキリ整理。ハンディサイズ、一問一答式で基本の仕訳を一気に覚える。
◆3級　□2級

仕訳 **『究極の計算と仕訳集』**
B6変型判　境 浩一朗 著
● 1級商会で覚えるべき計算と仕訳がすべてつまった1冊!
■1級 商・会

理論 **『究極の会計学理論集』**
B6変型判
● 会計学の理論問題を論点別に整理、手軽なサイズが便利です。
■1級 商・会、全経上級

電卓 **『カンタン電卓操作術』**
A5変型判　TAC電卓研究会 編
● 実践的な電卓の操作方法について、丁寧に説明します!

(パソコンのアイコン):ネット試験の演習ができる模擬試験プログラムつき(2級・3級)

(スマホのアイコン):スマホで使える仕訳Webアプリつき(2級・3級)

・2024年2月現在　・刊行内容、表紙等は変更することがあります　・とくに記述がある商品以外は、TAC簿記検定講座編です

書籍の正誤に関するご確認とお問合せについて

書籍の記載内容に誤りではないかと思われる箇所がございましたら、以下の手順にてご確認とお問合せをしてくださいますよう、お願い申し上げます。

なお、正誤のお問合せ以外の**書籍内容に関する解説および受験指導などは、一切行っておりません。**
そのようなお問合せにつきましては、お答えいたしかねますので、あらかじめご了承ください。

1 「Cyber Book Store」にて正誤表を確認する

TAC出版書籍販売サイト「Cyber Book Store」の
トップページ内「正誤表」コーナーにて、正誤表をご確認ください。

CYBER BOOK STORE TAC出版書籍販売サイト

URL:https://bookstore.tac-school.co.jp/

2 1の正誤表がない、あるいは正誤表に該当箇所の記載がない ⇒ 下記①、②のどちらかの方法で文書にて問合せをする

★ご注意ください★

お電話でのお問合せは、お受けいたしません。
①、②のどちらの方法でも、お問合せの際には、「お名前」とともに、
「対象の書籍名(○級・第○回対策も含む)およびその版数(第○版・○○年度版など)」
「お問合せ該当箇所の頁数と行数」
「誤りと思われる記載」
「正しいとお考えになる記載とその根拠」
を明記してください。
なお、回答までに1週間前後を要する場合もございます。あらかじめご了承ください。

① ウェブページ「Cyber Book Store」内の「お問合せフォーム」より問合せをする

【お問合せフォームアドレス】

https://bookstore.tac-school.co.jp/inquiry/

② メールにより問合せをする

【メール宛先 TAC出版】

syuppan-h@tac-school.co.jp

※土日祝日はお問合せ対応をおこなっておりません。
※正誤のお問合せ対応は、該当書籍の改訂版刊行月末日までといたします。

乱丁・落丁による交換は、該当書籍の改訂版刊行月末日までといたします。なお、書籍の在庫状況等により、お受けできない場合もございます。
また、各種本試験の実施の延期、中止を理由とした本書の返品はお受けいたしません。返金もいたしかねますので、あらかじめご了承くださいますようお願い申し上げます。

TACにおける個人情報の取り扱いについて
■お預かりした個人情報は、TAC(株)で管理させていただき、お問合せへの対応、当社の記録保管にのみ利用いたします。お客様の同意なしに業務委託先以外の第三者に開示、提供することはございません(法令等により開示を求められた場合を除く)。その他、個人情報保護管理者、お預かりした個人情報の開示等及びTAC(株)への個人情報の提供の任意性については、当社ホームページ(https://www.tac-school.co.jp)をご覧いただくか、個人情報に関するお問い合わせ窓口(E-mail:privacy@tac-school.co.jp)までお問合せください。

(2022年7月現在)

簿記の教科書
日商1級　商業簿記・会計学　2

別　冊

○RIRON　～理論～
○基本問題答案用紙

この冊子には、重要な理論を集めた「RIRON　～理論～」と、基本問題（答案用紙あり の問題）の答案用紙がとじこまれています。

〈別冊ご利用時の注意〉

別冊は、この色紙を残したままていねいに抜き取り、ご利用ください。
また、抜き取る際の損傷についてのお取替えはご遠慮願います。

別冊の使い方

Step 1 この色紙を残したまま、ていねいに抜き取ってください。色紙は、本体からとれませんので、ご注意ください。

Step 2 抜き取った用紙を針金のついているページでしっかりと開き、工具を使用して、針金を外してください。針金で負傷しないよう、お気をつけください。

Step 3 アイテムごとに分けて、お使いください。

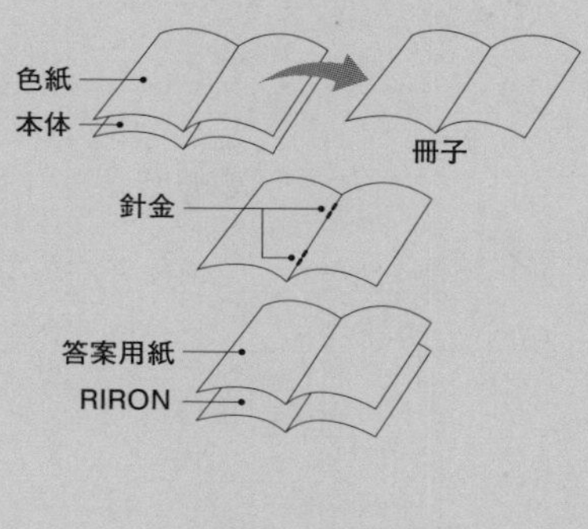

RIRON

～理論～

本試験へ向けて最低限覚えておくべき重要な

理論を厳選しました。

試験直前の復習に活用してください。

理論問題「重要論点○×カード」はスマホ学習に対応しています。スマホ学習用PDFはTAC出版書籍販売サイト「サイバーブックストア」からダウンロードしてください。

● CHAPTER01 有形固定資産

土地を取得しそれを利用するために支出した整地のための費用は、営業外で発生したといえるため、営業外費用とする。

×

整地のための費用は付随費用であり、土地の取得原価に含められる。

「連続意見書第三　第一・四」

重要論点○×カード

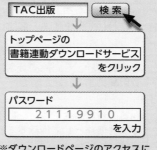

■ダウンロードページへのアクセス方法

TAC出版　検 索

↓

トップページの

書籍連動ダウンロードサービス

をクリック

↓

パスワード

21119910

を入力

※ダウンロードページのアクセスには上記のパスワードが必要です。

圧縮記帳の対象

CHAPTER 01

資　金　源	圧縮限度額
国庫補助金	補助金相当額
工事負担金	工事負担金相当額
保　険　金	保険差益相当額

固定資産の改良、修繕

CHAPTER 01

改　良	固定資産自体の価値を高めたり、耐用年数を延長させること
修　繕	固定資産を元の状態で維持すること
資本的支出	改良のための支出であり、取得原価に算入する。
収益的支出	修繕のための支出であり、支出した期の費用として処理する。

資産除去債務とは

CHAPTER 02

◆ 資産除去債務とは、有形固定資産の取得・建設・開発・通常の使用によって発生し、有形固定資産の除去に関して法令または契約で要求される法律上の義務をいう。

資産除去債務の会計処理

CHAPTER 02

発　生　時	将来の除去費用（見積額）について割引現在価値を計算し、資産除去債務として計上すると同時に、同額を有形固定資産の帳簿価額に加算する。
除去費用の配分（決算時）	当初資産計上した除去費用は、有形固定資産の残存耐用年数にわたり費用配分する。
資産除去債務の調整（決算時）	期首の資産除去債務に、割引率を乗じて利息費用を計上し、同額を資産除去債務として増額する。
履　行　時（除去時）	計上していた有形固定資産と減価償却累計額を消去するとともに、資産除去債務と実際支払額との差額は履行差額として処理する。

ファイナンス・リース取引の要件

CHAPTER 03

以下の2つをともに満たすもの

① 解約不能（ノンキャンセラブル）
・解約することができないリース取引 ・解約することができないリース取引に準じるリース取引
② フルペイアウト
・借手がリース物件から生じる経済的利益を実質的に享受でき、リース物件の使用にかかる費用を実質的に負担するリース取引

フルペイアウトの要件の判断

CHAPTER 03

以下のいずれかを満たすもの

① 現在価値基準
リース料総額の現在価値が、見積現金購入価額のおおむね90%以上
② 経済的耐用年数基準
解約不能のリース期間が、経済的耐用年数のおおむね75%以上

リース取引の会計処理

CHAPTER 03

◘リース資産の計上価額の決定方法

	貸手の購入価額が明らか	貸手の購入価額が明らかでない
所有権移転 ファイナンス・リース	貸手の購入価額	・見積現金購入価額 ・リース料総額の割引現在価値 のいずれか低い方
所有権移転外 ファイナンス・リース	・貸手の購入価額 ・リース料総額の割引現在価値 のいずれか低い方	

◘計算で使う割引率

貸手の計算利子率	割　引　率
知り得る場合	貸手の計算利子率
知り得ない場合	借手の追加借入利子率（借手が、仮に追加で借入れを行ったときに適用されると合理的に見積られる利子率）

リース資産の減価償却　CHAPTER 03

	残存価額	耐用年数
所有権移転 ファイナンス・リース	自己資産と同じ	経済的耐用年数
所有権移転外 ファイナンス・リース	0円	リース期間

減損の兆候　CHAPTER 04

- ◘ 営業活動から生ずる損益またはキャッシュ・フローが、継続してマイナスとなっているか、あるいは、継続してマイナスとなる見込みであること
- ◘ 回収可能価額（正味売却価額または使用価値）を著しく低下させる変化が生じたか、あるいは、生ずる見込みであること
- ◘ 経営環境が著しく悪化したか、あるいは、悪化する見込みであること
- ◘ 市場価格が著しく下落したこと

割引前将来キャッシュ・フローの見積期間　CHAPTER 04

資産または主要な資産の経済的残存使用年数
20年　｝いずれか短い方が見積期間

減損損失の測定方法　CHAPTER 04

減損損失＝帳簿価額－回収可能価額

⬇

正味売却価額
使用価値　｝いずれか高い方

正味売却価額と使用価値

CHAPTER 04

正味売却価額	資産または資産グループの時価から処分費用見込額を控除して算定される金額
使用価値	資産または資産グループの継続的使用と使用後の処分によって生ずると見込まれる将来キャッシュ・フローの現在価値（割引後将来キャッシュ・フロー）

無形固定資産の種類

CHAPTER 05

特許権	特定の発明を排他的に利用できる権利
商標権	商標を排他的に利用できる権利
借地権	建物の所有を目的とする地上権または土地賃借権
のれん	合併や買収に際して取得したブランド力などの超過収益力

＊　その他に、実用新案権、ソフトウェア、鉱業権等も該当。

繰延資産の要件

CHAPTER 05

以下の３要件を満たすもの

①	すでに代価の支払が完了しまたは支払義務が確定していること
②	①に対応する役務の提供を受けていること
③	その効果が将来にわたって発現するものと期待されていること

繰延資産の種類

CHAPTER 05

創立費	会社を設立する際に要した費用
開業費	会社設立後、営業開始までに要した費用
開発費	新技術や新経営組織の採用および市場の開拓などに要した費用
株式交付費	新株発行、自己株式の処分の際に要した費用
社債発行費等	社債（新株予約権）の発行の際に要した費用

繰延資産の償却期間と償却費の表示

CHAPTER 05

	償却期間	償却費の表示
創　立　費	5年以内	営業外費用
開　業　費	5年以内	営業外費用（または販売費及び一般管理費）
開　発　費	5年以内	販売費及び一般管理費（または売上原価）
株式交付費	3年以内	営業外費用
社債発行費等	社債の償還期間内（新株予約権は3年以内）	営業外費用

研究開発費

CHAPTER 06

研究開発費	研究および開発に係る活動から生じる費用
研　　究	新しい知識の発見を目的とした計画的な調査および探究のこと
開　　発	製品など（新しい製品・サービス・生産方法）についての計画・設計、または、既存の製品などを著しく改良するための計画・設計として、研究の成果その他の知識を具体化すること

ソフトウェアの制作目的別分類と制作費の会計処理

CHAPTER 06

分　類			会計処理
ソフトウェア	研究開発目的のソフトウェア		研究開発費
	研究開発目的以外＊1	受注制作のソフトウェア	収益認識に応じて処理
		市場販売目的のソフトウェア	（次表参照）
		自社利用のソフトウェア	ソフトウェア（無形固定資産）＊2

＊1　研究開発に該当する部分は研究開発費として処理
＊2　将来の収益獲得または費用削減が確実な場合以外は費用処理

市場販売目的のソフトウェア
CHAPTER 06

<table>
<tr><td colspan="3">製品マスター完成までの費用</td><td rowspan="2">研究開発費</td></tr>
<tr><td rowspan="3">製品マスター完成後の費用</td><td rowspan="2">改良、強化のための支出</td><td>著しい改良</td></tr>
<tr><td>上記以外</td><td>無形固定資産</td></tr>
<tr><td colspan="2">機能維持のための支出（バグ取りなど）</td><td>費用として処理</td></tr>
</table>

引当金の計上要件
CHAPTER 07

以下のすべてを満たすもの

①	将来の特定の費用または損失であること
②	その発生が当期以前の事象に起因していること
③	発生の可能性が高いこと
④	その金額を合理的に見積ることができること

引当金の内容とP/L表示
CHAPTER 07

名　　称	内　　容	損益計算書の表示
商品（製品）保証引当金	一定期間内において無償で製品の修理を保証した場合に、その支出に備えて設定される引当金	販売費及び一般管理費*
工事補償引当金	建設業において、一定期間内、無償で補修を行うことを契約した場合に、その費用に備えて設定する引当金	販売費及び一般管理費*
賞与引当金	賞与支給規程などによって支払われる従業員賞与に対して設定する引当金	販売費及び一般管理費*
退職給付引当金	従業員の退職時または退職後に退職給付を支払う場合に備えて設定する引当金	販売費及び一般管理費*
修繕引当金	毎年行われるはずの修繕が何らかの理由で行われなかった場合に、将来に行う修繕費用に備えて設定する引当金	販売費及び一般管理費*
特別修繕引当金	数年ごとに行われる特別の大修繕に備えて設定する引当金	販売費及び一般管理費*

名称	内容	損益計算書の表示
役員賞与引当金	会社の役員の職務執行の対価として支払われる役員賞与に対して設定する引当金	販売費及び一般管理費
債務保証損失引当金	他人の債務保証を行っている場合で、債務者に代わり弁済する危険性が高くなった場合に、それに備えて設定する引当金	特別損失
損害補償損失引当金	営業活動に起因して損害補償の請求を受けている場合で、その義務を負わなければならない可能性が高くなった場合に、その補償金に備えて設定する引当金	特別損失

＊　製造に関するものは、「製造原価」に算入

退職給付の分類

CHAPTER 08

退職一時金	退職時に一括して支給されるもの （通常、企業が直接、従業員に支給する）
退職年金	退職後に一定期間、一定額ずつ支給されるもの （通常、企業から資金の運用を委託されている年金基金などが支給する）

社債発行費の処理

CHAPTER 09

社債発行費	原則：P/L営業外費用（全額費用処理）	
	容認：B/S繰延資産	原則：利息法で償却
		容認：定額法で償却

純資産の部

貸 借 対 照 表

<table>
<tr><td rowspan="9">資産</td><td colspan="3">負債</td></tr>
<tr><td rowspan="8">純
資
産</td><td rowspan="5">株
主
資
本</td><td>資本金</td></tr>
<tr><td>新株式申込証拠金</td></tr>
<tr><td>資本剰余金
　資本準備金
　その他資本剰余金</td></tr>
<tr><td>利益剰余金
　利益準備金
　その他利益剰余金
　　任意積立金
　　繰越利益剰余金</td></tr>
<tr><td>自己株式</td></tr>
<tr><td colspan="2">評価・換算差額等</td></tr>
<tr><td colspan="2">株式引受権</td></tr>
<tr><td colspan="2">新株予約権</td></tr>
</table>

株主資本	純資産のうち、株主に帰属する部分
資本金	株主からの払込金額で、会社法の規定で資本金とされる部分
新株式申込証拠金	新株発行の際に申込者から払い込まれた金額を一時的に処理する勘定科目
資本剰余金	資本取引から生じた剰余金で、払込資本のうち資本金としなかったもの
資本準備金	株主からの払込金額のうち資本金としなかった部分
その他資本剰余金	資本準備金以外の資本剰余金
利益剰余金	損益取引から生じた剰余金
利益準備金	配当の際に積立てが強制される準備金
その他利益剰余金	利益準備金以外の利益剰余金
任意積立金	株主総会等の決議により任意で積み立てられた金額
繰越利益剰余金	利益準備金、任意積立金以外の利益剰余金
自己株式	会社が保有する自社の株式
評価・換算差額等	資産、負債を時価評価した際に生じる換算差額等

株式引受権	取締役の報酬等として株式を無償交付する取引のうち、事後交付型に該当する場合の報酬費用に対応する金額
新株予約権	当社が発行した新株予約権に対する払込額

自己株式に関する付随費用の扱い

CHAPTER 10

	原　則	容　認
取　得	支払手数料など （営業外費用）	—
処　分		株式交付費（繰延資産）
消　却		—

新株予約権付社債の種類

CHAPTER 11

①転換社債型新株予約権付社債
権利行使時に、現金等による払込みに代えて、社債の償還による払込み（代用払込）とすることがあらかじめ決められているもの。
②その他の新株予約権付社債
権利行使時に、社債による払込みとすることがあらかじめ決められていないもの。つまり、権利行使時には金銭の払込みか、金銭の代わりに社債の償還による払込み（代用払込）を選択できるもの。

新株予約権付社債の種類と処理方法（発行者側）の関係

CHAPTER 11

	区分法	一括法
転換社債型新株予約権付社債	○	○
その他の新株予約権付社債	○	—

各期の株式報酬費用の計算式

CHAPTER 11

A．ストック・オプションの公正な評価額

ストック・オプションの公正な評価単価 ×ストック・オプション数

B．当期までの株式報酬費用

$$A \times \frac{\text{権利付与日から当期末までの期間}}{\text{対象勤務期間}}$$

C．当期の株式報酬費用

B－前期までに計上した金額

一時差異と永久差異

CHAPTER 12

一時差異	会計上の「収益・費用」と税法上の「益金・損金」との認識時点の相違などによって生じた、企業会計上の「資産・負債」の金額と法人税法上の「資産・負債」の金額との差額 （例）棚卸資産の評価損、引当金の繰入限度超過額、減価償却費の償却限度超過額、積立金方式による圧縮記帳の損金算入額、その他有価証券の評価差額、繰延ヘッジ損益
永久差異（税効果会計の対象外）	会計上は「収益・費用」ですが、税法上は「益金・損金」として扱われないことから生じる差異であり、永久に解消しないもの （例）受取配当金の益金不算入額、交際費の損金不算入額、寄付金の損金不算入額

資産負債法と繰延法

CHAPTER 12

	資産負債法	繰　延　法
特　　徴	会計と税法の差異を、貸借対照表の視点から認識しようとする方法	会計と税法の差異を、損益計算書の視点から認識しようとする方法
一時差異の定義	貸借対照表に計上されている資産・負債の額と法人税法上の資産・負債の額との差額	損益計算書に計上されている収益・費用の額と法人税法上の益金・損金の額との差額
税　　率	差異が解消する会計期間の税率	差異が発生する会計期間の税率
税率が変更された場合	過年度に計上された「繰延税金資産」「繰延税金負債」を新たな税率で再計算する。	過年度に計上された「繰延税金資産」「繰延税金負債」の修正は行わず、一時差異の解消年度まで繰り越す。

将来減算一時差異と将来加算一時差異

	B/S計上項目	左の科目の意味
将来減算一時差異	繰延税金資産	法人税等の前払い
将来加算一時差異	繰延税金負債	法人税等の未払い

将来減算一時差異	将来加算一時差異
・棚卸資産の評価損の損金不算入額 ・貸倒引当金の繰入限度超過額 ・減価償却費の償却限度超過額 ・その他有価証券の評価損の損金不算入額 ・退職給付引当金の損金算入限度超過額 など	・積立金方式による圧縮記帳の損金算入額 など
将来減算一時差異（評価差損）または、将来加算一時差異（評価差益）	
・その他有価証券の評価差額 ・繰延ヘッジ損益	

簿記の教科書
日商１級　商業簿記・会計学　２
基本問題　答案用紙

答案用紙はダウンロードでもご利用いただけます。
TAC出版書籍販売サイト・サイバーブックストアにアクセスしてください。
https://bookstore.tac-school.co.jp/

問4　減価償却

⑴　(　　　　　　　　)　　　　　　(　　　　　　　　)

⑵　(　　　　　　　　)　　　　　　(　　　　　　　　)

⑶　２年目：　　　　　円　　６年目：　　　　　円

　　７年目：　　　　　円　　10年目：　　　　　円

問11　耐用年数の変更①

⑴　定額法　当期：　　　　　円　　翌期：　　　　　円

⑵　定率法　当期：　　　　　円　　翌期：　　　　　円

問12　耐用年数の変更②

⑴　定額法　当期：　　　　　円　　翌期：　　　　　円

⑵　定率法　当期：　　　　　円　　翌期：　　　　　円

問13　減価償却方法の変更

⑴　　　　　円　⑵　　　　　円

問1　資産除去債務①

(1)　×2年3月31日

決算整理後残高試算表

機械装置	(　　　)	資産除去債務	(　　　)
減価償却費	(　　　)	減価償却累計額	(　　　)
利息費用	(　　　)		

(2)　×3年3月31日

決算整理後残高試算表

機械装置	(　　　)	資産除去債務	(　　　)
減価償却費	(　　　)	減価償却累計額	(　　　)
利息費用	(　　　)		

(3)　×4年3月31日

固定資産の除去および資産除去債務の履行

(　　　)	(　　　)
(　　　)	(　　　)
(　　　)	

問2　資産除去債務②

(1)　×2年3月31日（除去時の支出見積額が増加した場合）

決算整理後残高試算表

機械装置	(　　　)	資産除去債務	(　　　)
減価償却費	(　　　)	減価償却累計額	(　　　)
利息費用	(　　　)		

(2)　×2年3月31日（除去時の支出見積額が減少した場合）

決算整理後残高試算表

機械装置	(　　　)	資産除去債務	(　　　)
減価償却費	(　　　)	減価償却累計額	(　　　)
利息費用	(　　　)		

問1 所有権移転ファイナンス・リース取引①

貸 借 対 照 表 (単位：円)

Ⅱ 固定資産		Ⅰ 流動負債	
リース資産	(　　　)	リース債務(流動)	(　　　)
減価償却累計額	(△　　　)	未払利息	(　　　)
		Ⅱ 固定負債	
		リース債務(固定)	(　　　)

損 益 計 算 書 (単位：円)

Ⅲ 販売費及び一般管理費
　減価償却費 (　　　)
　⋮
Ⅴ 営業外費用
　支払利息 (　　　)

問2 所有権移転ファイナンス・リース取引②

(1)

勘定科目	金額（円）
リース債務(流動)	
リース債務(固定)	
未払利息	
支払利息	
減価償却費	

(2)

勘定科目	金額（円）
リース債務(流動)	
リース債務(固定)	
未払利息	
支払利息	
減価償却費	

問５　セール・アンド・リースバック取引

貸　借　対　照　表　　(単位：円)

Ⅱ　固定資産	Ⅰ　流動負債
リース資産　(　　　　)	リース債務(流動)　(　　　　)
減価償却累計額　(△　　　　)	Ⅱ　固定負債
	リース債務(固定)　(　　　　)

損　益　計　算　書　　(単位：円)

Ⅲ　販売費及び一般管理費

　減価償却費　(　　　　)

⋮

Ⅴ　営業外費用

　支払利息　(　　　　)

問1　市場販売目的のソフトウェア

(A)　見込販売数量にもとづく方法

	×1年度	×2年度	×3年度
ソフトウェア償却	円	円	円

(B)　見込販売収益にもとづく方法

	×1年度	×2年度	×3年度
ソフトウェア償却	円	円	円

問2　研究開発費、自社利用のソフトウェア

貸 借 対 照 表

×3年 3 月31日　　　　(単位：円)

⋮

Ⅱ 固 定 資 産

⋮

2．無形固定資産

ソフトウェア　(　　　　　)

損益計算書
自×1年4月1日　至×2年3月31日　(単位：円)

Ⅰ　売上高		(　　　)
Ⅱ　売上原価		
1．期首商品棚卸高	(　　　)	
2．当期商品仕入高	(　　　)	
合計	(　　　)	
3．期末商品棚卸高	(　　　)	(　　　)
売上総利益		(　　　)
Ⅲ　販売費及び一般管理費		
1．販売費	(　　　)	
2．一般管理費	(　　　)	
3．修繕引当金繰入	(　　　)	
4．役員賞与引当金繰入	(　　　)	(　　　)
営業利益		(　　　)
Ⅳ　営業外収益		
1．仕入割引		(　　　)
経常利益		(　　　)

問1　退職給付会計①

決算整理後残高試算表

×3年3月31日　（単位：円）

退職給付費用（　　　）	退職給付引当金（　　　）

問2　退職給付会計②

決算整理後残高試算表

×3年3月31日　（単位：円）

退職給付費用（　　　）	退職給付引当金（　　　）

問1　償却原価法（利息法、定額法）

(1)　利息法で処理した場合

決算整理後残高試算表
×2年3月31日　（単位：円）

社債利息	(　　　)	社　　債	(　　　)

(2)　定額法で処理した場合

決算整理後残高試算表
×2年3月31日　（単位：円）

社債利息	(　　　)	社　　債	(　　　)

問2　買入償還

損益計算書
自×5年4月1日　至×6年3月31日　（単位：円）

Ⅴ　営業外費用	
1．社債利息	(　　　)
⋮	
Ⅵ　特別利益	
1．社債償還益	(　　　)

貸借対照表
×6年3月31日　（単位：円）

		Ⅰ　流動負債	
		1．未払金	(　　　)
		2．未払費用	(　　　)
		Ⅱ　固定負債	
		1．社　　債	(　　　)

問３　抽選償還

⑴　損益計算書

損　益　計　算　書

自×5年４月１日　至×6年３月31日　(単位：円)

⋮

Ⅴ　営業外費用	
(　　　　　)	(　　　　　)

⑵　貸借対照表

貸　借　対　照　表

×6年３月31日　(単位：円)

	Ⅰ　流動負債	
	一年以内償還社債	(　　　　　)
	Ⅱ　固定負債	
	社　　債	(　　　　　)

問3 剰余金の配当

⑴ 各取引の仕訳

	借方	貸方
①	(　　　　　)	(　　　　　)
		(　　　　　)
		(　　　　　)
②	(　　　　　)	(　　　　　)
③	(　　　　　)	(　　　　　)
④	(　　　　　)	(　　　　　)

⑵ 貸借対照表に計上される金額

利 益 準 備 金：　　　　円

繰越利益剰余金：　　　　円

(1)　法人税等の計上に関する仕訳

(	)	(	)
		(	)

(2)　決算整理後残高試算表

決算整理後残高試算表
×3年３月31日　　(単位：円)

繰延税金資産	(　　　)	未払法人税等	(　　　)
法人税等調整額	(　　　)	繰延税金負債	(　　　)
		その他有価証券評価差額金	(　　　)

● CHAPTER01 有形固定資産

土地を取得しそれを利用するために支出した整地のための費用は、営業外で発生したといえるため、営業外費用とする。

×

整地のための費用は付随費用であり、土地の取得原価に含められる。

「連続意見書第三　第一・四」

● CHAPTER01 有形固定資産

固定資産を自家建設するために借り入れたことが明確な資金の利息は全額、当該固定資産の取得原価に算入しなければならない。

×

支払利息のうち、固定資産の取得原価に算入できるのは、稼働前の期間に属するものだけである。

「連続意見書第三　第一・四」

● CHAPTER01 有形固定資産

市場性ある有価証券と交換に建物を取得した場合、当該建物の評価額は引き渡した有価証券の取得原価による。

×

建物の評価額は、引き渡した有価証券の時価によらなければならない。

「連続意見書第三　第一・四」

● CHAPTER01 有形固定資産

国庫補助金、工事負担金等で取得した資産については、国庫補助金等に相当する金額をその取得原価から控除することができる。

○

「企業会計原則注解【注24】」

● CHAPTER01 有形固定資産

有形固定資産の減価償却累計額は、その有形固定資産が属する科目ごとに控除する形式で表示することを原則とするが、2以上の科目について減価償却累計額を一括して控除する方法によることも認められている。

○

「企業会計原則注解【注17】」

● CHAPTER01 有形固定資産

固定資産に対する減価償却を級数法によった場合には、減価償却費が徐々に増加していく傾向がある。

×

級数法は、毎期一定の額を算術級数的に逓減した減価償却費を計上する方法であり、減価償却費は、徐々に減少していく。

「企業会計原則注解【注20】」

● CHAPTER02 資産除去債務

資産除去債務とは、有形固定資産について、将来において買替えや大規模な修繕が生じるとほぼ確実に合理的に見積られる際に計上される義務である。

×

資産除去債務とは、有形固定資産の除去に関して法令または契約で要求される法律上の義務およびそれに準じるもの。

「資産除去債務に関する会計基準３」

● CHAPTER02 資産除去債務

資産除去債務の発生時の会計処理は、資産除去債務を負債として計上するとともに、これに対応する除去費用を有形固定資産の取得原価に含める。

○

「資産除去債務に関する会計基準７」

● CHAPTER02 資産除去債務

資産除去債務に対応する除去費用として有形固定資産の帳簿価額に加えられた部分は、有形固定資産としての実体はない部分なので、減価償却はしない。

×

有形固定資産の帳簿価額として資産計上された除去費用部分は、減価償却を通じて、当該固定資産の残存耐用年数にわたり、各期に費用配分される。

「資産除去債務に関する会計基準７」

● CHAPTER03 リース会計

ファイナンス・リース取引については、通常の売買取引に係る方法に準じて会計処理を行わなければならない。

○

「リース取引に関する会計基準９」

● CHAPTER03 リース会計

所有権移転外ファイナンス・リース取引において、リース資産に係る減価償却費は、その経済的使用可能期間を耐用年数として、残存価額を取得原価の10%として算定しなければならない。

×

所有権移転外ファイナンス・リース取引においては、経済的使用可能期間ではなく、リース期間を耐用年数とし、残存価額をゼロとして減価償却費を計上する。

「リース取引に関する会計基準12」

● CHAPTER03 リース会計

所有権移転外ファイナンス・リース取引において、借手におけるリース資産の取得原価は、貸手の購入価額を知り得る場合、貸手の購入価額とリース料総額の現在価値とのいずれか高い方の価額である。

×

所有権移転外ファイナンス・リース取引において、借手におけるリース資産の取得原価は、貸手の購入価額とリース料総額の現在価値とのいずれか低い方の価額とする。

「リース取引に関する会計基準の適用指針22」

● CHAPTER03 リース会計

ファイナンス・リース取引を行った場合には、原則として通常の賃貸借取引の場合と同じような会計処理を行う。

×

オペレーティング・リース取引を行った場合には、通常の賃貸借取引の場合と同じような会計処理を行う。

「リース取引に関する会計基準15」

● CHAPTER04 固定資産の減損会計

減損の兆候がある資産または資産グループについての減損損失を認識するかどうかの判定は、資産または資産グループから得られる割引前将来キャッシュ・フローの総額と帳簿価額を比較して行い、帳簿価額を下回る場合には減損損失を認識する。

○

「固定資産の減損に係る会計基準二・２」

● CHAPTER04 固定資産の減損会計

固定資産の減損損失における回収可能価額は、使用価値と割引前将来キャッシュ・フローのうちいずれか高い方の価額とされる。

×

回収可能価額は、使用価値と正味売却価額のうち、いずれか高い方の価額である。

「固定資産の減損に係る会計基準注解(注１)」

● CHAPTER04 固定資産の減損会計

減損会計を適用後の資産または資産グループの回収可能価額が回復した場合、取得原価までであれば減損損失の戻入れを行う。

×

減損損失の戻入れは行わない。

「固定資産の減損に係る会計基準三・２」

● CHAPTER05 無形固定資産と繰延資産

無形固定資産については、当該資産の取得原価から減価償却累計額を控除した未償却残高を貸借対照表に記載する。

○

「貸借対照表原則四(一)B」

● CHAPTER05 無形固定資産と繰延資産

将来の期間に影響する特定の費用は、経過的に貸借対照表の純資産の部に記載することができる。

×

将来の期間に影響する特定の費用を繰り延べる場合には、資産の部に記載される。

「貸借対照表原則一・D」、「企業会計原則注解【注15】」

● CHAPTER05 無形固定資産と繰延資産

株式交付費には、新株の発行にともなう費用および自己株式の処分にかかる費用が含まれる。

○

「繰延資産の会計処理に関する当面の取扱い3・(1)」

● CHAPTER06 研究開発費とソフトウェア

特定の研究開発目的のみに使用され、他の目的に使用できない機械装置や特許権等を取得した場合の原価は、研究開発費として、すべてその年度の費用に計上しなければならない。

○

「研究開発費等に係る会計基準注解（注1）」

● CHAPTER06 研究開発費とソフトウェア

市場販売目的のソフトウェアである製品マスターの制作費は、棚卸資産に計上する。

×

ソフトウェアの制作費を資産として計上する場合には、棚卸資産ではなく、無形固定資産に計上しなければならない。

「研究開発費等に係る会計基準四・4」

● CHAPTER06 研究開発費とソフトウェア

市場販売目的のソフトウェアを制作するための製品マスターの制作原価で無形固定資産として計上されたものの償却は、定率法で行う。

×

市場販売目的のソフトウェアの償却は、見込販売数量にもとづく償却方法その他合理的な方法による。

「研究開発費等に係る会計基準四・5」

● CHAPTER06 研究開発費とソフトウェア

無形固定資産として計上したソフトウェアの毎期の償却額は、残存有効期間にもとづく均等配分額を下回ることも認められる。

×

毎期の償却額は、残存有効期間にもとづく均等配分額を下回ってはならない。

「研究開発費等に係る会計基準四・5」

● CHAPTER07 引当金

将来の特定の費用または損失であって、その発生が当期以前の事象に起因し、金額を合理的に見積もることができ、かつ、発生の可能性が高い場合であっても、重要性の乏しいものについては、引当金を計上しないことができる。

○

「企業会計原則注解【注1】、【注18】」

● CHAPTER07 引当金

重要性は高いが、発生の可能性の低い偶発事象にかかる費用または損失については、引当金を計上することはできない。

○

「企業会計原則注解【注18】」

● CHAPTER07 引当金

会社は本社建物につき、地震保険をつける代わりに、地震が発生したときに生ずる損失に備えて、毎年保険料に相当する金額を引当金に繰り入れることも認められる。

×

地震に係る保険料は引当金の計上要件を満たしているとはいえず、引当金を設定することは認められない。

「企業会計原則注解【注18】」

● CHAPTER07 引当金

期末後に開催される株主総会の決定事項となる、当該事業年度の職務にかかる役員賞与は、当該支給が株主総会の決議が前提となるので、費用計上せず、その他利益剰余金から控除する。

×

役員賞与は、発生した会計期間の費用として処理する。

「役員賞与に関する会計基準３」

● CHAPTER08 退職給付会計

退職給付債務は、退職により見込まれる退職給付の総額を割り引いて計算する。

×

退職給付債務は、退職により見込まれる退職給付の総額のうち、期末までに発生していると認められる額を割り引いて計算する。

「退職給付に関する会計基準16」

● CHAPTER08 退職給付会計

過去勤務費用とは、退職給付水準の改訂等に起因して発生した退職給付債務の増加または減少部分をいう。

○
「退職給付に関する会計基準12」

● CHAPTER08 退職給付会計

数理計算上の差異の当期発生額および過去勤務費用の当期発生額のうち、費用処理されない部分（未認識数理計算上の差異および未認識過去勤務費用となる。）については、その他の包括利益に含めて計上する。

○
「退職給付に関する会計基準15」

● CHAPTER08 退職給付会計

臨時に支給される退職給付であってあらかじめ予測できないものおよび退職給付債務の計算にあたって考慮されていたもの以外の退職給付の支給については、支払時の退職給付費用として処理する。

○
「退職給付に関する会計基準14（注２）」

● CHAPTER09 社債

社債を発行した場合、その債務額をもって貸借対照表に記載する。ただし、社債を社債金額よりも低い価額で発行した場合においては、その差額に相当する金額を償還期に至るまで毎期一定の方法で逐次貸借対照表の金額に加算しなければならない。

○
「金融商品に関する会計基準26」

● CHAPTER09 社債

「金融商品に関する会計基準」により、時価のある社債は時価に評価替えされ、時価と債務額または償却原価との差額は当期の損益とされることとなった。

×

自社が発行した社債は、債務額または償却原価にもとづいて評価され、時価で評価することは認められない。

「金融商品に関する会計基準26」

● CHAPTER10 純資産Ⅰ

会社法上の準備金とは、積立てが強制されている資本準備金と利益準備金である。

○

会社法で積立てが強制されている、資本準備金と利益準備金の２つをあわせて準備金という。

「会社法第445条」

● CHAPTER10 純資産Ⅰ

株式会社は、資本準備金の額と利益準備金の額をあわせて資本金の４分の１に達するまで、剰余金の配当により減少する剰余金の額の10分の１を準備金として積立てなければならない。

○

「会社法第445条」、「会社計算規則第22条」

● CHAPTER10 純資産Ⅰ

自己株式処分差益は、その他利益剰余金に計上しなければならない。

×

自己株式処分差益は、その他資本剰余金に計上しなければならない。

「自己株式及び準備金の額の減少等に関する会計基準９」

● CHAPTER10 純資産Ⅰ

自己株式処分差益は、その他資本剰余金であるから、配当してはならない。

×

その他資本剰余金から配当することも認められている。なお、会社法では、その他資本剰余金も分配可能額の算定の基礎となる剰余金としているため、配当可能である。

「会社法第461条」

● CHAPTER10 純資産Ⅰ

自己株式の取得にかかる付随費用は取得原価に算入することができる。

×

自己株式の取得にかかる付随費用は、損益計算書の営業外費用とする。

「自己株式及び準備金の額の減少等に関する会計基準14」

● CHAPTER10 純資産Ⅰ

申込期日経過後における新株式申込証拠金は、資本金の次、資本剰余金の前に別に区分を設け、新株式申込証拠金の科目をもって掲記しなければならない。

○

「財務諸表等規則第62条」

● CHAPTER11 純資産Ⅱ

新株予約権の権利の消滅は、利益準備金の増加となる。

×

新株予約権の権利の消滅は、特別利益として処理するため、その他利益剰余金の増加となる。

「払込資本を増加させる可能性のある部分を含む複合金融商品に関する会計処理６」

● CHAPTER11 純資産Ⅱ

転換社債型の新株予約権付社債を発行した場合には、その払込金額を社債の対価部分と新株予約権の対価部分とに区分して処理しなければならない。

×

転換社債型の新株予約権付社債の発行に伴う払込金額は、一括法または区分法により処理する。

「金融商品に関する会計基準36」

● CHAPTER11 純資産Ⅱ

株主資本等変動計算書において、剰余金の配当はすべて繰越利益剰余金の減少項目として計上しなければならない。

×

その他資本剰余金から配当した場合には、その他資本剰余金の減少項目として計上される。

「会社法第461条」

● CHAPTER12 税効果会計

減価償却費の損金算入限度超過額は将来減算一時差異に該当し、差異に係る税金の額を原則として繰延税金負債として計上しなければならない。

×

将来減算一時差異にかかる税金の額は、繰延税金資産として計上する。

「税効果会計に係る会計基準第二・一・3」「税効果会計に係る会計基準注解（注2）」

● CHAPTER12 税効果会計

税法上、交際費の損金限度額を超過する金額は、一時差異として税効果会計の対象としなければならない。

×

交際費の損金限度額を超過する金額は、永久差異であり、税効果会計の対象とはならない。

繰延税金資産の金額は、当期の税率ではなく回収または支払いが行われると見込まれる期の税率に基づいて計算しなければならない。

○

「税効果会計に係る会計基準第二・二・2」